汽车技术与维修彩色图解系列丛书

汽车车载网络原理与检修彩色图解

主　编　郑孟冬
副主编　李　勇　温智灵　刘昭琴

机械工业出版社

《汽车车载网络原理与检修彩色图解》由多年从事中高档汽车维修的高级技师根据实战经验整理总结而成，书中讲述了新款大众、奥迪、奔驰、宝马、丰田、标致、雪铁龙等车型汽车车载网络系统的原理与检修。

本书图文并茂，通俗易懂，内容新颖，论述的车型都是较新的车型，可供汽车维修人员和汽车维修专业教师阅读使用。

图书在版编目（CIP）数据

汽车车载网络原理与检修彩色图解/郑孟冬主编．—北京：机械工业出版社，2014.5
（汽车技术与维修彩色图解系列丛书）
ISBN 978-7-111-46601-7

Ⅰ．①汽…　Ⅱ．①郑…　Ⅲ．①汽车—计算机网络—维修—图解Ⅳ．①U472.41-64

中国版本图书馆 CIP 数据核字（2014）第 089529 号

机械工业出版社（北京市百万庄大街 22 号　邮政编码 100037）
策划编辑：齐福江　　责任编辑：齐福江
版式设计：霍永明　　责任校对：刘怡丹
封面设计：张　静　　责任印制：乔　宇
北京汇林印务有限公司印刷
2014 年 9 月第 1 版第 1 次印刷
184mm×260mm ·8.25 印张·195 千字
0001—3000册
标准书号：ISBN 978-7-111-46601-7
定价：59.00 元

凡购本书，如有缺页、倒页、脱页，由本社发行部调换

电话服务	网络服务
社服务中心：（010）88361066	教 材 网：http://www.cmpedu.com
销 售 一 部：（010）68326294	机工官网：http://www.cmpbook.com
销 售 二 部：（010）88379649	机工官博：http://weibo.com/cmp1952
读者购书热线：（010）88379203	**封面无防伪标均为盗版**

前言 PREFACE

随着人们生活水平不断提高，近年来各种中高档汽车在我国的销量节节攀升。目前，国内的中高档汽车总保有量已相当可观，与之相对应的维修业务量也在不断增大。

中高档汽车通常采用的是汽车工业最前沿的技术，具有车型换代快、结构复杂、电路集成度高、控制方式独特、诊断设备昂贵等特征。由于各大厂家技术封锁，提供的维修资料极少，从而导致维修难度不断增大。

新的中高档豪华车型均具有现代电子电路，全面实现网络化、集成化、自动化控制，因而对在使用过程中产生的很多故障，想套用传统的检修方法基本无法排除。现在，一线维修人员因各种原因无法跟上原厂新车上市的同步培训，很多维修人员对如何正确检修车载网络系统故障还显得比较陌生，有时感到束手无策。

若想掌握中高档汽车的车载网络维修技术，则必须努力学习各种中高档汽车车载网络结构原理和维修知识，同时还要不断学习同行业中维修高手的经验和技巧，从中吸取精华提高自身维修水平。

本书是编者从事多年中高档汽车维修工作的经验总结，希望能给广大读者的实际工作带来帮助，提高汽车的维修水平。

本书由郑孟冬主编，参编人员有温智灵、李勇、刘昭琴、杨雄、葛志宏、杨建伟、孙继忠、兰顺平、吴道明、赵文雅。

书中每个实例都凝结着编者的心血。但由于水平有限，书中不当或错误之处在所难免，欢迎读者对本书提出宝贵意见。

编者

目录 CONTENTS

第一章 车载网络基础

一、概述

现代汽车往往使用大量电子设备来控制其正常行驶。当执行一个较复杂的控制时，需要在设备之间进行大量的数据交换。当控制系统变得复杂时，交换数据的信号线的连接将变得更复杂，同时费用将提高。为解决这一问题，对于一般控制，设备间连接可以通过串行网络完成。因此，博世公司开发了 CAN 总线（Controller Area Network），并已取得国际标准化组织（ISO11898）认证，同时，国际上一些大的半导体厂商也积极开发出支持 CAN 总线的专用芯片。通过 CAN 总线，传感器、控制器和执行器由串行数据线连接起来。它不仅仅是将电缆按树形结构连接起来，其通信协议相当于 ISO/OSI 参考模型中的数据链路层，网络可根据协议探测和纠正数据传输过程中因电磁干扰而产生的数据错误。CAN 网络的配制比较容易，允许任何站之间直接进行通信，而无需将所有数据全部汇总到主计算机后再行处理。

1. 车载控制网络基本概念

1986 年 2 月，Robert Bosch 公司在 SAE（美国汽车工程师学会）大会上介绍了一种新型的串行总线——CAN（控制局域网），那是 CAN 诞生的时刻。今天，在欧洲几乎每一辆新车均装配有 CAN 局域网。同样，CAN 也用于其他类型的交通工具，从火车到轮船或者用于工业控制。CAN 已经成为全球范围内最重要的总线之一，甚至领导着串行总线。在 1999 年，接近 6 千万个 CAN 控制器投入应用；2000 年，市场销售超过 1 亿个 CAN 器件。

在 1990 年早些时候，Bosch CAN 规范（CAN2.0 版）被提交给国际标准化组织。在数次行政讨论之后，应法国汽车厂商要求，增加了“Vehicle Area Network（VAN）”，并于 1993 年 11 月出版了 CAN 的国际标准 ISO11898。除了 CAN 协议外，它也规定了最高至 1Mbit/s 波特率的物理层。同时，在国际标准 ISO11519—2 中也规定了 CAN 数据传输中的容错方法。1995 年，国际标准 ISO11898 进行了扩展，以附录的形式说明了 29 位 CAN 标识符。

尽管 CAN 协议已经有 20 多年的历史，但它仍处在改进之中。从 2000 年开始，一个由数家公司组成的 ISO 任务组织定义了一种时间触发 CAN 报文传输的协议，将此协议定义为“时间触发通信的 CAN(TTCAN)”，计划在将来标准化为 ISO11898—4。

2. 解读多路传输技术之谜

多路传输系统是个完成某一特定功能的电路或装置。一般情况下，可以认为多路传输是有线或无线同时传输许多东西，如数据信息等。由此，汽车通过实现电子控制，运用多路传输技术，可以使汽车省去许多连接和接头，可以减轻重量，节省空间，改善可靠性。

(1)多路传输　多路传输就是在同一通道或线路上同时传输多条信息，而数据是依次传输的，但速度非常快，似乎就是同时传输的。许多单个数据都是每一时段传输一段数据，这就叫做分时多路传输。多路传输系统 ECU 之间所用导线数量比常规线路系统少得多。又由于传输可以通过一根线(数据总线)执行多个指令，因此可以增加许多功能装置。正如可把无线电广播和移动电话的电波分为不同的频率，可以同时传输不同的数据。随着现在和未来的汽车装备无线多路传输装置的增加，基于频率、幅值或其他方法调制调节，同时数据传输也成为可能。汽车上用的是单线或双线制分时多路传输系统。

(2)模块　模块就是一个电子控制装置。传感器是一个信号采集装置，如根据温度和压力等的不同转换成不同的电压信号，这些电压信号在模块的输入接口被转变成数字信号。在计算机多路传输系统中，电子控制模块被称为节点。

模块就是信息高速公路上的进口和出口。

(3)数据总线　数据总线是模块间运行数据的通道，即所谓的信息高速公路。如果模块可以发送和接收数据，则这样的数据总线称为双向数据总线。汽车上的信息高速公路实际是一条导线或许两条导线。两线式的其中一条导线不是用作额外的通道，它的作用有点像公路的路肩，上面立有交通标志和信号灯，一旦数据通道出了故障，这“路肩”在有些数据总线中被用来承载“交通”，或者令数据换向通过一条或两条数据总线来发出故障部分的数据。为了抗电子干扰，双线制数据总线的两条线是绞在一起的。各汽车制造商一直在设计各自的数据总线，如果不兼容，就称为专用数据总线。如果是按照某种国际标准设计的，就是非专用的。但事实上，可能都是专用的数据总线。

控制单元之间的所有信息都通过一根或两根数据线进行交换，可以将数据总线想象为一辆普通的大客车。大客车可以运送大量的人来往于不同地点，数据总线也可以在多个控制模块之间运送大量的信息，即数据交换，如图 1-1 所示。

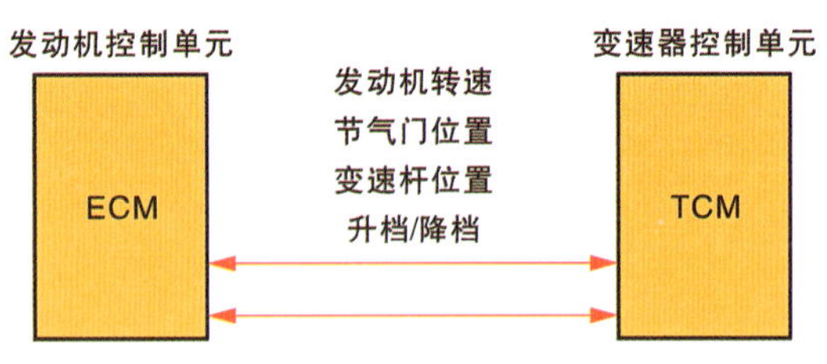

图 1-1　数据传输

通过这种数据传递形式，所有的信息，不管控制单元的多少和信息容量的大小，都可以通过这两条数据线进行传递。

在数据总线中，各总线用户既可以是数据的发送者也可以是数据的接收者。但在任何确定的时间，只有一个总线用户可以发送数据，其他用户则加以接收。总线协议规定的规则决定哪一个控制模块在何时发送何种数据。

(4)网络　网络为了实现信息共享而把多条数据总线连在一起，或者把数据总线和模块当

作一个系统。新型汽车的几条数据总线间有相互交换信息的模块，如图 1-2 所示。

(5)网关 现代汽车上有许多电子控制模块或计算机，各个系统可能采用的数据总线的传输速度不同，或者是采用的通信协议不同，那么在这种情况下是不可能实现所有的计算机或者控制模块信息共享的。网关的作用就是在不同的通信协议和不同的传输速度的计算机或是模块之间进行通信时，建立连接和信息解码，重新编译，将数据传输给其他系统。例如，车门打开时发动机控制模块也许需要被唤醒。

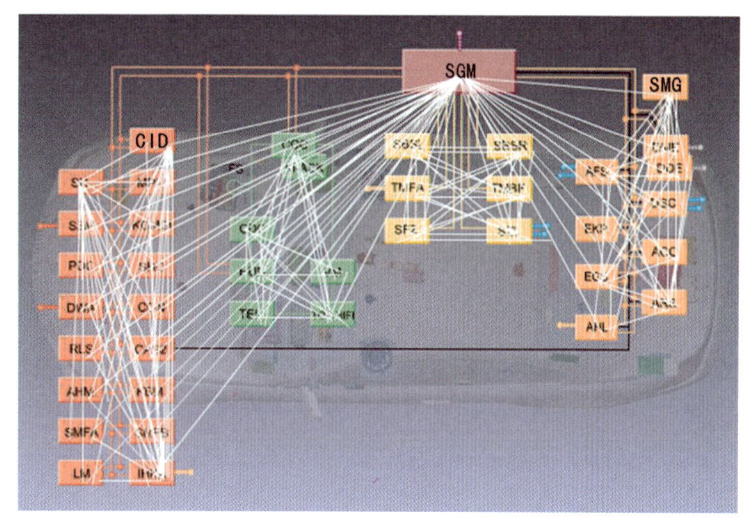

图 1-2 网络图

为了使采用不同协议及速度的数据总线间实现无差错数据传输，必须用一种特定的计算机，这种计算机就是网关。

网关(Gateway)又称网间连接器、协议转换器。网关(图 1-3)在传输层上实现网络互连，是最复杂的网络互连设备，仅用于两个高层协议不同的网络互连。网关的结构也和路由器类似，所不同的是互连层。网关既可以用于广域网互连，也可以用于局域网互连。

网关实际上就是一种模块，它工作的好坏决定了不同的总线、模块和网络相互间通信的好坏。网关就像一个居民小区的门卫，在他让任何客人进大门之前，他得问问客人是否应邀前来，或者通知某位住户有人来访了。对于不兼容但却需要互相通信的总线和网络来说，网关模块所起作用就和门卫一样。

(6)通信协议 通信协议即所谓交通规则，包括“交通标志”的制定方法。总统乘坐的车具有绝对的优先通行权，其他具有优先权的依次是政府要员的公车、警车、消防车、救护车等。但只能在执行公务时才能有优先权。驾车兜风、执行公务完毕时就无优先权可言。数据总线的通信协议并不是简单的问题，但可举例简单说明。当模块 A 检测到发动机已接近过热时，相对于其他不太重要的信息(如模块 B 发送的最新的大气压力变化数据)有优先权。通信协议的标准蕴含“唤醒访问”和“握手”。“唤醒访问”就是一个给模块的信号，这个模块为了节电而处于

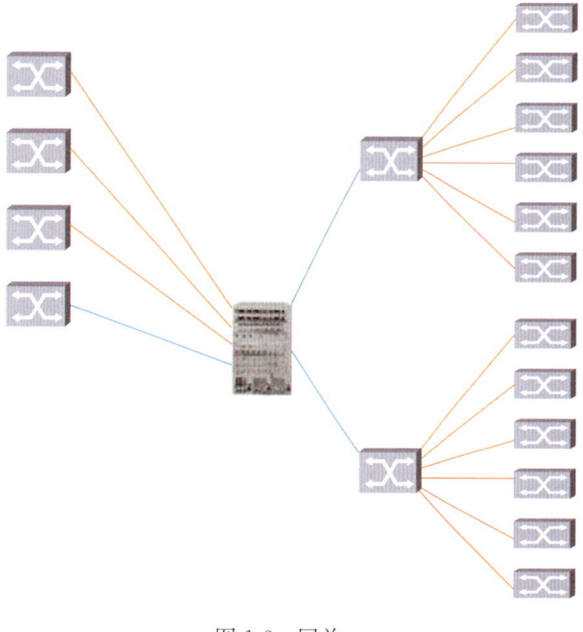
图 1-3 网关

休眠状态。“握手”就是模块间的相互确认兼容并处在工作状态。

(7)车载网络协议　一般来说，汽车通信网络可以划分为四个不同的领域，每个领域都有其独特的要求。现有的主流汽车总线协议都无法适应所有的要求。

- 信息娱乐系统：此领域的通信要求高速率和高带宽，有时会是无线传输，目前主流应用协议有 MOST，正在推出的还有 IDB-1394 等。
- 高安全的线控系统(X-By-Wire)：由于此领域涉及安全性要求很高的制动和导向系统，所以它的通信要求高容错性、高可靠性和高实时性。可以考虑的协议有 TTCAN、FlexRay、TTP 等。
- 车身控制系统：在这个领域 CAN 协议已经有了 20 多年的应用积累，其中包括传统的车身控制和传动装置控制。
- 低端控制系统：此系统包括那些仅需要简单串行通信的 ECU，比如控制后视镜和车门的智能传感器以及激励器等，这应该是 LIN 总线最适合的应用领域。

3. 车载网络新趋势

(1)光纤　D2B Optical 是一种光纤通信系统，使用者可以把娱乐及信息产品跟中央系统整合，不会与中央网络系统相互抵触。目前 D2B Optical 应用在车身网络，特别是数字影音、导航系统的功能，比如大众奥迪的 MMI 系统。

(2)高速 CAN　高速 CAN 正在推动车身网络的传输速率达 500kbit/s 以上。SAE 在 1996 年 10 月 17 日决定剔除这个讨论议题，所以像西门子也只有车身网络的资料，对于高速车身网络并没有多加详述。

(3)COMMAND　COMMAND 是一独立的网络，用来连接交通状况记录模块与电视 TV 频道译码模块。由中央通信控制模块来播放 TV，结合卫星导航、地图系统指示驾驶人如何避开交通拥塞道路。

(4)移动电话网络　移动电话与 D2B 光纤永久连接，当移动电话使用 TMC/GSM 与交通信息中心连接时，此时移动电话透过移动电话网络与交通状况记录模块传递资料，来作一个导航系统指示，与汽车使用共通的接口，行车时，也可同时打电话。

(5)OSEK 开放式标准系统　开放式标准化系统(Open Systemand the Corresponding Interfaces for Automative Electronics)兼容车内的电子产品接口，把实时的操作系统、软件接口及管理网络与通信的功能都条理化，在 Mercedes—Benz 与 IBM 的协议下，这套系统已成为车上的基本操作系统。

(6)TOKEN BUS　Token Bus(一种通过网络与实体层寻找资料的方式)对加装与实时的配备而言，强而有力的局域网络不需太多软件支持，就能提供实体层、数据链路层及开放式相互连接系统的传输功能，如流程控制、硬件封包。

二、CAN-BUS 数据传递

汽车在运行过程中，有很多数据需要共同享用，因此，控制模块之间需要相互传递信息。早期的车辆是每根线传递一个信号，如图 1-4 所示，发动机控制单元与变速器控制单元之间的信息通信，共有 5 个信息需要共享，每项信息都用一个独立导线的来传递数据。随着共享信息量的增加，导线的的数量和控制单元的针脚数也会相应增加，从而使系统更加复杂，成本不断上升，维修难度不断增加。

有没有一种方法能使汽车的各模块能共同享用信息，而不增加导线呢？各汽车厂家都在思索这个问题，CAN 网络就在这样的环境下诞生了。如图 1-5 所示，发动机控制单元与变速器控制单元之间的信息通信，仅通过两根数据线进行传递。通过 CAN 总线传递形式，不管控制单元的多少和信息容量的大小，都可以通过这两条数据线进行传递。

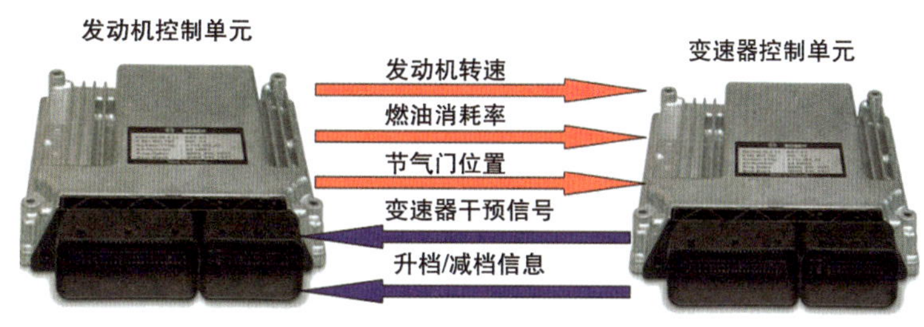

图 1-4　传统数据传递

1. CAN 总线

CAN 是控制单元区域网络(Controller Area Network)的缩写，意思是控制单元通过车载网络交换数据。CAN 总线就像高速公路，各种数据可以当做不同的汽车，可以在高速公路上“飞驰”。因此，高速公路可以运输大量“乘客”。CAN 总线是车载独立的网络系统，如图 1-6 所示，用于控制单元之间连接进行信息交换和系统内部的数据交换。由于 CAN 总线自身的布置和结构特点，CAN 总线工作时的可靠性很高。

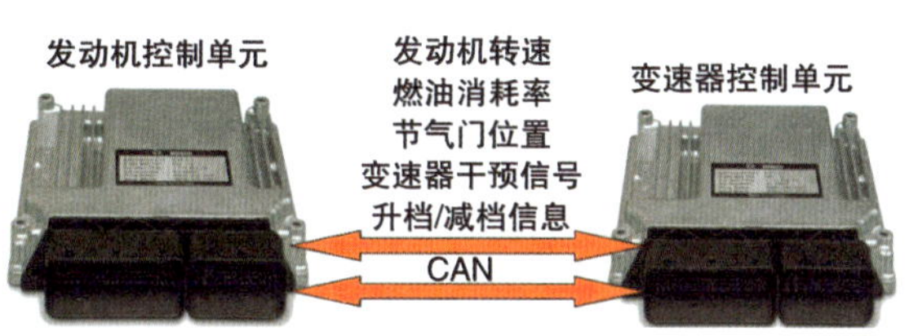

图 1-5　CAN-BUS 数据传递

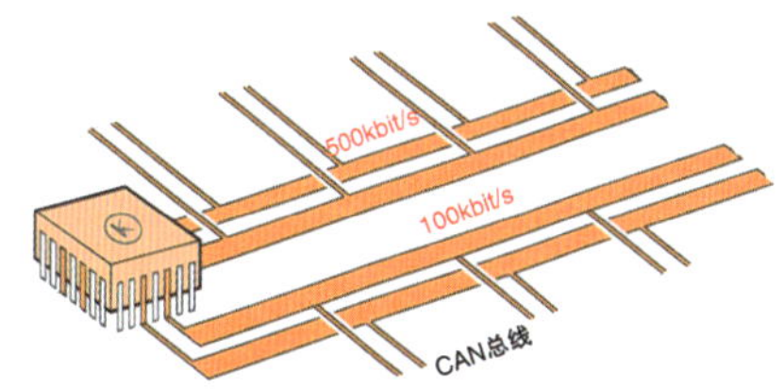

图 1-6　CAN 总线

2. CAN-BUS 局域网工作过程

CAN-BUS 工作的核心内容就是通过两根导线传递大量数据。当 CAN 总线上的一个节点(站)发送数据时，它以报文形式广播给网络中所有节点，对每个节点来说，无论数据是否是发给自己的，都对其进行接收。每组报文开头的 11 位字符为标识符，它定义了报文的优先级，这种报文格式称为面向内容的编址方案。在同一系统中标识符是唯一的，不可能有两个站发送具有相同标识符的报文。CAN 总线的报文发送和接收如图 1-7 所示。当一个站要向其他站发送数据时，该站的 CPU 将要发送的数据和自己的标识符传送给本站的 CAN 芯片。当它收到总线空闲信号时，转为发送报文状态。CAN 芯片将数据根据协议组织成一定的报文格式发出，这时网上的其他站处于接收状态。每个处于接收状态的站对接收到的报文进行检测，判断这些报文是否是发给自己的，以确定是否接收它。当有新的控制单元加入时，数据传输协议不要求独立的部分有物理

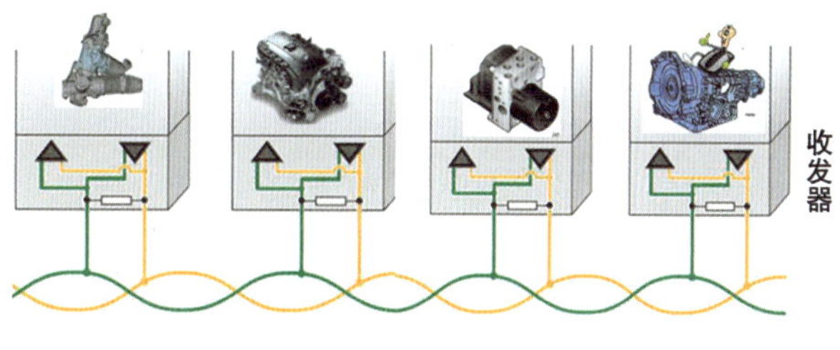

图 1-7　数据发送

目的地址。总线上控制器需要测量数据时，可由网上获得，而无须每个控制器都有自己独立的传感器。

各个控制单元想要交换的数据称为信息，每个控制单元均可发送和接收信息。当一个控制单元发出信息，其他的控制单元均可接收其发送出的信息。如发动机转速，这时发动机转速是以二进制值(一系列0和1)来表示，例如，发动机转速为1800r/min时可表示为00010101。在发送过程中，二进制值先被转换成连续的比特流，该比特流通过TX线(发送线)到达收发器(放大器)，收发器将比特流转化成相应的电压值，最后这些电压值按时间/顺序依次被传送到CAN总线的导线上。在接收过程中，这些电压值经收发器又转换成比特流，再经RX线(接收线)传至控制单元，控制单元将这些连续二进制转换成信息。例如，00010101这个值又被转换成1800r/min的发动机转速，人们也把该原理称为广播，就像一个广播电台发送某一节目一样，每个连接的用户均可接收。这种广播方式可以使得连接的所有控制单元总是处于相同的信息状态。

3. CAN-BUS局域网元件的功能

(1)控制单元　控制单元接收来自传感器的信号，将其处理后再发送到执行元件上。控制单元中的重要构件有微控制器，其上带有输入输出存储器和程序存储器。控制单元接收到的传感器值(如发动机温度或转速)会被定期查询并按顺序存入输入存储器。这个过程在原理上就相当于一个带有旋转式输入选择开关的机械步进选择器。微控制器按事先规定好的程序来处埋输入值，处理后的结果存入相应的输出存储器内，然后传递到各个执行元件。为了能够处理CAN信息，各控制单元内还有一个CAN存储区，用于容纳接收到的和要发送的信息。

(2)CAN构件　CAN构件用于数据交换，它分为两个区：一个是接收区；一个是发送区。三个收发器接到一根总线导线上三个收发器耦合在一根总线导线上。若收发器C有源，则总线输出电平为低电压。开关未接合表示L(无源)；开关已接合表示O(有源)。下面以总线上接三个电脑为例进行介绍。

从前面讲的示例中，三个收发器接到一根总线导线上，可以得出8种开关状态，见表1-1。

表1-1　8种开关状态

收发器A	收发器B	收发器C	总线导线
L	L	L	L(5V)
L	L	O	O(0V)
L	O	L	O(0V)
L	O	O	O(0V)
O	L	L	O(0V)
O	L	O	O(0V)
O	O	L	O(0V)
O	O	O	O(0V)

如果某一开关已援台，电阻上就有电流流过，于是总线导线上的电压就为0V。如果所有开关均未接合，那么就没有电流流过，电阻上就没有压降，于是总线导线上的电压就为5V。

因此，如果总线处于状态L(无源)，那么此状态可以由某一个控制单元使用状态O(有源)来改写。我们将无源的总线电平称为隐性的，有源的总线电平称为显性的。

其意义体现在发送传输错误信号时（错误帧故障信息）和冲突识别时（如果几个控制单元想同时发送）。

（3）双绞线　多通道使用一对称为双绞线的螺旋状扭曲线，如图 1-8 所示。每条线 CAN-L 和 CAN-H，均具有其自身的特殊功能。两条信号线具有反相电压。这只允许发出最小的噪声，并使噪声干扰很难被接收到。

（4）终端电阻　为了避免信号线线路上出现回流现象，必须在两端进行端接。采用两个电阻值为 120Ω 的电阻器便解决了这一问题。因此，信号线线路之间总电阻为 60Ω。通常，这些终端器集成在模块内，例如福特车辆上的 PCM 和仪表板。在柴油机车辆中，第二个终端器还可以内置于泵控制装置内。通常采用短引入线将各节点与信号线线路连接起来。从理论上来讲，穿过各个节点使信号线线路形成回路是可能的。这样，不仅可以提高抗扰度，而且由于增加了两个芯而提高了连接器的负荷，如图 1-9 所示。

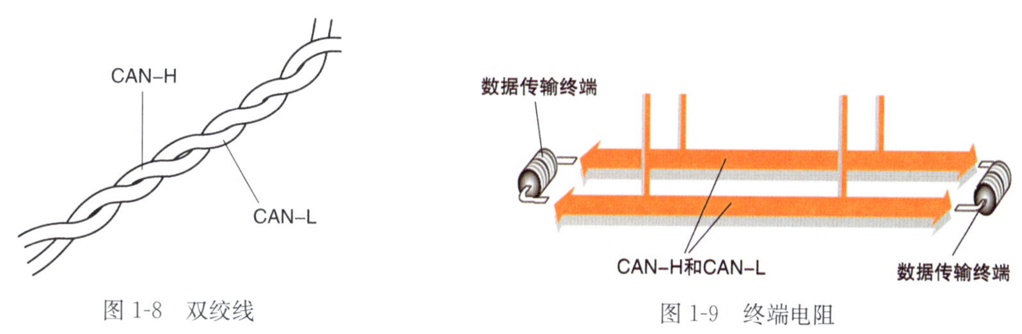

图 1-8　双绞线　　　　图 1-9　终端电阻

4. 数据传递过程

CAN 总线系统以短促的时间间隔在控制单元之间传输数据列。数据列包含一长串比特。数据列中的比特数由数据区域的大小决定。为一个数据列的格式。这一格式在 CAN 的两条数据线中是相同的，如图 1-10 所示。

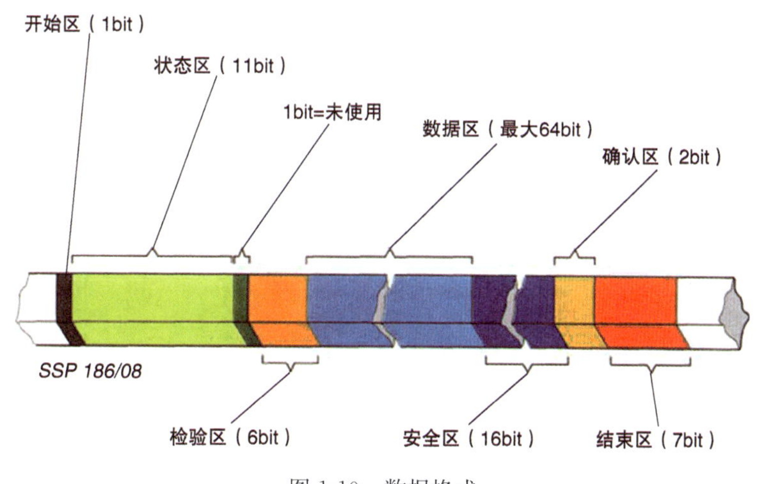

图 1-10　数据格式

（1）数据区域　数据在传递过程中列分 7 个区域：①开始区标志，数据列的开始，大约 5V（由系统决定）的一个比特由 CAN 高线送出，而 CAN 低线中为大约 0V。②状态区，确定数据列的优先级别。例如:若两个控制单元想在同时送出其数据列,优先级较高的数据列先行。③显示数据区,包含的数据数目。该区允许接受者检验其是否收到传输来的全部信息。④数据区,传给其他控制单元的信息。⑤安全区,检验传输中错误。⑥确认区,接收者发给发送者的信号,用来告知已正确收到了数据列。若有错误被检验到,则接收者迅速通知发送者,这样发送者将再次发出该数据列。⑦结束区,标志数据列的结束。这是显示错误以得到重新发送的最后可能区域。

(2)数据传递

• 信息发送:当发送邮箱内有一个实时值,表明准备向外发送信息,CAN构件通过RX-线来检查总线是否有源(是否正在交换别的信息),必要时会等待,直至总线空闲下来为止。某一时间段内的总线电压一直为1(一直处于无源)状态,表示总线空闲。如果总线空闲下来,事先存在发送存储器的"发动机转速信息"就会被发送出去。仪表控制单元接收ABS控制单元发射到总线上的信息,轮速信号信息通过总线到达里程,如图1-11所示。

• 信息接收:在信息接收过程中,这些电压值经收发器又转换成比特流,再经RX线(接收线)传至控制单元,控制单元将这些二进制连续值转换成信息,如图1-12所示。

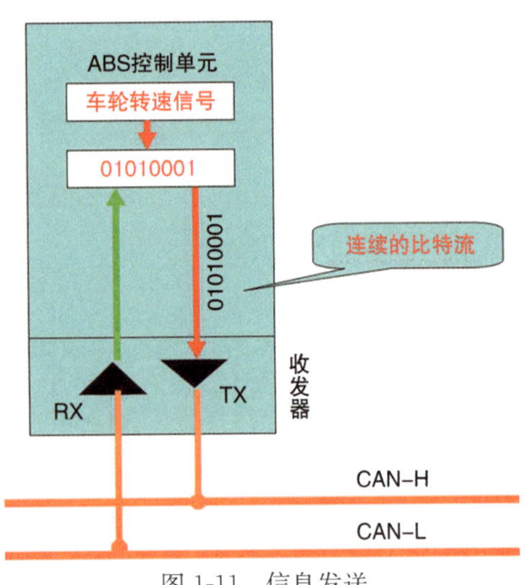

图1-11　信息发送

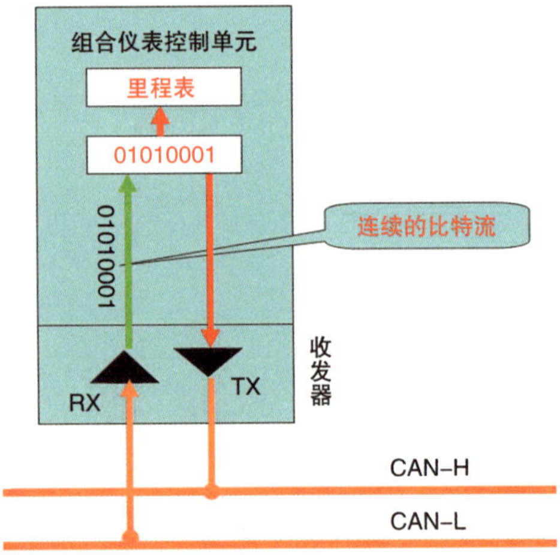

图1-12　信息接收

三、光纤传输

现在的汽车为什么使用光缆?是因为汽车上的电子设备越来越多,而且传输数据、声音或图像时的数据量越来越大,如图1-13所示。

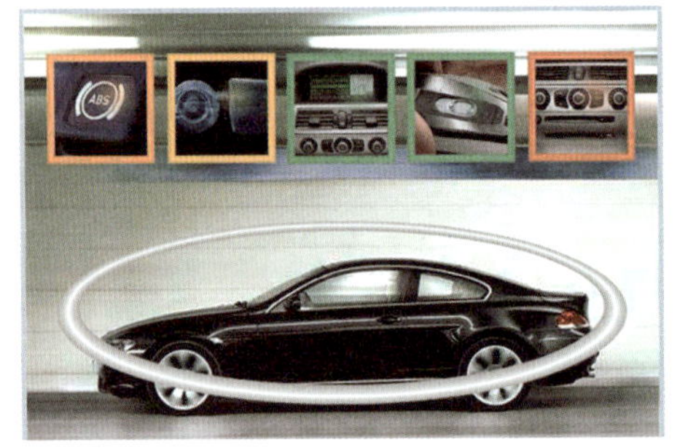

图1-13　车辆装备了音响、导航、电话

今天,光缆技术已应用于电信和工业设备及汽车制造业。光缆技术能在确保传输大量数据的同时提供其他优势,而且重量轻,维修方便。在德系日系等中高档车上使用了专门针对多媒体应用的通信技术MOST系统,MOST系统主要应用在音频、视频、宽带和导航数据传输中。宝马公司开发的安全总线byteflight系统

应用于车辆上与安全性相关的程序，主要是传输特别紧急的安全气囊系统数据，如图 1-14 所示。

使用铜导线时，传输较高的数据传输率会造成较强的电磁辐射，这种电磁辐射会干扰车内的电子元件的功能，如图 1-15 所示。造成电子元件工作不正常。增加了复杂的电路和汽车的自重，并且也降低了汽车的可靠性，增加了维修的难度。

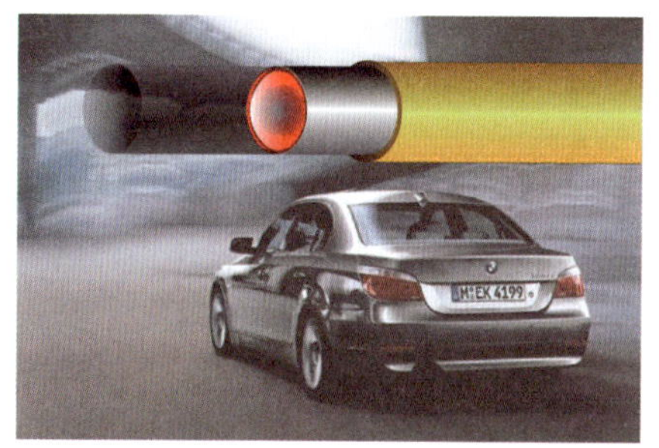

图 1-14 光缆的应用

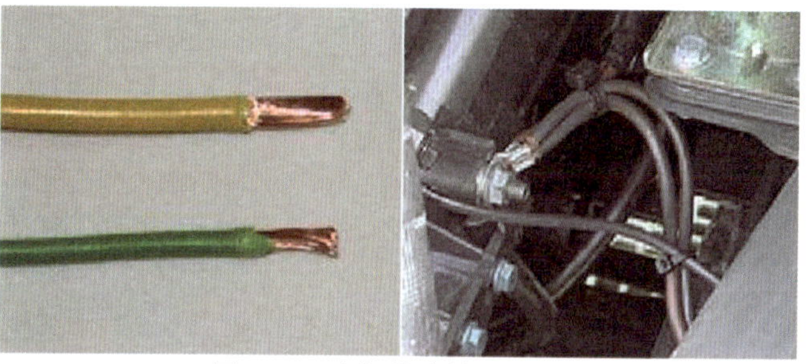

图 1-15 车辆线束使用铜导线

使用铜导线在传输视频和声音信息时，要提高电缆的功率。但是视频和声音信息信号只能作为模拟信号来传输。使电磁辐射增加。

使用 CAN-Datenbus（电脑数据区域控制网络数据总线）系统的传输速度最大为 1Mbit/s。因此 CAN 系统只能传输控制信号，使用光缆传输数据、声音和图像，如图 1-16 所示。

铜导线上传输数字或模拟电压信号，光缆传输的是光线。提供相同带宽时，光缆所需安装空间较小。此外，重量上光缆要比铜导线更轻，如图 1-17 所示。

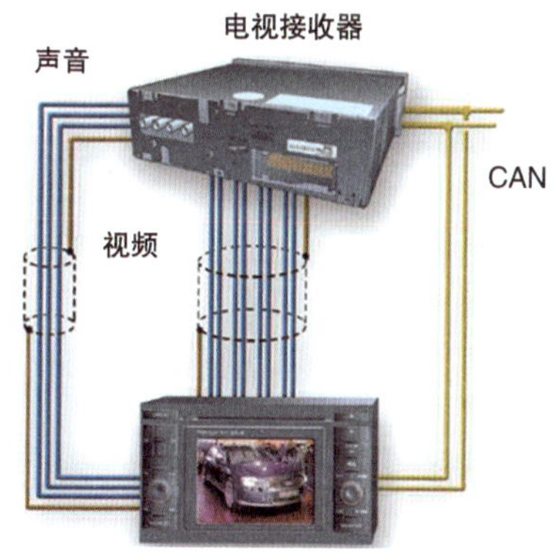

图 1-16 CAN 系统传输控制信号

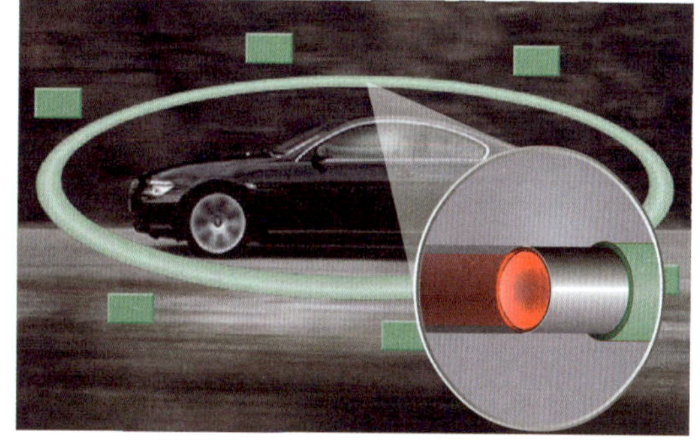

图 1-17 光缆传输的是光线

光缆部件间的数据传输以数字方式进行。与无线电波相比，光波的波长很短，不会产生电磁干扰波，而且对电磁干扰波不敏感。这种传输方式使光缆具有较高的传输速度和抗干扰安全性，如图 1-18 所示。

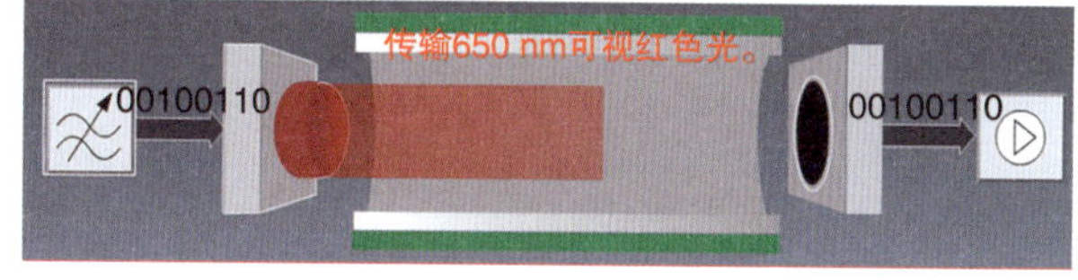

图 1-18 光缆部件间的数据传输

1. 汽车光缆

（1）材料 车辆上只安装塑料光缆（图 1-19）。与玻璃光缆相比，塑料光缆具有下列优势：①纤维横截面更大。②简化了技术制造过程。③对灰尘相对不敏感。④更易于使用，因为塑料不会像玻璃那样破碎。⑤更易于处理,能够剪切、打磨或熔化。⑥成本低廉。

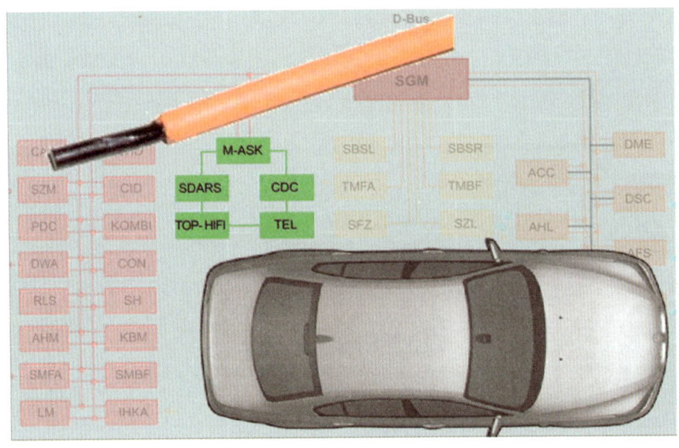

图 1-19 塑料光缆

(2)结构 光缆是一根较细的圆柱形塑料纤维,外面包裹着一层较薄的护皮,如图 1-20 所示。真正的光缆包裹在护皮材料内,护皮材料仅起到保护光缆本身的作用,如图 1-21 所示。

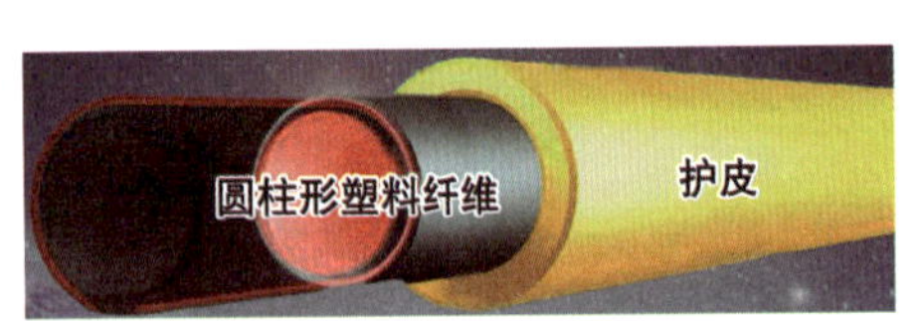

图 1-20 圆柱形塑料纤维

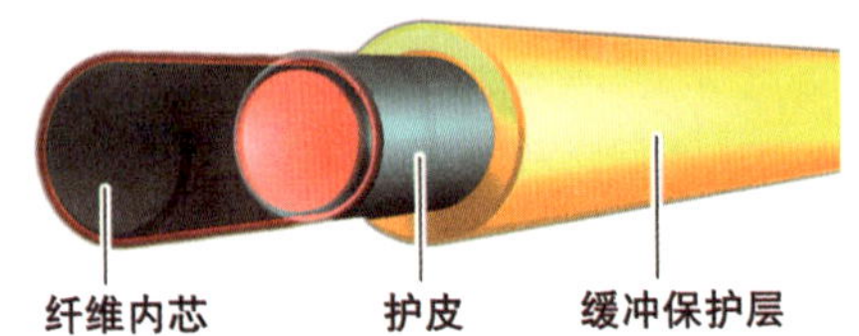

图 1-21 光缆

2. 光学信息系统

(1)光学信息系统和传统信息系统比较 光学信息系统和调制解调器传输系统(计算机 - 互联网)两个很相似,如图 1-22 所示。

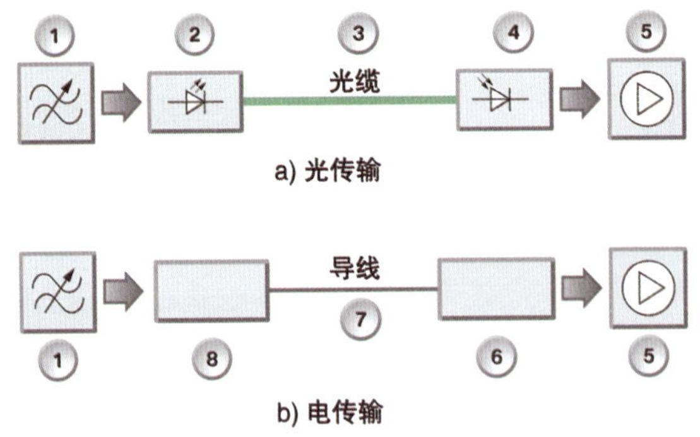

图 1-22 比较光学信息系统和调制解调器传输系统

1—信号源 2—发光二极管(发送二极管) 3—光缆 4—光敏二极管(接收二极管) 5—接收装置 6—解调器(调制解调器的接收部分) 7—导线 8—调制器(调制解调器的发送部分)

(2)通过调制解调器传输 光缆传输的是光信号。光缆对外部电磁干扰特别不敏感,如图 1-23所示。

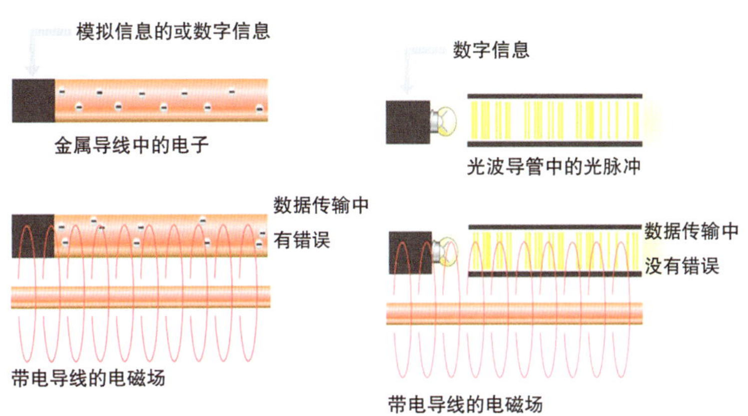

图 1-23　外部电磁对光缆的干扰

通过调制解调器传输时，数字信号通过调制解调器的发送部分进行传输，如图 1-24 所示。

图 1-24　数字信号通过调制解调器

调制器将数字信号转化为光的模拟信号进行传输，如图 1-25 所示。

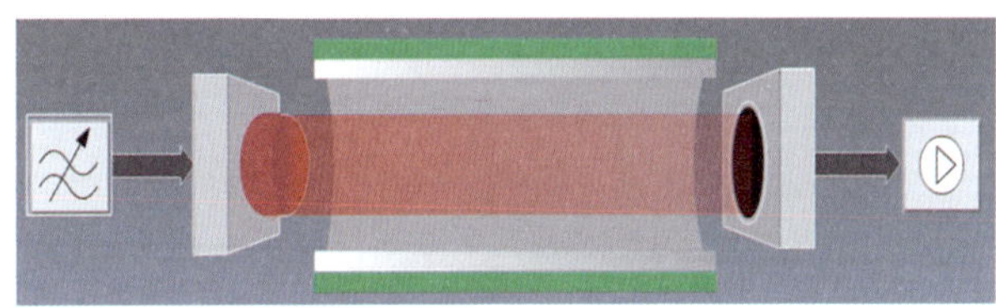

图 1-25　调制器将数字信号变为光信号传输

这些模拟信号通过光缆传输给下一个控制单元。在控制单元上，解调器将模拟信号转化为数字信号，如图 1-26 所示。

图 1-26　解调器将模拟信号转化为数字信号

(3)光传输　在进行光学信息传输时，通过一个发光二极管将数字信号转化为光信号，如图 1-27 所示。

这些光信号通过光缆传输至下一个控制单元，在该控制单元处光敏二极管将光信号重新转化为数字信号，如图 1-28 所示。

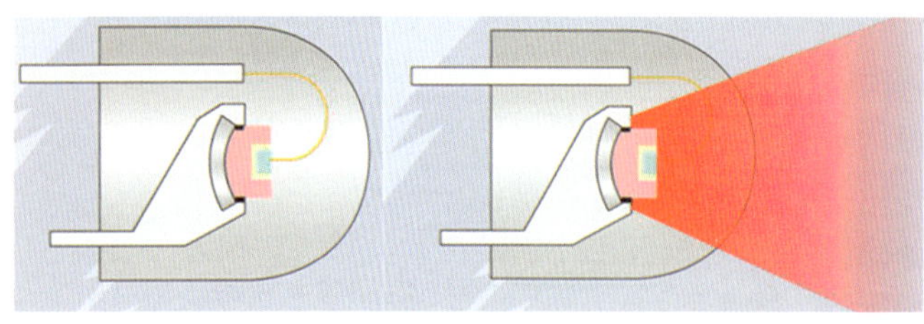

图 1-27 发光二极管

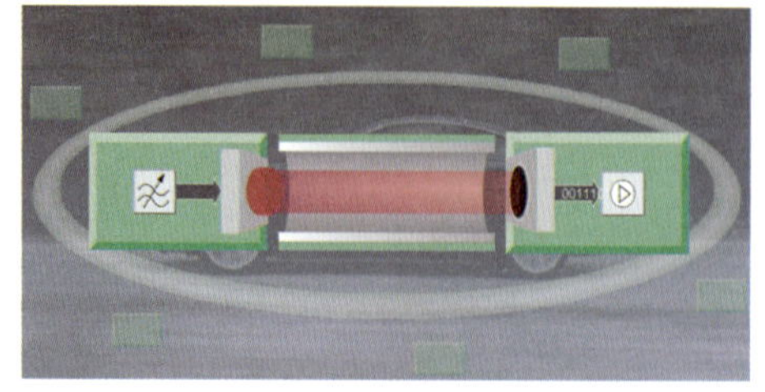

图 1-28 光信号的传输

(4)光学传输原理 由控制单元产生的电信号在一个发送组件内转化为光信号后射入光缆内。纤维内芯用于传导光波。纤维内芯外裹有一层护皮,以免光线溢出芯外。护皮可反射光线,从而使光线继续在芯内传送,如图 1-29 所示。光线以此方式经过光缆。通过一个接收组件,光线再次转化为电信号。

3. 控制单元的构造

(1)光缆控制单元的内部构造 光波导体(LWL):光波导体是传输光信号的光导体。

光缆插头:光缆信号通过光缆插头传输进控制单元,将产生的光缆信号传输给下一个光缆线成员。

电气插座连接:电源,环形断路诊断以及输入和输出信号都要靠电气插座连接来保证。

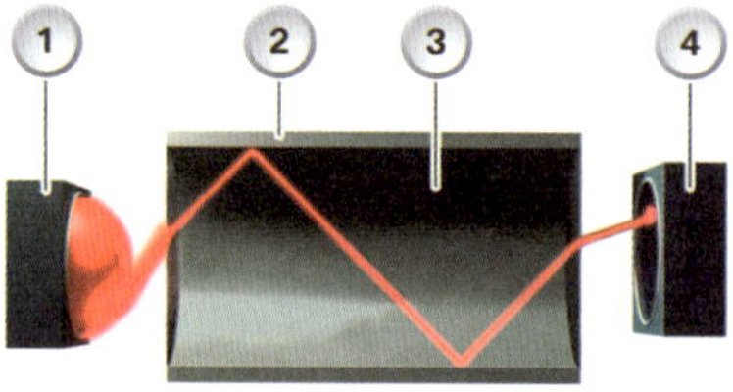

图 1-29 光学传输原理

1—发光二极管 2—护皮

3—纤维内芯 4—接收二极管

仪器内部的电源:通过电气插座连接输送到控制单元的供应电压将由仪器内部的电源系统分配到部件。这样可在控制单元中切换每个元件时降低静电流。

发射和接收单元–光缆导体(FOT):它由一个光敏二极管和一个发光二极管组成。到达的光纤信号由光敏二极管转化为电压信号,并继续传输到媒体系统数据交换-传输接收机。发光二极管的任务是将媒体系统数据交换-传输接收机的电压信号转化为光缆信号,如图 1-30 所示。

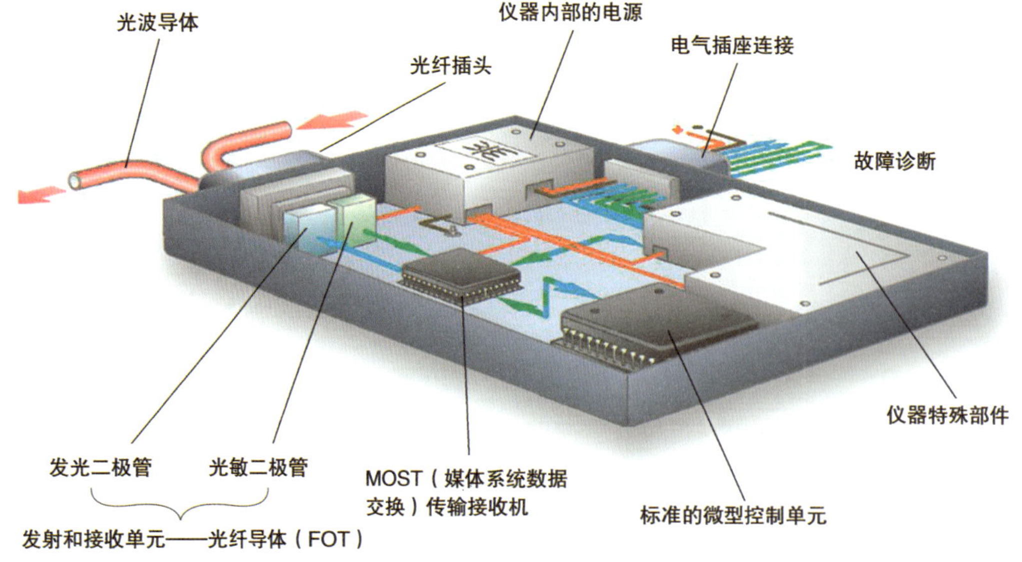

图 1-30 光缆控制单元的内部构造

产生光波的波长为 650nm 并且是可视红色光，如图 1-31 所示。

图 1-31　光波的波长

数据通过红色光波来进行传输。经调制后的光信号在环型光缆中进行传输，将光信号传输到各个控制单元，如图 1-32 所示。

传输接收机由传输器和接收器两个部件组成，如图1-33所示。

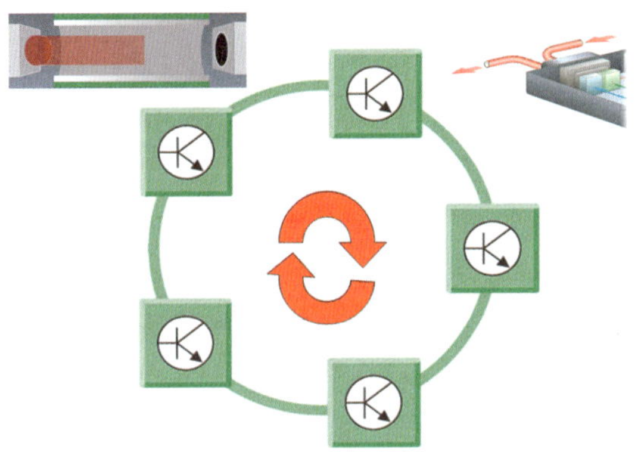

图 1-32　光信号在环型光缆中传输

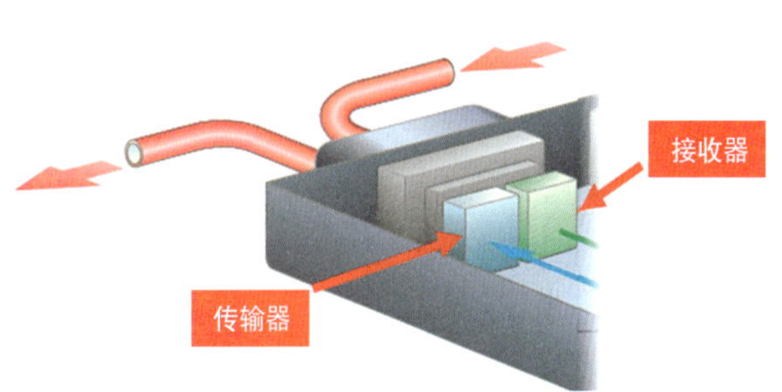

图 1-33　传输器和接收器

控制单元将发射的信号信息以电压信号传输到传输器上。传输器将电压信号变成光信号在光缆中进行传输如图 1-34 所示。

接收器从光缆接收光信号，将光信号变为数字信号继续向控制单元(CPU)传输信号，如图1-35所示。

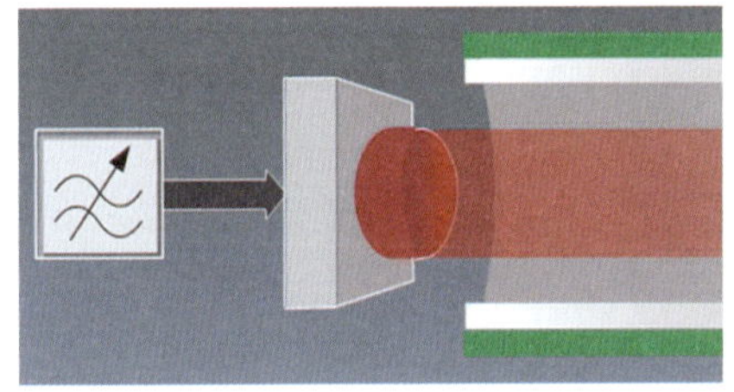

图 1-34　电压信号传输在传输器传输

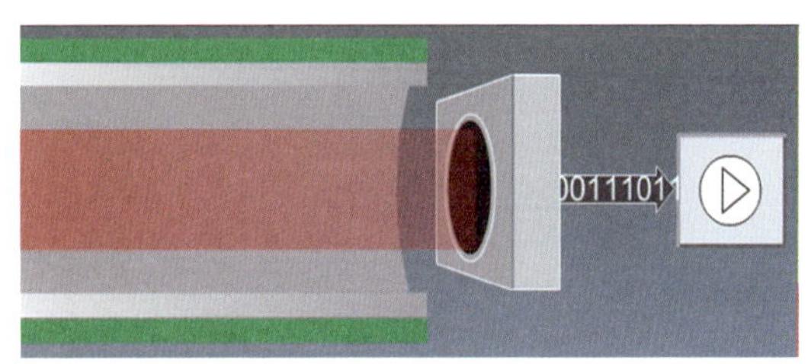

图 1-35　接收器从光缆接收光信号

控制单元将需要的信息传输到控制单元收接机上继续向控制单元(CPU)传输信号，如果不需要时将信号原封不动的发送到下一个控制单元，如图1-36所示。

(2)标准微型控制单元(CPU)　标准微型控制单元(CPU)是控制单元的中央单元。它包含一个操控单元所有基本功能的微型处理器，如图 1-37 所示。

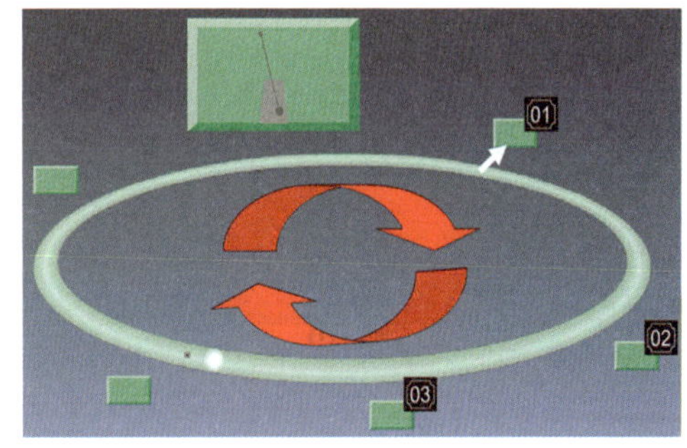

图 1-36　光缆信号的传递

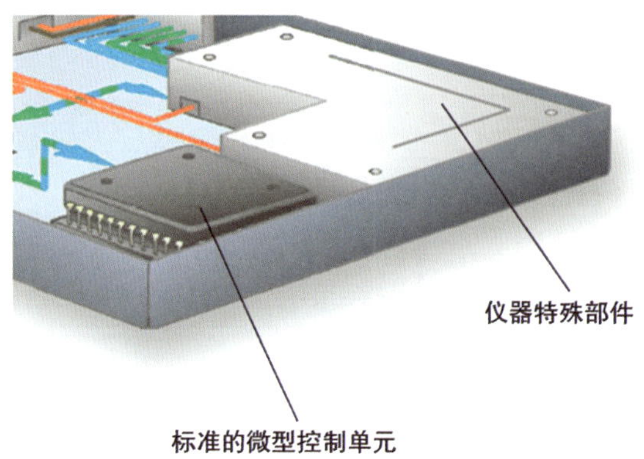

图 1-37 标准微型控制单元(CPU)

4. 光敏二极管

光敏二极管的任务是将光波转化为电压信号。

(1)构造 光敏二极管包含有一个 PN 过渡层,它能被光线射透。隔离层位于被强烈掺质的 P 层下并几乎融入 N 层中。在 P 层上有一个接触环-阳极。N 层安置在金属底板上-阴极,如图 1-38 所示。

(2)功能 光线或红外线渗入到 PN 过渡层中,通过它的能量形成空闲电子和小孔。它们通过 PN 过渡层形成电流。这意味着,照到光敏二极管的光线越多,经过光敏二极管的电流就越强。这个过程被称为内部光电效应,如图 1-39 所示。

图 1-38 光敏二极管

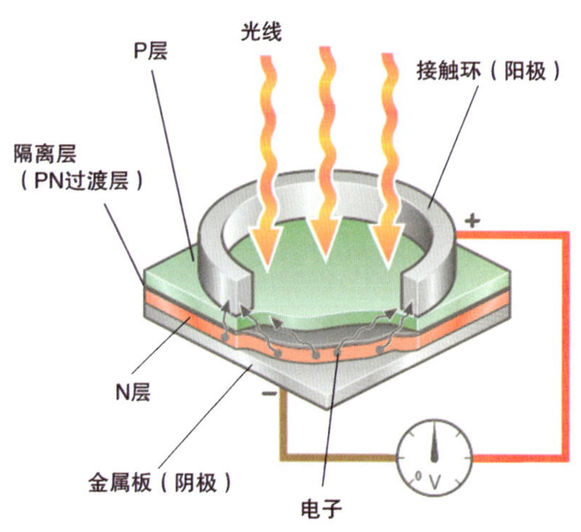

图 1-39 光电效应

光敏二极管的光电效应,由于高光线照射流经光敏二极管的电流升高,这样使光线信号转化为电压信号,如图 1-40 所示。

(3)光导体 光缆的任务是将在控制单元发射器的光波信号向其他的控制单元的接收器传输信号,如图 1-41 所示。

光缆技术应用时要注意以下的准则:光波以直线传播,光缆不能弯曲过大,一般曲率为光缆直径的 10 倍。光缆在安装时不得由于机械的应力、振动而受损。

因此,光缆必须具备下列特性以用于光线数据的传输:必须以很小的衰耗来传导光波;光波

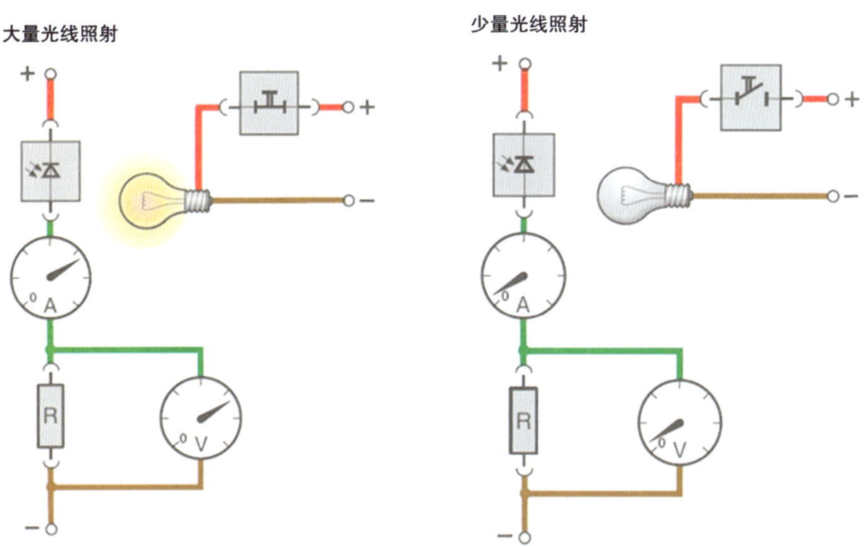

图 1-40　转换电压

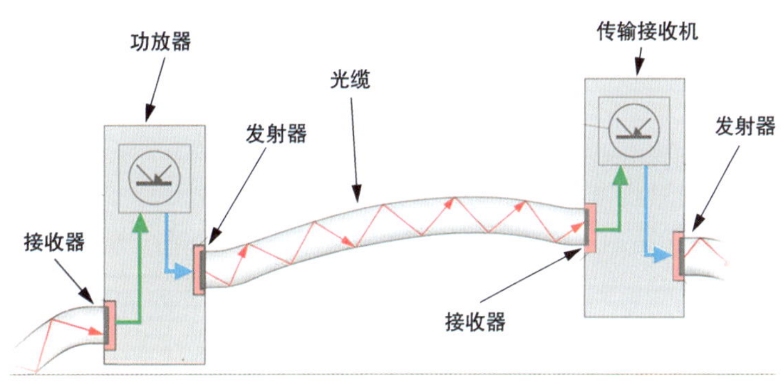

图 1-41　发射器内生成的光波导向其他的控制单元的接收器

必须通过光缆的弯曲处被传导；光缆必须具备柔韧性；光缆在 40～85℃的温度范围内能保证其功能。

5. 线衰减

光信号在光缆内传输随着传输距离的加大而光信号逐渐减弱。这一过程称为衰减，如图1-42所示。

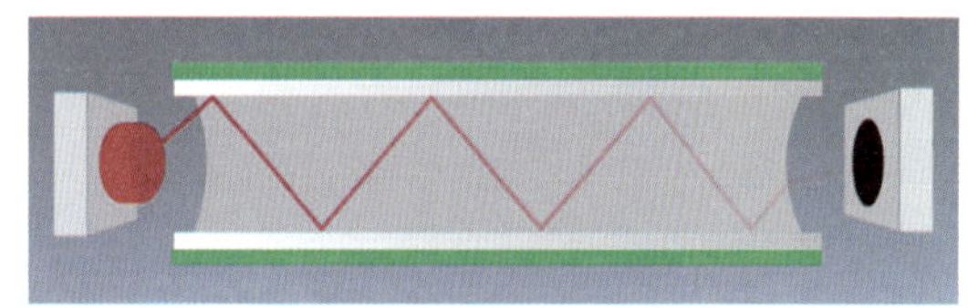

图 1-42　光线衰减

(1)使用光缆时的注意事项　进行车辆导线束方面的工作时必须特别小心。与铜电缆不同，光缆损坏时不会立即产生故障，而是在日后使用中用户才能察觉出来。

判断信号质量的一个标准就是衰减度。过度衰减是由不同原因造成的，大部分光波由光缆通过全反射原理在内核表面曲折前进。在弯曲的光缆内光波将通过交界面的全反射而反射至内核的涂层上进行传导，如图 1-43 所示。

(2)弯曲半径　塑料光缆的弯曲半径不得小于50mm。50mm大约相对于一个饮料瓶的直径。弯曲半径过小时会影响光缆的性能,甚至造成塑料光缆完全损坏。光线会从过度弯曲部位射出,因为此处无法正确反射光线,如图1-44所示。

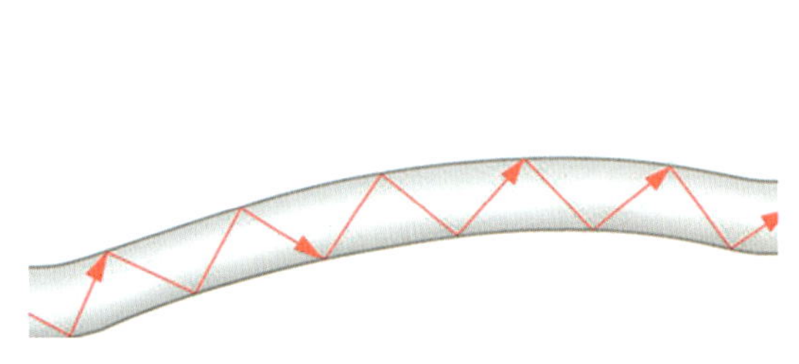
图1-43　光缆通过全反射传输光信号

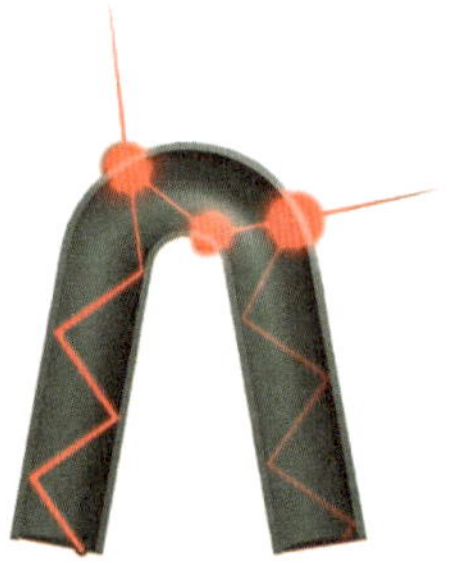
图1-44　弯曲半径

(3)纽结　安装时切勿纽结光缆,因为这会损坏纤维内芯和护皮。部分光线会在纽结部位发生散射。从而造成传输损失。即使仅仅短促纽结过一次,也会损坏光缆,如图1-45所示。

图1-45　光缆纽结

(4)挤压部位　避免挤压光缆,因为挤压可能会造成光导横截面永久变形。传输时就会丢失光线。所系电缆扎带过紧也可能会造成这种挤压,如图1-46所示。

(5)摩擦部位　与铜导线不同的是,光缆上的摩擦部位不会造成短路。而会造成光线损失或使外部光线射入。系统就会受到干扰或完全失灵,如图1-47所示。

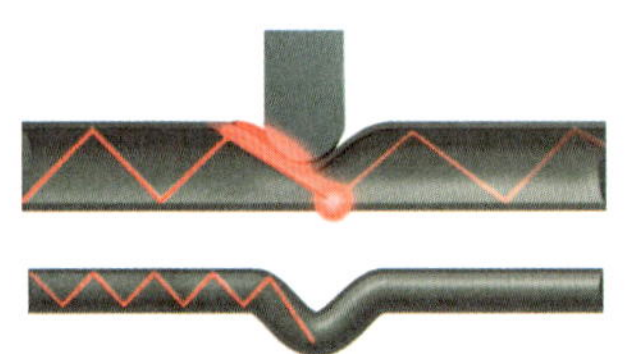
图1-46　挤压部位

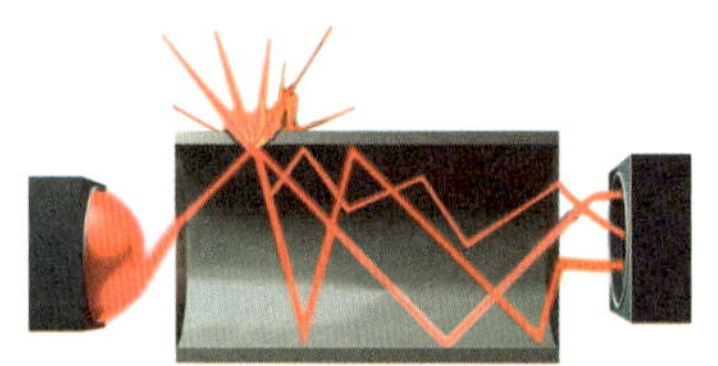
图1-47　摩擦部位

(6)过度拉伸　过度拉伸会使芯线拉长并减小纤维内芯横截面面积,从而减少通过的光量。拉伸光缆时同样可能造成光缆损坏,如图1-48所示。

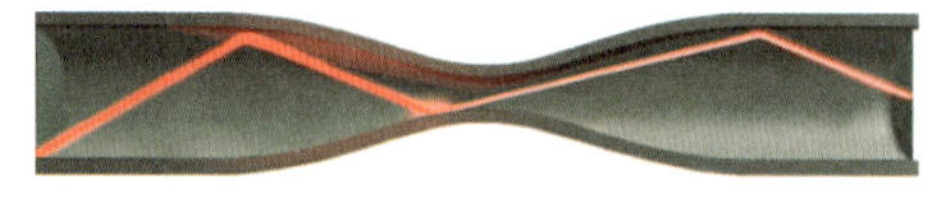
图1-48　过度拉伸

(7)过热　光缆过热时不会立即产生故障,而是在日后使用中才会造成损坏。例如,油漆烘干或焊接时不得超过85℃,如图1-49所示。

(8)端面有污物或划痕　端面有污物或划痕时也可能会导致出现问题。虽然可以避免无意中接触端面,但操作不当仍可能会造成故障。光缆端部的污物会妨碍光线射入和射出,污物会吸收光线造成衰减程度过大。端面有划痕时会使到达该处的光线形成散射,从而减少到达接收装置的光线,如图1-50所示。

图 1-49　过热

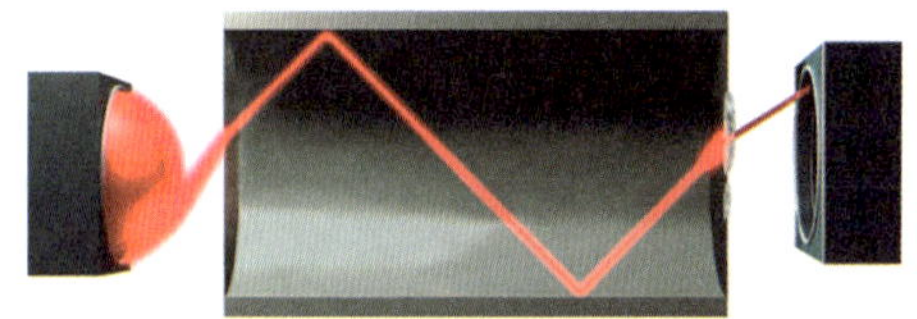

图 1-50　光缆端面有污物或划痕

(9)调制解调器的接收部分出现故障　接收部分调制解调器出现故障时会使信号中断,如图 1-51 所示。

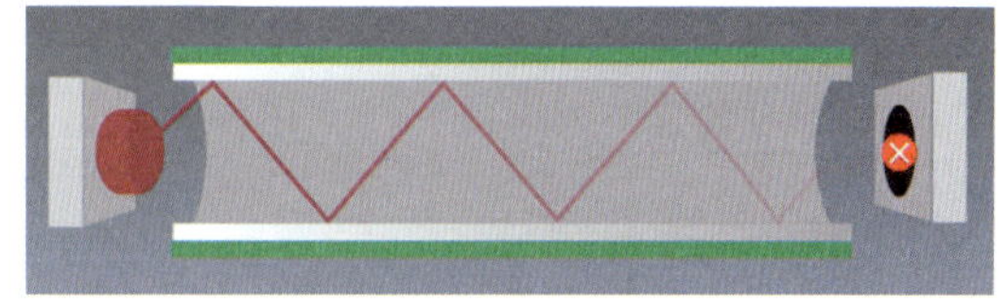

图 1-51　调制解调器的接收部分出现故障

(10)光缆过长　光信号在光缆内传输距离过长,而使光信号减弱,如图 1-52 所示。

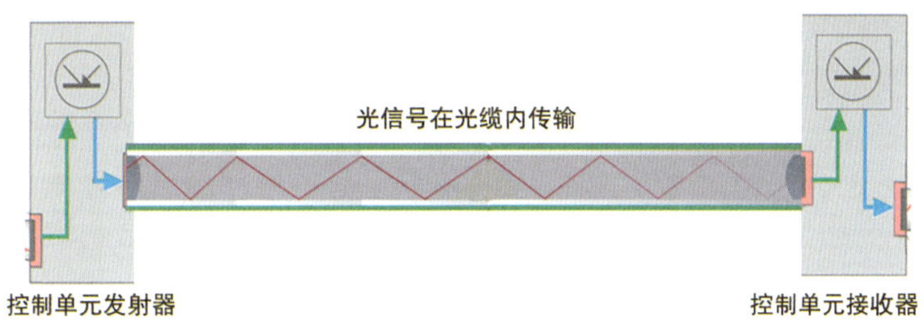

图 1-52　光纤过长

(11)插头连接　为了使光导体能连接到控制单元,将使用特殊的光纤线插头,如图 1-53 所示。

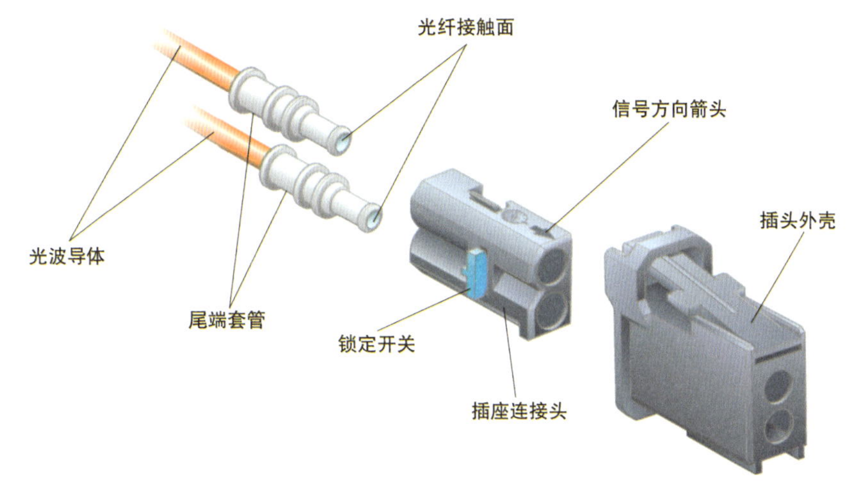

图 1-53　插头连接

在插座接头上有一个信号方向箭头,显示了输入(到接收器)的情况。插头的外壳建立了到控制单元的连接。通过内核的正面实现了光线到控制单元内发射机/接收器的传输。在生产光缆时为了要在插头外壳上固定光缆,要在光缆尾端利用激光技术焊上塑料套管或者在尾端卡上黄铜套管,如图 1-54 所示。

(12)对光缆在维修和使用中的要求　为了保证尽可能地无损耗传输,光导体的正面必须平滑垂直且干净,这种要求只能通过专用的切割工具来实现。污染和划痕会提高损耗(衰耗),如图1-55所示。

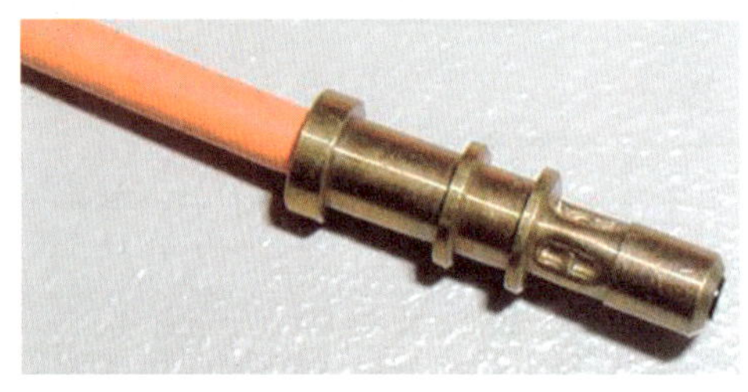

图1-54　光缆尾端黄铜套管

图1-55　光缆切割工具

(13)光导体防弯曲保护　通过安装防弯曲保护(波纹管)保证了在铺设光缆时的最小半径50mm,如图1-56所示。

使用光缆连接器更便于在行李舱区域内加装控制单元。光缆连接器位于后座椅靠背旁的左侧盖板后。光缆连接器旁装有一个电缆套管,用于防止光缆弯曲半径过小,如图1-57所示。

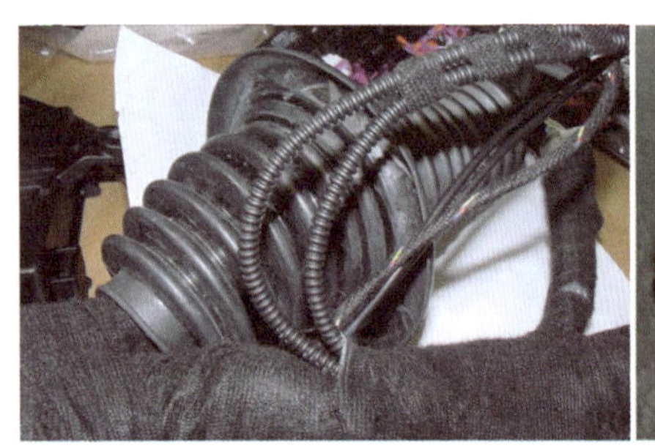

图1-56　光导体防弯曲保护

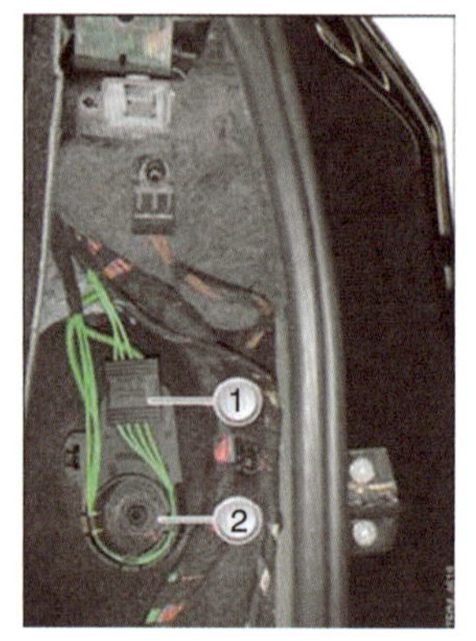

图1-57　光缆连接器
1—连接器　2—光缆套管

(14)在光缆和其部件上不允许的操作　不允许的操作包括:钎焊、高温粘贴、焊接等加工和修理方法;化学和物理方法如粘贴、对接;光缆线路绞合或一根光缆线路和铜线绞合;外皮的损坏如穿孔、割口、擦裂等。在车内安装时不得踩踏,不得在导线上放置物品等;避免表面污染(液体、灰尘、燃料等),前面所述的保护盖板只有在进行插入或测试时才能特别小心地去除;在车内铺设时不得绕圈和打结;更换光缆时要注意长度。

本章小结

本章通过通俗易懂的方式介绍车载网络的传输技术,CAN网络的基本构架、CAN系统各个组成部件的基本功能、网络协议、数据传递过程,新型光纤传输特点,控制单元的结构、光纤材料、信息传递方式。

第二章 大众车系车载网络

一、概述

在汽车行业中，大众汽车电子技术含量较高，大众公司早在1997年款帕萨特车型上就应用了舒适总线，使用K总线传输信息，传输速率为62.5kbit/s。在1998年款高尔夫和帕萨特车型上应用了CAN动力总线，传输速率为500kbit/s。其车型如图2-1所示。

图2-1 高尔夫和帕萨特

大众汽车在2000年款高尔夫和帕萨特车型上采用CAN网关上的K线，到2000年以后，控制单元之间信息量增大，K总线不能满足系统通信的需要，使用了CAN总线的新系统，大众集团内100kbit/s的CAN舒适总线已成为某些车型的标准配置，网关、CAN动力总线及CAN舒适总线系统如图2-2所示。

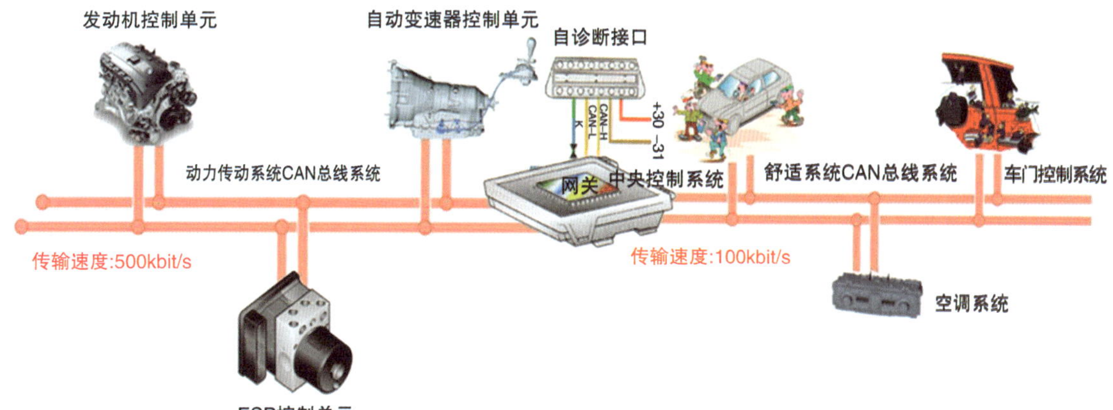

图2-2 大众汽车CAN总线系统

1. 大众汽车 CAN 总线的优点

大众汽车使用了 CAN 总线后，为汽车带来了许多好处：

①使用总线后，由于减少线路和节点，使信号传输的可靠性得以提高，并提高了整车电气线路的工作可靠性。

②改善了系统的灵活性，通过系统软件即可实现控制系统的功能变化和系统升级，能够方便地为客户扩展新功能。

③总线可以单线工作，改善了应急运行特性。CAN 数据总线系统是一个有两条线的总线系统，通过这两条数据总线，数据便可以按顺序传送到与系统相连的控制单元。如果出现 CAN 导线断路，故障逻辑电路会识别出该故障，从而进入单线工作模式。

④能对总线系统中的控制单元进行有效诊断。通过诊断接口用多功能测试仪对数据进行测试与诊断，方便了维修人员对电子系统的维护和故障检修。

⑤提高了电磁兼容性(EMV)，防止了电磁对传输信息的干扰。

⑥使用总线后，多个控制单元使用一个传感器数据，网络结构将各控制系统紧密连接，达到数据共享，各控制系统的协调性进一步提高。

⑦通过总线系统使各个控制单元之间实现高速数据信息传递。

⑧由于用总线替代了多根甚至数十根导线，大大减少了导线的数量和线束的体积，简化了整车线束，使布线成本降低，整车重量也有所下降。

2. 大众汽车 CAN 总线结构

汽车计算机或设备与传输媒介形成的节点与线的物理构成模式成为拓扑结构，大众汽车按照计算机网络的拓扑结构分，主要有星形结构、线形结构、环形结构。

(1)星形结构　星形拓扑结构是一种以中央节点为中心，把若干外围节点连接起来的辐射式互联结构。这种结构适用于局域网，特别是近年来连接的局域网大都采用这种连接方式，如图 2-3 所示。

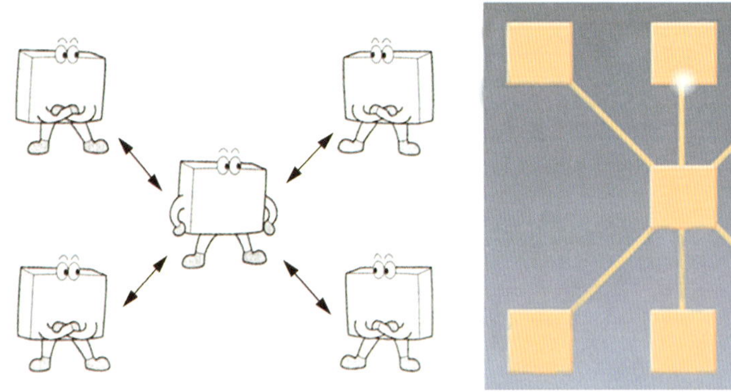

图 2-3　星形结构

星形拓扑结构的特点是安装容易、结构简单、费用低，通常以集线器作为中央节点，便于维护和管理。中央节点的正常运行对网络系统来说是至关重要的。中央节点负载重，扩充困难，线路利用率低。由于汽车网络的应用目的之一就是简化线束，所以这种结构不可能成为整车网络的结构，在一个部件或总成上使用。

(2)线形结构　线形拓扑结构是一种共享通路的物理结构。这种结构中总线具有信息的双向传输功能，普遍用于局域网的连接，总线一般采用同轴电缆或双绞线，如图 2-4 所示。

总线拓扑结构的优点是安装容易，扩充或删除一个节点很容易，不需停止网络的正常工作，节点的故障不会殃及整个系统。由于各个节点共用一个总线作为数据通路，信道的利用率高。但总线结构也有缺点，由于信道共享，连接的节点不宜过多，并且总线自身的故障可以导致系统的崩溃。汽车上的网络多采用这种结构，应用在 CAN 总线系统上。CAN 动力数据总线(高速)，速率为 500kbit/s；用于动力系统和底盘系统数据总线，CAN 舒适数据总线(低速)，速率为 100kbit/s；用于舒适系统数据总线，用于将收音机、电话和导航系统联成网。

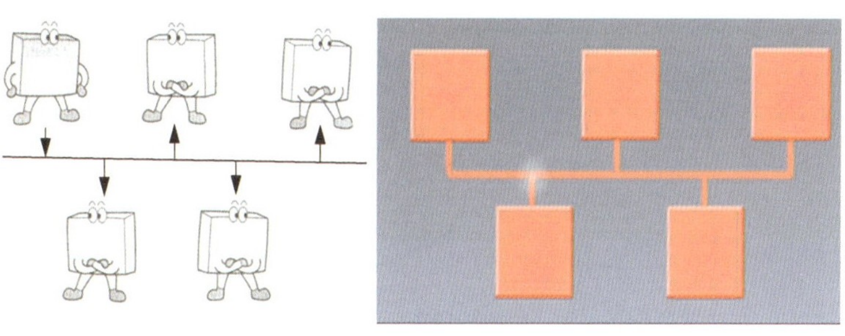

图 2-4　线形结构

(3)环形结构　环形结构由各节点首尾相连形成一个闭合环形线路。环形网络中的信息传送是单向的，即沿一个方向从一个节点传到另一个节点；每个节点需安装中继器，以接收、放大、发送信号。这种结构的特点是结构简单，建网容易，便于管理。其缺点是当节点过多时，将影响传输效率，不利于扩充，另外节点发生故障时，整个网络就不能正常工作，如图 2-5 所示。

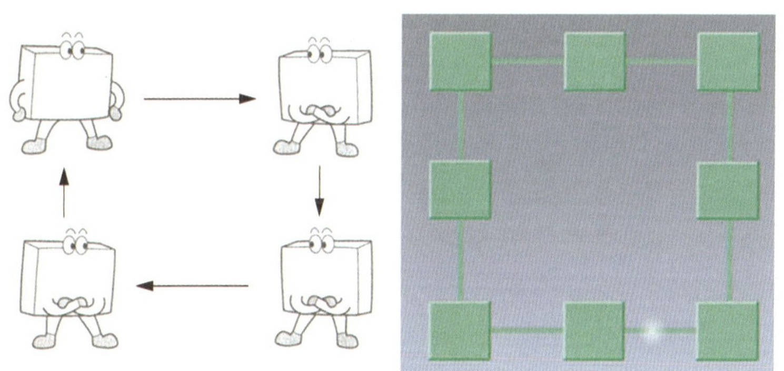

图 2-5　环形结构

汽车上电控技术要求实时性好的网络系统，大众车上网络系统支持这种结构，MOST 总线采用环形结构，通过光脉冲传输数据，只能朝一个方向传输数据。光缆用作传输媒介可以传输各种数据(控制单元、音频和图像数据)并提供各种数据服务。

二、大众车系 CAN-BUS 系统

大众汽车车载网络系统有舒适 CAN 总线、动力 CAN 总线等。为使读者详细了解车载网络的特点，下面将根据不同的车型详细介绍。

1. 宝来轿车车载局域网

一汽大众汽车有限公司生产的宝来轿车融入了许多德国大众的高新技术，在动力系统和舒适系统中，装用了两组 CAN 数据总线传输系统，如图 2-6 所示。

宝来轿车动力 CAN 总线系统由发动机控制单元 J220、自动变速器控制单元 J217 和 ABS

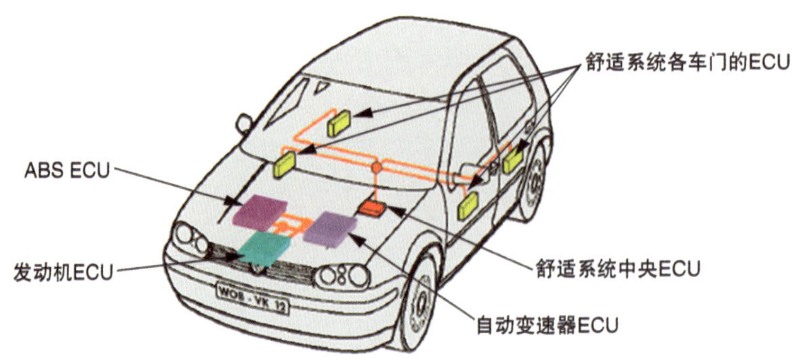

图 2-6　宝来轿车

控制单元 J104 组成，形成一个完整的系统。舒适 CAN 总线系统由中央控制单元和 4 个车门控制单元组成，形成一个完整的区域网络。

宝来轿车 CAN 总线的主要特点：如果需要增加额外的信息，只需修改软件即可；通过控制单元和辅助安全措施对传递信息的持续检查，可以达到最低的故障率；利用最少的传感器信号线来传递多用途的传感信号；在控制单元间实现高速数据传递；控制单元与控制单元引脚最小化应用，从而节省更多的空间；CAN 数据总线符合国际标准，便于与不同的控制单元进行数据交换。

(1)宝来动力 CAN 总线

宝来轿车的动力 CAN 数据总线连接 3 块电子控制单元(ECU)。它们是发动机、ABS/EDL 及自动变速器电子控制单元，如图 2-7 所示。动力 CAN 数据总线实际可以连接安全气囊、四轮驱动和电子组合仪表等电子控制单元。动力 CAN 数据总线可以同时输出 10 组数据，其中用于发动机电子控制单元 5 组、ABS/EDL 电子控制单元 3 组和自动变速器电子控制单元 2 组。动力 CAN 数据总线以 500kbit/s 的速率传递数据，每一数据组传递大约需要 0.25ms，每一电子控制单元需要 7～20ms。发送一次数据优先权的顺序为 ABS/EDL 电子控制单元→发动机电子控制单元→自动变速器电子控制单元。

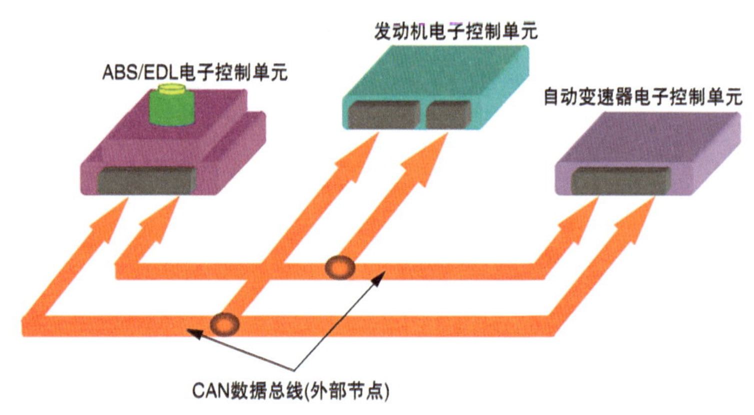

图 2-7　动力 CAN 总线系统

在动力传动系统中，数据传递应尽可能快速，以便及时利用数据。所以，需要一个高性能的发送器，高速发送器会加快点火系统间的数据传输，这样使接收到的数据立即应用到下一个点火脉冲中去。

1)宝来轿车动力 CAN 总线的特点

①数据总线包括两条线路，信息通过它们进行传输。为防止电磁干扰及发出辐射，两条数据传输线缠绕在一起，如图 2-8 所示。

②数据总线以 500kbit/s 的速度进行，这意味着它处于 125～1000kbit/s 的速度范围内(高

速度）。一个数据列的传输大约需要 0.25ms。每个控制单元（由类型决定）以 7～20ms 的间隔发出数据，如图 2-9 所示。

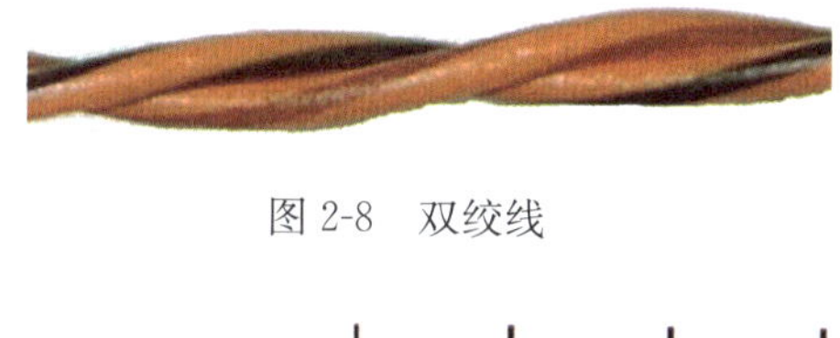

图 2-8　双绞线

图 2-9　数据传输

③CAN 动力数据总线也是双线式数据总线，其脉冲频率为 500kbit/s，所以也称为高速 CAN 总线。控制单元通过 CAN 驱动数据总线的 CAN-H 线和 CAN-L 线来进行数据交换。控制单元循环往复地在发送信息，就是说信息的重复率一般为 10～25ms。优先级次序如图 2-10 所示，即 ABS/EDL 控制单元、发动机控制单元、自动变速器控制单元（表 2-1）。在传动系统中必须尽可能快速传输数据以使其得到充分利用。因此，需要采用性能良好的收发器。这个收发器可使两个点火系统之间易于传输数据。这意味着收到的信息可在下一次点火脉冲中应用。

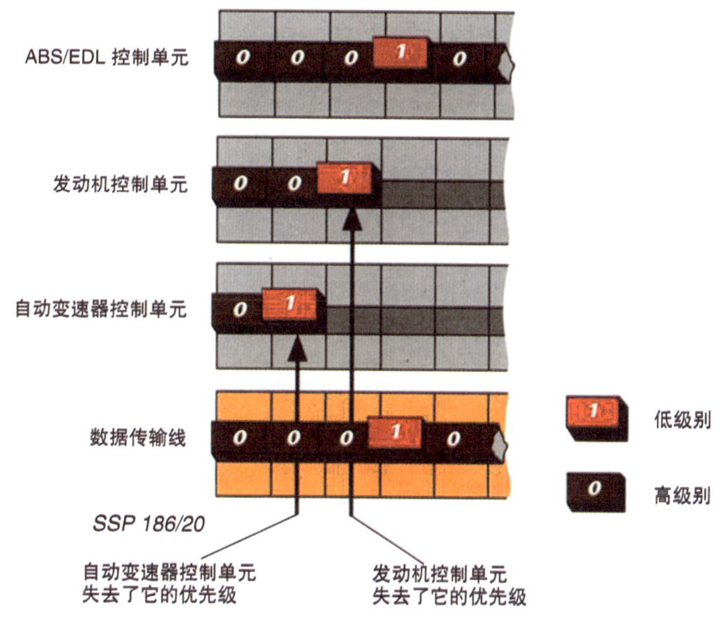

图 2-10　信息传输

表 2-1　优先权顺序

优先权顺序	数据来源	信息举例
1	ABS/EDL 电子控制单元	(1)发动机制动控制请求(EBC) (2)牵引力控制系统请求(TCS)
2	数据组 1 发动机电子控制单元	(1)发动机转速 (2)节气门位置 (3)换低档
3	数据组 2 发动机电子控制单元	(1)冷却液温度 (2)车速

（续）

优先权顺序	数据来源	信息举例
4	自动变速器电子控制单元	(1)换档时机 (2)应急运行模式 (3)变速杆位置

对于 ABS/EDL 控制单元来说，它与安全因素有关；对于发动机控制单元来说，它决定了对点火与喷油量的控制；对于自动变速器控制单元来说，它决定了驾驶的舒适性。以一个例子展示一部分数据列以及个体数据区域。

节气门的位置以 8 比特数据表示，可以有 256 种数据变化。因此，从 0°～102°的节气门位置可以以 0.4°为间隔进行传输，见表 2-2。

表 2-2　节气门位置以数据表示

比特顺序	节气门位置
00000000	节气门开启角 000.0°
00000001	节气门开启角 000.4°
00000010	节气门开启角 000.8°
…	…
01010100	节气门开启角 033.6°
…	…
11111111	节气门开启角 102.0°

2)宝来动力 CAN 网络故障码：1999 年 5 月以后生产的宝来轿车，组合仪表是连接在 CAN 数据总线上的，通过组合仪表内的 CAN 数据总线自诊断接口 J533，CAN 数据总线与自诊断 K 线可以实现数据交换。更换了仪表板后，必须按照车上装备对 CAN 数据总线的自诊断接口 J533 进行编码(必须对新换上的组合仪表的数据总线自诊断接口 J533 进行编码，即使已经存在有正确的编码也如此)。使用 V. A. G1552 或 V. A. S5051 进入地址码—19，即动力系统电子控制单元进行自诊断，然后输入读取故障码的功能码—02，查询动力系统中央电子控制单元是否储存故障码。宝来轿车动力系统 CAN 数据总线故障码见表 2-3。

表 2-3　宝来轿车动力系统 CAN 数据总线故障码

故障码及其含义	可能的故障原因	可能的影响	故障排除方法
00778 转向角度传感器 G85 无法通信	转向角度传感器 G85 通过数据总线接收不正常	与数据总线相连的系统功能不正常	(1)检查数据总线自诊断接口的编码 (2)查询 ABS 控制单元故障存储器并排除故障 (3)按照电路图检查连接转向角度传感器 G85 的数据总线
010312 数据总线损坏	数据总线有故障 数据总线在“BUS-OFF”状态	行驶性能不良(自动变速器换档冲击)，无动力控制	(1)读取测试数据块 (2)检查控制单元编码 (3)按照电路图检查数据总线 (4)更换损坏的控制单元

（续）

故障码及其含义	可能的故障原因	可能的影响	故障排除方法
01314 发动机控制单元无法通信	发动机控制单元通过数据总线的数据接收不正常	行驶性能不良（自动变速器换档冲击），无动力控制	(1)读取测量数据块 (2)查询变速器控制单元故障存储器，排除故障 (3)按照电路图检查变速器控制单元数据总线
01315 变速器控制单元无法通信	变速器控制单元通过数据总线的数据接收不正常	行驶性能不良（自动变速器换档冲击），无动力控制	(1)读取测量数据块 (2)查询发动机控制单元故障存储器，并排除故障 (3)按照电路图检查发动机控制单元数据总线
01316 变速器控制单元无法通信	制动控制单元通过数据总线的数据接收不正常	行驶性能不良（自动变速器换档冲击），无动力控制	(1)读取测量数据块 (2)查询 ABS 控制单元故障存储器，并排除故障 (3)按照电路图检查 ABS 控制单元数据总线
01317 组合仪表内控制单元 J285 无法通信	(1)组合仪表内控制单元 J285 控制单元数据总线有故障 (2)组合仪表内控制单元 J285 损坏	行驶性能不良（自动变速器换档冲击），无动力控制	(1)读取 J533 的测量数据块 (2)查询 ABS 控制单元故障存储器，并排除故障 (3)按照电路图检查数据总线
01321 安全气囊控制单元 J234 无法通信	安全气囊控制单元通过数据总线的数据接收不正常	安全气囊警告灯亮	(1)读取测量数据块 (2)查询安全气囊 (3)查询控制单元故障存储器，并排除故障 (4)按照电路图检查安全气囊 (5)按照控制单元电路图检查安全气囊控制单元数据总线
01324 四轮驱动控制单元 J492 无法通信	四轮驱动控制单元通过数据总线的数据接收不正常	行驶性能不良（自动变速器换挡冲击），无动力控制	(1)读取测量数据块 (2)查询四轮驱动控制单元故障存储器，并排除故障 (3)按照电路图检查四轮驱动控制单元数据总线

(2)宝来轿车舒适 CAN 总线　舒适系统中数据总线连接了控制单元，如图 2-11 所示。有中心控制单元和两个或 4 个车门控制单元。舒适系统中的数据总线的结构控制单元的线路以星状连接会聚于一点。优点是如果一个控制单元失灵，其他控制单元仍能送出数据列。舒适系统数据总线的作用涉及中央锁、电动车窗、开关照明、后视镜的电子调整、加热和自诊断。

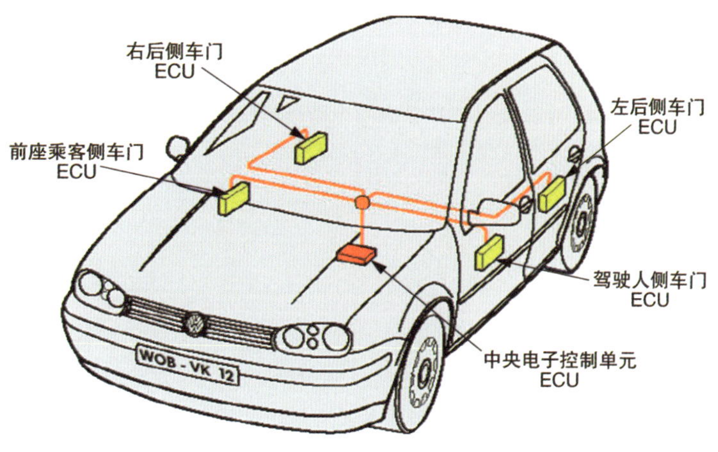

图 2-11　宝来轿车舒适 CAN 总线

1)宝来轿车数据 CAN 总线特点

①控制单元间的各条传输线采用了星状形式汇聚一点，使用总线以后通过门连接处的线路更少，若线路发生与地、与正极或两条线之间的短路，CAN 数据总线进入紧急运行模式，改为单线路模式工作。所需诊断线路更少。因为自诊断完全由中央控制单元控制，如图 2-12 所示。

②数据总线包括两条线路，信息通过它们进行传输，为防止电磁干扰及发出辐射，两条数据传输线缠绕在一起。注意缠绕的长度，数据传输以 62.5kbit/s 的速度进行。这意味着它处在 0～125kbit/s 的速度范围内(低速度)。一个数据列的传输大约需要 1ms 每个控制单元以 20ms 的时间间隔发出数据，如图 2-13 所示。

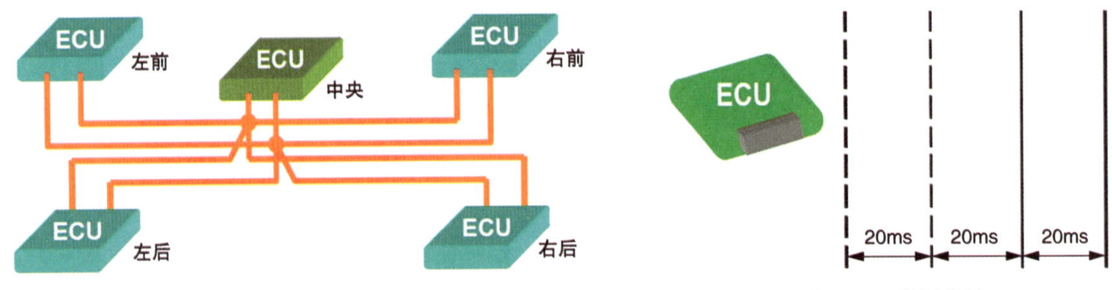

图 2-12　宝来舒适 CAN 网络

图 2-13　数据传输

③CAN 舒适数据总线也是双线式数据总线，其脉冲频率为 100kbit/s，所以也称为低速 CAN 总线。控制单元通过 CAN 驱动数据总线的 CAN-H 线和 CAN-L 线来进行数据交换，如车门开/关、车内灯开/关、车辆位置(GPS)等。由于使用同样的脉冲频率，所以 CAN 舒适数据总线和 CAN 车身总线可以共同使用一对导线。前提条件是相应的车上有这两种数据总线。为了使低速 CAN 抗干扰性强且电流消耗低，与 CAN 动力数据总线相比就需做一些改动。CAN-H 线和 CAN-L 线不再彼此相互影响，而是彼此独立作为电压源来工作。优先级次序为中央控制单元、驾驶人侧控制单元、前座乘客侧控制单元、后左控制单元、后右控制单元。

2)宝来轿车舒适 CAN 信息传递。宝来轿车的舒适系统信息与各自的功能状态相联系。例如，关于无线电遥控操作的信息、当前的中央集控门锁状态信息、故障信息等。表 2-4 是以驾驶人侧车门电子控制单元为例来介绍部分数据信息。从该表中可以了解到有关中央集控门锁状态和电动车门窗状态的传递信息。

表 2-4　中央集控门锁状态和电动车门窗状态的传递信息

功能状态	信息	位序		位值
		bit5 bit4	bit3 bit2 bit1	
中央集控门锁			0,0,0	000
	基本状态		0,0,5	001
	安全		0,5,0	010
	锁止(中央集控门锁)		0,5,5	011
	车门锁止		5,0,0	100
	打开(中央集控门锁)		5,0,5	101
	信号错误输入传感器		5,5,0	110
	错误状态		5,5,5	111

（续）

功能状态	信息	位序		位值
		bit5 bit4	bit3 bit2 bit1	
电动车门窗	运动中	0,0		00
	静止状态	0,5		01
	在行程范围内	5,0		10
	最上端停止点	5,5		11

3)舒适系统 CAN 数据总线的故障诊断。一汽大众生产的宝来轿车舒适 CAN 数据总线具有自诊断的功能。可以使用 V. A. G1552 或 V. A. S5051(图 2-14)进入地址码—46,即舒适系统电子控制单元进行自诊断,然后输入读取故障码的功能码—02,查询舒适系统中央电子控制单元是否储存了故障码。

宝来轿车舒适系统 CAN 数据总线有两个故障码,见表 2-5。

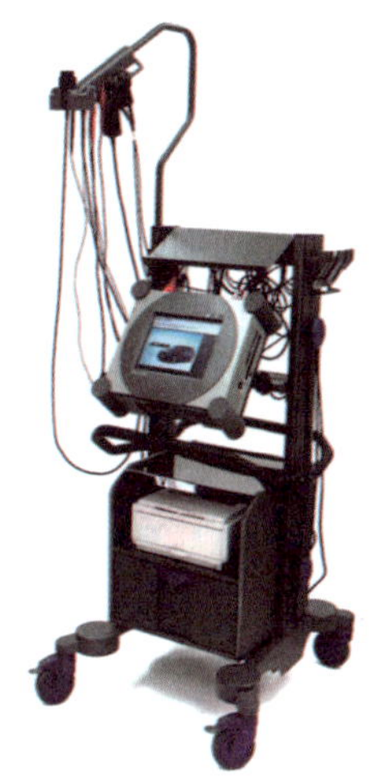

图 2-14 V. A. S5051 诊断仪

表 2-5 宝来轿车舒适系统 CAN 数据总线故障码

故障代码	故障代码的含义	可能的故障部位
01328	舒适系统控制单元 CAN 总线或电子控制单元存在故障	(1)电子控制单元不良 (2)CAN 两条数据线开路或短路 (3)导线和插头连接不良
01329	舒适系统 CAN 数据总线处于应急运行模式	(1)某一根 CAN 数据线开路或短路 (2)导线和插头连接不良 (3)某一个车门电子控制单元不良

读取数据流。利用 V. A. G1551、V. A. G1552 或 V. A. S5051 进入地址码 46,对舒适系统控制单元进行自诊断,进入功能码 08,阅读测量数据块。进入 012 通道中央控制单元,即显示 CAN 数据总线相关的 4 组数据区域,见表 2-6。

表 2-6 舒适系统 CAN 数据总线测量数据块

数据区域	显示内容
1	检测传递数据,该区域显示数据传递正确与否(比如单数据线故障)
2	前排装备情况,显示前排车门控制单元在传递数据过程中是否匹配
3	后排装备情况,显示后排车门控制单元在传递数据过程中是否匹配
4	其他附件情况,该区域显示座椅与后视镜调整记忆系统是否合适。舒适系统与记忆系统是否交换数据

说明:在通常情况下,可以使用检测仪示波器功能进行波形分析查找故障。不能利用维修工具直接检测 CAN 数据总线传输系统。

2. 波罗轿车车载局域网

大众波罗轿车车载局域网网络系统称为 CAN 总线系统。该车具有动力系统 CAN 和舒适系统 CAN 两个控制器局域网络,并且设置了网关,将这两个 CAN 连为一体就形成了车载网络系统。车载网络系统控制单元作用尤为重要。它监控车载网络系统的负荷情况,并承担以前一直由单独的继电器和控制单元所执行的功能。此外在车载网络系统控制单元中集成了数据总线诊断接口，它实现了不同的CAN数据总线系统间的数据交换。

2002款波罗(POLO)轿车设有先进的CAN总线。该车具有动力系统CAN和舒适系统CAN，并且设置了网关，将这两个CAN连为一体形成了车载网络系统。通过网关，可从一个CAN读取所接收的信息、翻译信息，并向另一个CAN发送信息。波罗轿车CAN总线的连接形式，如图2-15所示。

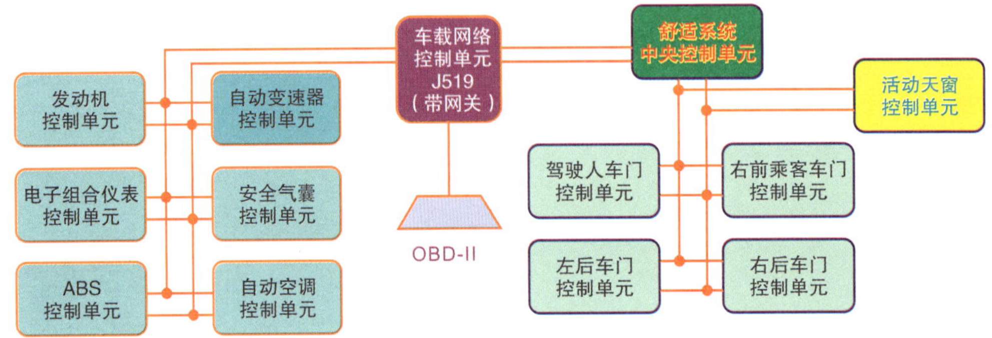

图2-15　波罗轿车CAN总线的连接形式

下面以车载网络控制单元J519为例进行介绍。

(1)作用　车载网络系统控制单元在车载网络系统中起重要作用。它承担以前一直由单独的断电器和控制单元所执行的功能，如图2-16所示。

图2-16　车载网络控制单元J519

车载网络系统控制单元J519在车载网络系统中起关键作用。它承担以前一直由单独的继电器和控制单元所执行的功能。车载网络系统分散布置如图2-17所示。

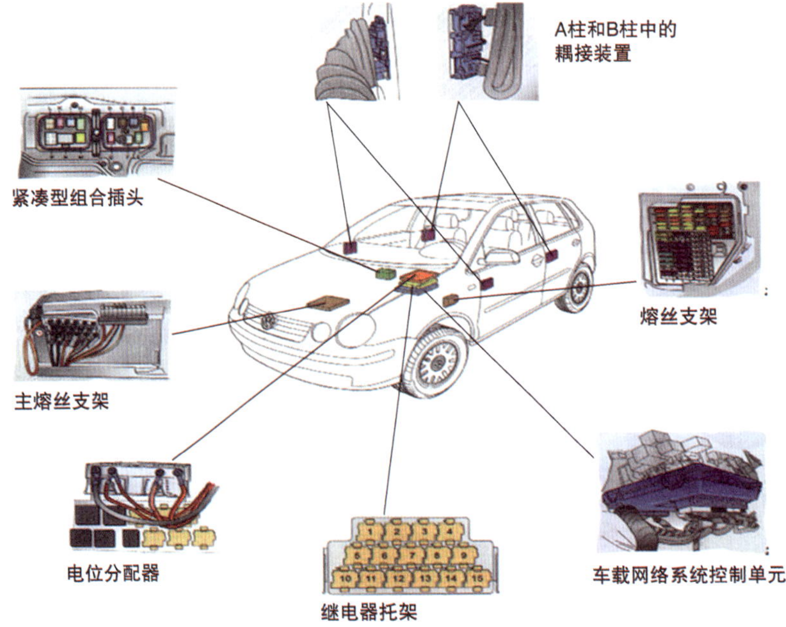

图2-17　车载网络系统分散布置

车载网络控制单元J519的功能有负荷管理、车内灯控制、燃油泵进油控制、车窗清洗和刮水器控制(间歇运行和雨量传感)、外后视镜和后窗加热、后座椅靠背监控、转向信号灯和报警灯控制、扬声器控制、车速控制装置(转换CAN驱动装置数据总线上的信号)、遥控解除后行李舱联锁、设备和开关照明、活动天窗和电动车窗升降机的功能保持,装配自动变速器车辆的辅助功能有变速杆锁定装置磁铁控制、起动锁止、倒车灯控制。

(2)负荷控制 在行驶中大量舒适性装备和电热器(如座椅加热装置、后窗加热装置、外后视镜加热和电子辅助加热装置)会引起发电动机过载,进而导致蓄电池放电。尤其是出现在距离极短的短途行车和冬季行驶时,以及时停时走和装备过多的车辆中,如图2-18所示。

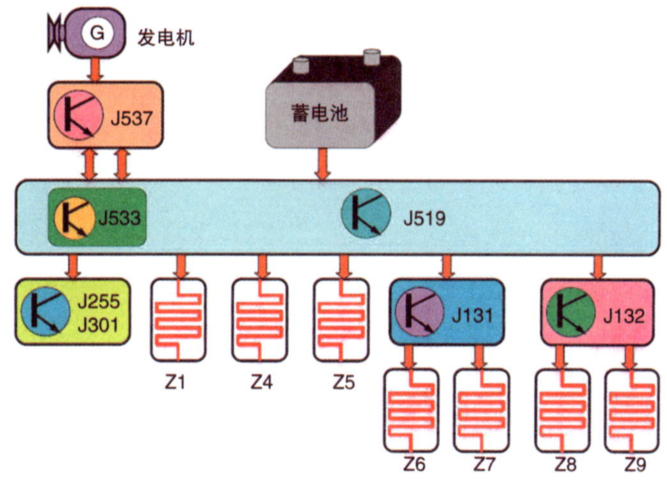

图2-18 车载网络控制单元的负荷控制原理图

J131—可加热式驾驶人座椅控制单元 J132—可加热式前座乘客座椅控制单元 J255—空调电子控制系统控制单元 J301—空调器控制单元 J519—车载网络系统控制单元 J533—数据总线诊断接口 J537—发动机控制单元 Z1—可加热式后窗 Z4—可加热式外后视镜,驾驶人侧 Z5—可加热式外后视镜,前座乘客侧 Z6—可加热式驾驶人座椅 Z7—可加热式驾驶人靠背 Z8—可加热式前座乘客座椅 Z9—可加热式前座乘客靠背

考虑到短时间用电器的电流需求,车载网络系统控制单元的负荷管理系统定期监控蓄电池,网络系统控制单元将采取措施,以保持行驶能力并确保车辆重新起动能力。具体措施如图2-19所示。

(3)车内灯控制 车载网络系统控制单元J519可以确保在车辆停止而车门未关闭状态下,车内灯点亮10min后自动关闭,这样可以避免蓄电池不必要的放电。如果解除车辆联锁或拔出点火钥匙,30s后车内灯自动接通。在车辆锁止或打开点火开关后车内灯即关闭。车内灯在撞车时自动接通。车内灯控制的另一个作用是,在点火开关关闭约30min,自动关闭由手动打开的灯(车内灯、前后阅读灯、行李舱照明灯、杂物箱照明灯和化妆镜),该功能同样有利于保持蓄电池电能。车内灯控制电路如图2-20所示。

如果车载网络系统电压低于 12.7V，则怠速将被提高 如果电压降低到 12V 以下，车载网络系统控制单元还将采取下列措施	J519	如果重新达到标准电压，车载网络系统控制单元将采取下列措施
1 提高怠速转速		降低怠速转速 5
2 关闭后风窗加热装置		接通后风窗加热装置 4
3 关闭座椅加热装置		接通座椅加热装置 3
4 关闭外部后视镜加热装置		接通外部后视镜加热装置 2
5 降低空调压缩机输出功率		提高空调压缩机输出功率 1

图 2-19　负荷管理

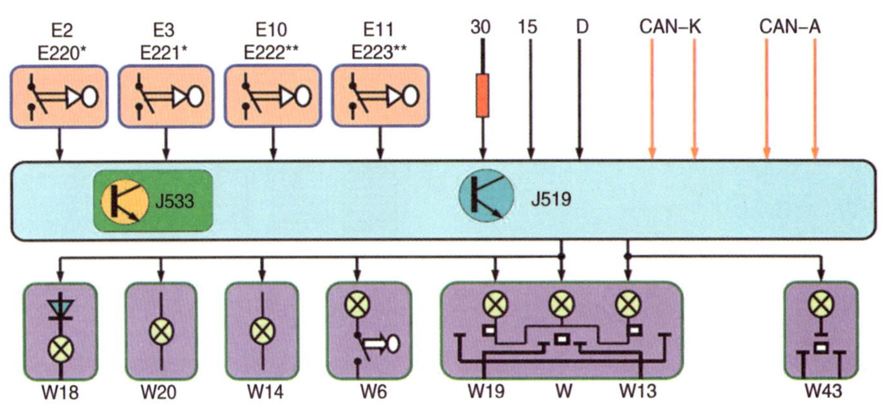

图 2-20　车内灯控制电路图

CAN-A—CAN 驱动装置数据总线　CAN-K—CAN 驱动模式数据总线　D—点火开关　E2—驾驶人侧车门触点开关　E3—前乘客侧车门触点开关　E10—左后车门触点开关　E11—右后车门触点开关　E220—驾驶人侧集控车门锁关闭单元　E221—前乘客侧集控车门锁关闭单元　E222—左后集控车门锁关闭单元　E223—右后集控车门锁关闭单元　J519—车载网络系统控制单元　W—前部车内灯　W6—杂物箱照明灯　W13—前乘客侧阅读灯　W14—带照明的化妆镜(前乘客侧)　W18—左行李舱照明灯　W19—驾驶人侧阅读灯　W20—带照明的化妆镜(驾驶人侧)　W43—后部车内灯　*—无集控车门锁的车辆　**—有集控车门锁的车辆

(4)燃油泵供给控制　2002 款波罗轿车有一个新的燃油泵供给控制单元。它是由燃油泵继电器 J17 和燃油供给继电器 J643 并联来代替单个集成防撞燃油关闭装置的燃油泵继电器。这两个继电器位于车载网络系统控制单元 J519 上的继电器托架上，当打开驾驶人侧车门后，车门触点开关 E2(或集控门锁 E220 的关闭单元)将信号发送到车载网络系统控制单元。接着车载网络系统控制单元控制燃油供给继电器 J643，并使燃油泵 G6 运行大约 2s。打开点火开关或起动发动机后，燃油泵 G6 通过燃油泵继电器 J17 由发动机控制单元控制。其中在车载网络系统控制单元有一个定时开关，它有两个作用：一是当驾驶人侧车门短暂开启时，避免燃油泵持续运行；二是如果驾驶人侧车门开启超过 30min，燃油泵重新受控。燃油泵供给控制原理如图 2-21 所示。

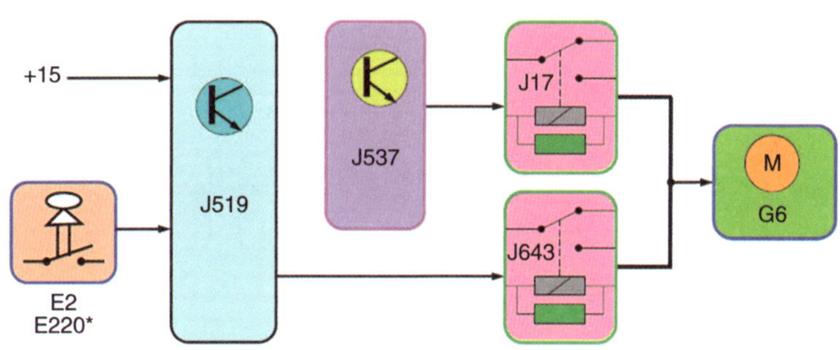

图 2-21　燃油泵控制电路

E2—驾驶人侧车门触点开关　E220—驾驶人侧集控门锁关闭单元　G6—燃油泵　J537—发动机控制单元　J17—燃油泵继电器　J519—车载网络系统控制单元　J643—燃油供给继电器　*—无集控门锁的车辆

（5）后窗刮水器控制　在前风窗玻璃刮水器置于 1 档、2 档或间歇档的条件下，当在进入倒档后，后窗刮水器将自动刮水一次，控制原理如图 2-22 所示。

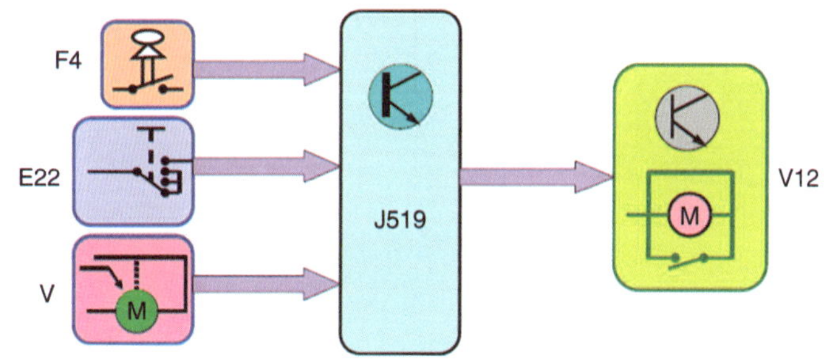

图 2-22　后窗刮水器控制电路

E22—间歇运行刮水器开关　F4—倒车灯开关　J519—车载网络系统控制单元　V—刮水器电动机　V12—后窗刮水器电动机

（6）前刮水器控制　如果风窗玻璃刮水器已接通间歇档（取决于车速的间歇运行模式或下雨运行模式），并且同时发动机舱盖打开，信号将从发动机舱盖接触开关 E226 发送至车载网络系统控制单元。控制单元将阻止刮水器运动，直到发动机舱盖再次关闭，控制原理如图 2-23 所示。

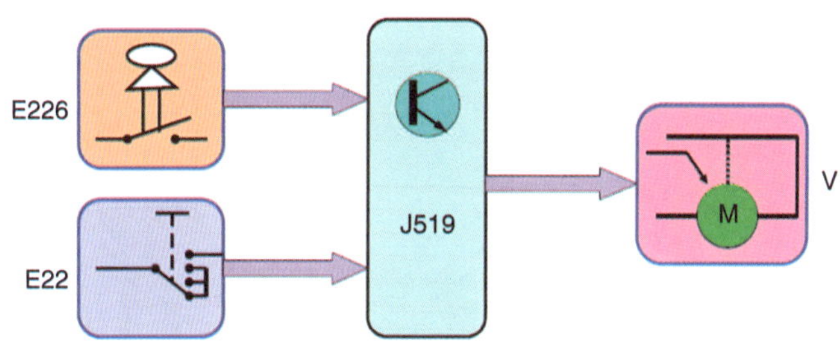

图 2-23　前刮水器控制电路

E22—间歇运行刮水器开关　E226—发动机舱盖接触开关　J519—车载网络系统控制单元　V—刮水器电动机

（7）外后视镜和后窗加热控制　为了保持蓄电池电能，外后视镜和后窗加热装置只有在发动机运行时才能接通，接通约 20min 后，加热装置将自动关闭，如图 2-24 所示。

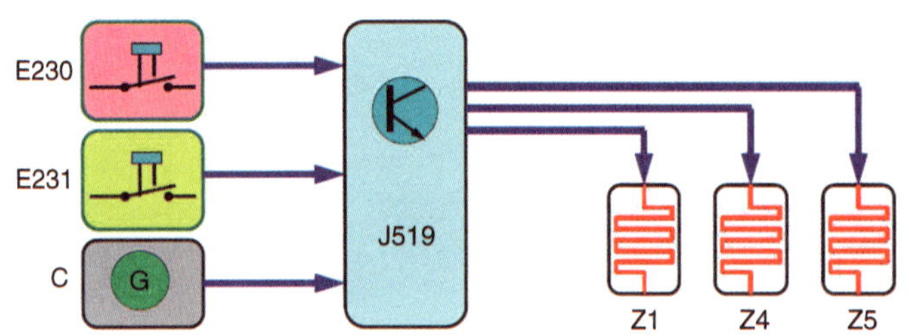

图 2-24　外后视镜和后窗加热控制电路

E230—可加热式后窗按钮　E231—外后视镜加热按钮　C—发电机　J519—车载网络系统控制单元
Z1—后窗加热器　Z4—驾驶人侧外后视镜加热器　Z5—前座乘客侧外后视镜加热器

(8)后座椅靠背控制　后排座椅的中间位置带有三点式安全带的车辆具有后座椅靠背监控功能。如果后排座椅中间位置靠背部分安装不正确，在打开点火开关后，仪表板中的一个指示灯亮起约 20s，控制原理如图 2-25 所示。

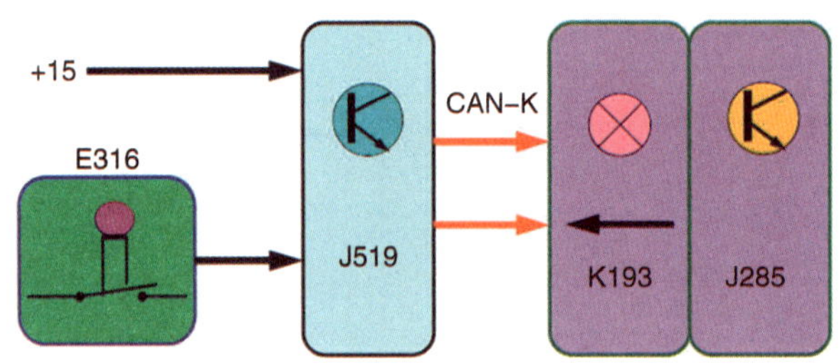

图 2-25　靠背控制电路

CAN-K—CAN 舒适模式数据总线　E316—右后座椅靠背接触开关　J285—操作面板中带显示的控制单元
K193—后座靠背连锁装置指示灯　J519—车载网络系统控制单元

(9)信号灯和警告灯控制　车载网络系统控制单元 J519 控制转向灯闪烁、闪烁报警、防盗报警装置、集控门锁及挂车转向灯闪烁，控制原理如图 2-26 所示。

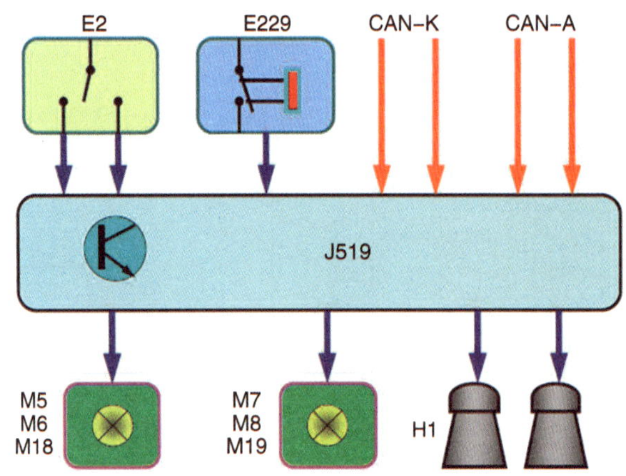

图 2-26　信号灯和警告灯控制电路

CAN-A—CAN 驱动装置数据总线　CAN-K—CAN 舒适模式数据总线　E2—转向信号灯开关　E229—警告灯按钮
H1—喇叭　J519—车载网络系统控制单元　M5—左前转向信号灯　M6—左后转向信号灯　M7—右前转向信号灯
M8—右后转向信号灯　M18—左侧转向信号灯　M19—右侧转向信号灯

(10)编码　由车辆的装备范围和国家标准决定了车载网络系统控制单元的编码。编码一般是由生产厂家确定,并在车辆出厂时编制完成,如果在售后服务或维修的装备被更改时,例如,安装可加热式座椅或更换了新的车在网络系统控制单元后,必须重新对控制单元进行编码,否则系统将无法正常工作。

3. 迈腾轿车车载局域网

2007 年 7 月 11 日,一汽大众汽车有限公司推出首款 B 级车迈腾(MAGOTAN)1.8TSI 及全系列产品正式隆重上市。这款车具有极高的动力性、舒适性、安全性和操控性。而迈腾的命名,也具有深刻的含义,“迈”寓意自信、果决、动感,“腾”表示腾飞、超越、激情。因此,迈腾延续了在汽车电气设备和电子装置领域中的革新。其中,舒适性作为革新的焦点,在研发过程中尤其受到重视。

(1)功能强大的控制单元网络(CAN 总线)　迈腾轿车(图 2-27)应用大量的 CAN 总线网络系统通信,保证控制器之间数据的完整交换。不同的 CAN 总线系统和 LIN 总线,使全车控制单元形成了一个整体。迈腾轿车应用的主要总线为动力总线、舒适总线、信息总线、组合仪表总线、串行数据总线、诊断总线、特殊总线(电子驻车制动、动态前照灯)、LIN 总线(及多功能转向盘、刮水器电动机、内部监控)等。

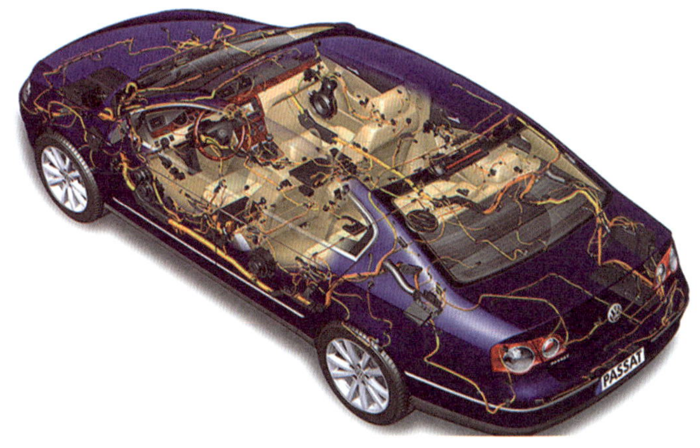

图 2-27　迈腾轿车

迈腾应用大量的 CAN 总线,传感器的信息传递都使用 CAN 总线传递,其中网关 J533 是非常重要的一个模块,所有的信息传递,都与它相关,如图 2-28 所示。

网关 J533 连接了以下系统的总线:动力 CAN 总线、舒适 CAN 总线、信息娱乐 CAN 总线、组合仪表 CAN 总线、诊断 CAN 总线、电动机驻车制动器 CAN 总线、传感器 CAN 总线、智能前照灯 CAN 总线。在迈腾车型中还有子总线系统,都连接到 CAN 总线当中,如 LIN 总线、电动机驻车制动器 CAN 总线、传感器 CAN 总线、转向灯 CAN 总线、串行总线。

①动力 CAN 总线。动力 CAN 总线系统数据传输速度是 500kbit/s。传输通过高电平 CAN 数据线和低电平 CAN 数据线进行。为了保证数据安全传输,CAN 导线相互缠绕连接。动力 CAN 总线不能单线工作,在其中一根 CAN 导线发生故障时则无法进行传输数据。动力总线控制单元安装拓扑图如图 2-29 所示。

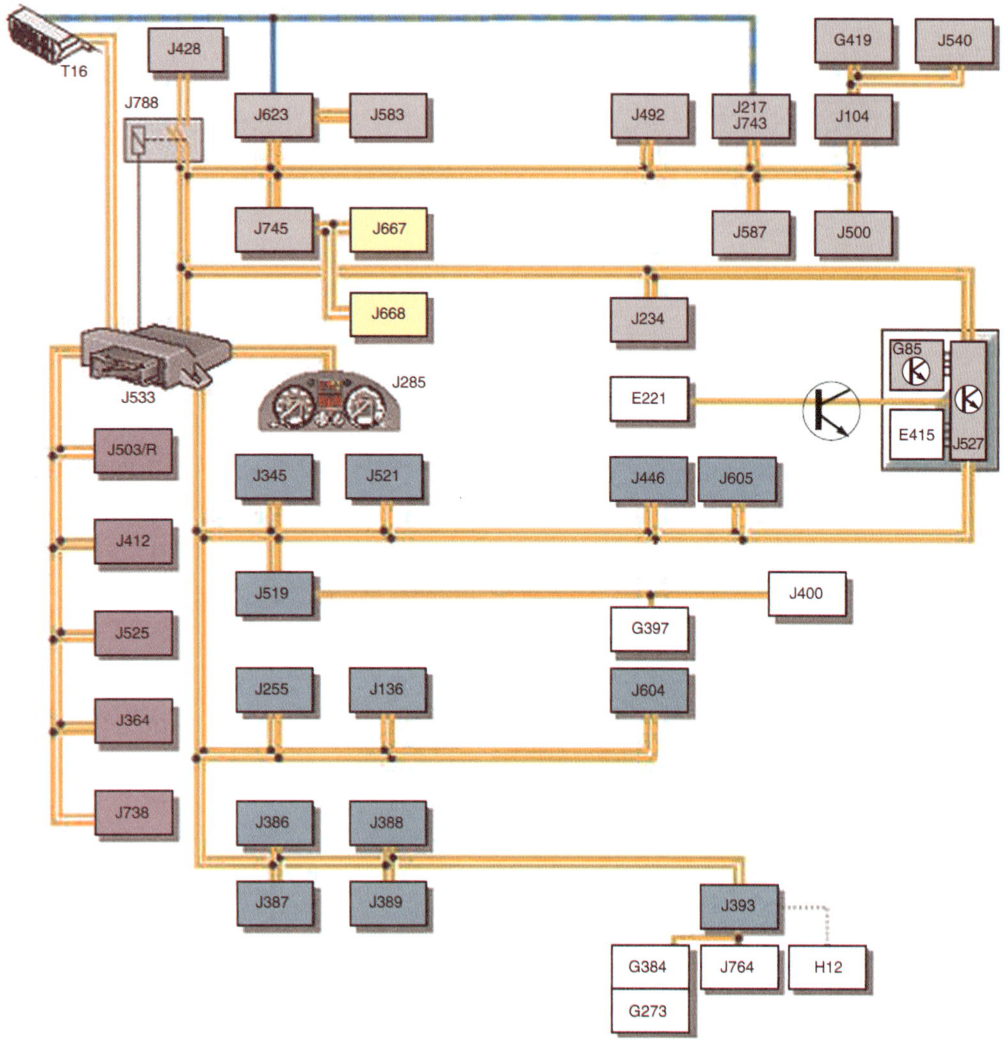

图 2-28　迈腾轿车总线拓扑图

E221—转向盘操作单元　E415—进入及起动许可开关　G85—转向角传感器　G273—车内监控传感器　G384—车辆侧倾传感器　G397—晴雨与光线识别传感器　G419—ESP 传感器单元　H12—报警喇叭　J104—ABS 控制单元　J136—座位调节和带记忆功能的转向柱调节的控制单元　J217—自动变速器控制单元　J234—安全气囊控制单元　J255—Climatronic 全自动空调控制单元　J285—组合仪表中的控制单元　J345—拖车识别装置控制单元　J364—辅助加热装置的控制单元　J386—驾驶人侧车门控制单元　J387—前排乘员侧车门控制单元　J388—左后车门控制单元　J389—右后车门控制单元　J393—舒适系统中央控制单元　J400—刮水器电动机控制单元　J412—移动电话电子操作装置控制单元　J428—车距调节装置控制单元　J446—驻车辅助控制单元　J492—全轮驱动的控制单元　J500—转向辅助控制单元　J503—收音机和导航系统显示单元控制单元　J519—车载电网控制单元　J521—带记忆功能的前排乘员座椅调节控制单元　J525—数字式音响套件控制单元　J527—转向柱电子装置控制单元　J533—数据总线诊断接口　J540—电动机驻车制动器控制单元　J583—NOx 传感器的控制单元　J587—变速杆传感装置控制单元　J604—空气辅助加热装置的控制单元　J605—汽车行李舱盖控制单元　J623—发动机控制单元　J667—左侧前照灯功率模块　J668—右侧前照灯功率模块　J738—电话操作单元控制单元　J743—直接换档变速器的机械电子单元　J745—转弯灯和前照灯照明距离调节控制单元　J764—ELV 控制单元　J788—驱动 CAN 总线断路继电器　R—收音机　T16—插头连接 16 芯诊断接口

图 2-29 迈腾轿车动力 CAN 总线拓扑图

J623—发动机控制单元 J533—网关 J492—四轮驱动控制单元 J217—自动变速器控制单元
J104—ABS 控制单元 J234—气囊控制单元 J500—助力转向控制单元 J587—变速杆传感器控制单元
J745—前照灯控制单元 G85—转向角度传感器 J527—转向柱控制单元

图 2-30 为动力 CAN 网络的布置图。

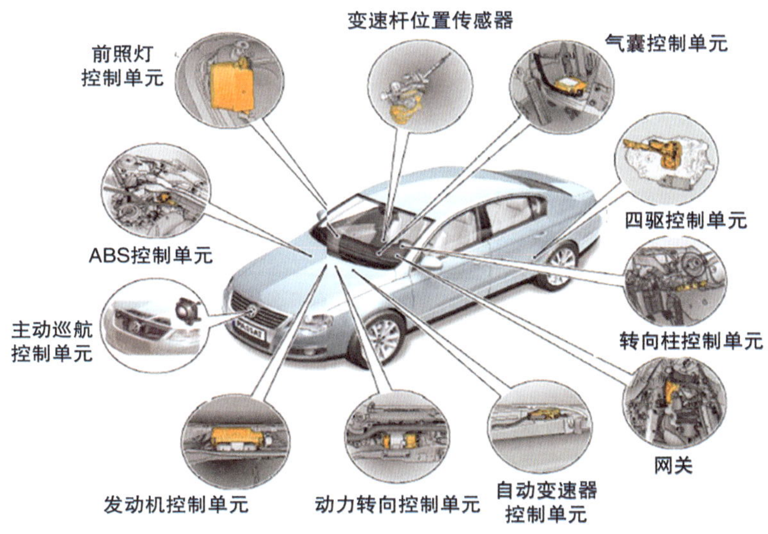

图 2-30 动力 CAN 网络布置图

②舒适 CAN 总线网络。数据传输速度是 100kbit/s。传输通过高电平 CAN 数据线和低电平 CAN 数据线进行。为了保证数据安全传输，CAN 导线相互缠绕连接。舒适 CAN 数据总线可以单线工作，在其中一根 CAN 导线发生故障时数据传输仍可以继续进行。舒适 CAN 总线控制单元安装拓扑图如图 2-31 所示。

图 2-32 为舒适 CAN 网络的布置图。

③信息娱乐 CAN 总线。数据传输速度是 100kbit/s。传输通过高电平 CAN 数据线和低电平 CAN 数据线进行。为了保证数据安全传输，CAN 导线相互缠绕连接。信息娱乐 CAN 数据

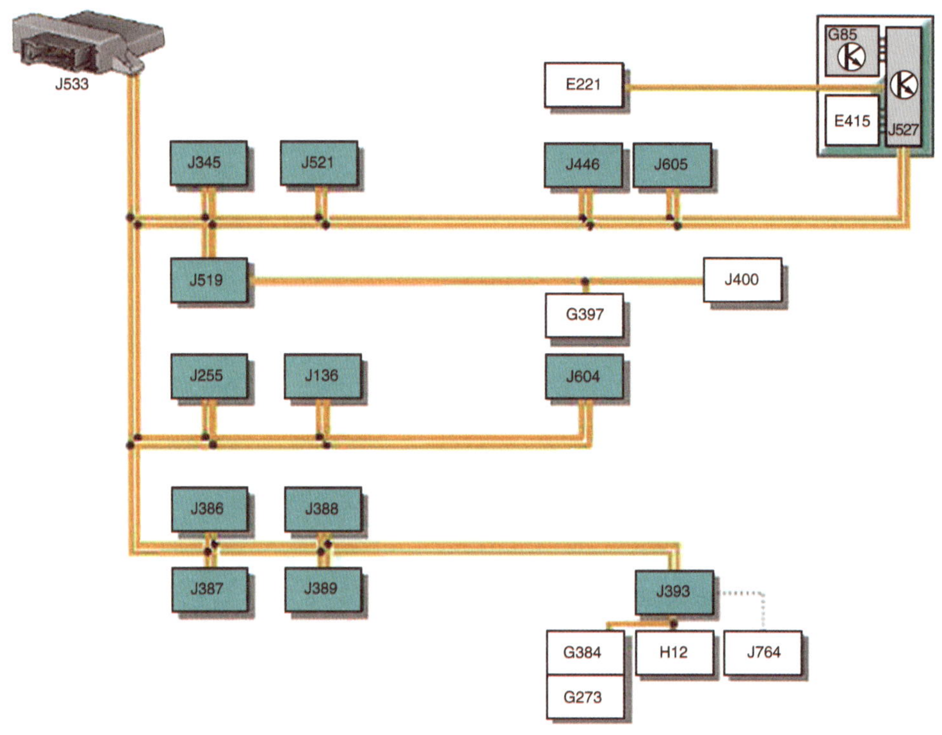

图 2-31　舒适 CAN 总线拓扑图

E221—前乘客侧集控车门锁关闭单元　G397—晴雨与光线识别传感器　J136—驾驶人座椅记忆控制单元　J255—空调控制单元　J345—拖车控制单元　J386～J389—车门控制单元　J393—舒适系统控制单元　J400—刮水器电动机控制单元　J446—停车辅助控制单元　J519—车载电源控制单元　J521—前排乘员座椅记忆控制单元　J527—转向柱控制单元　J533—网关　J604—驻车加热控制单元　J605—行李舱盖控制单元

图 2-32　舒适 CAN 总线布置图

总线可以单线工作，在其中一根 CAN 导线发生故障时数据传输会继续进行。图 2-33 为信息娱乐总线的拓扑图。

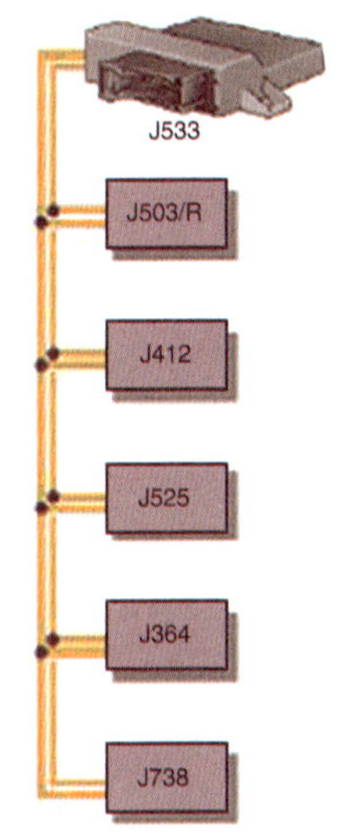

图 2-33　信息娱乐 CAN 总线拓扑图

J364—驻车加热控制单元　J412—电话准备系统控制单元　J503/R—收音机(导航控制单元)
J525—数字音响控制单元　J533—网关　J738—电话控制单元

图 2-34 为信息娱乐网络系统的布置图。

图 2-34　信息娱乐 CAN 总线布置图

LIN 数据总线系统通过数据传输率为 1～20kbit/s 的单线连接传输数据。传输率被存储在主控制单元的软件中。一个主控制单元和最多 16 个副控制单元之间进行数据交换。主控制单元也在 CAN 数据总线上进行通信,如图 2-35 所示。

④电动机驻车制动器 CAN 数据总线。电动机驻车制动器 CAN 数据总线的数据传输速度为 500kbit/s。传输通过高电平 CAN 数据线和低电平 CAN 数据线进行。电动机驻车制动器数据总线系统不可单线工作,在其中一根 CAN 导线发生故障时数据传输无法进行,如图 2-36 所示。

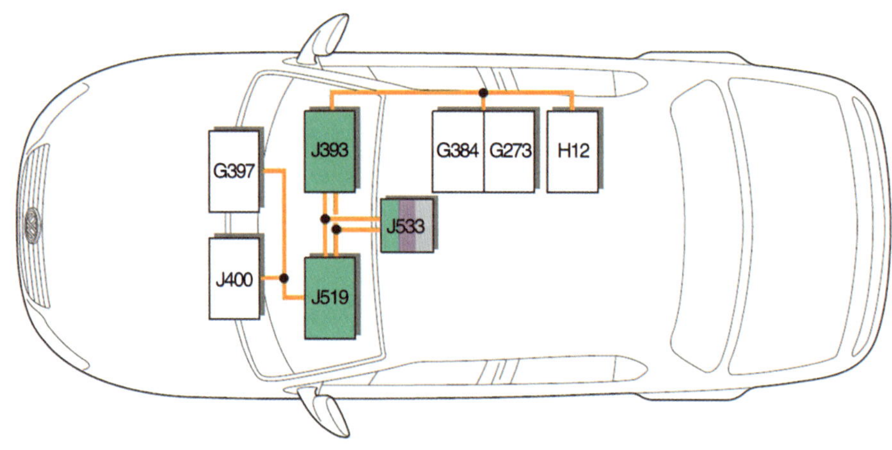

图 2-35　迈腾 LIN 总线

G273—车内监控传感器　G384—车辆侧倾传感器　G397—晴雨与光线识别传感器　H12—报警喇叭　J393—舒适系统中央控制单元　J400—刮水器电动机控制单元　J519—车载电网控制单元　J533—数据总线诊断接口

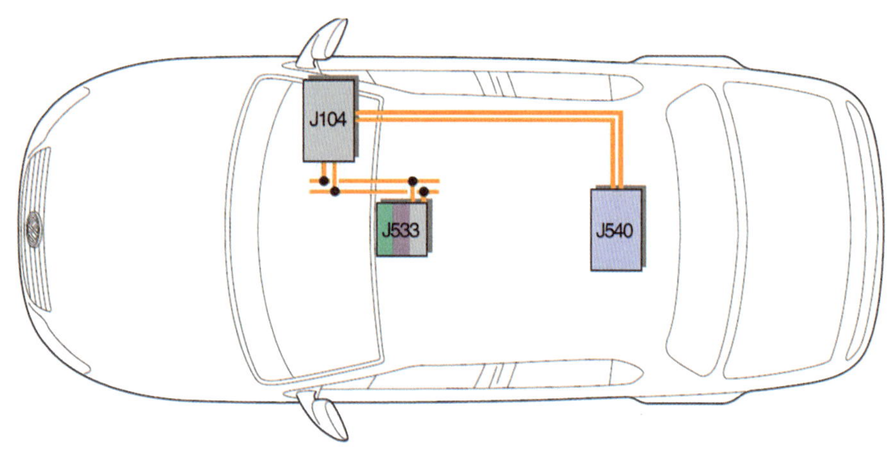

图 2-36　电动机驻车制动器 CAN 总线

J104—ABS 控制单元　J533—数据总线诊断接口　J540—电动机驻车制动器控制单元

⑤智能前照灯 CAN 总线(Advanced-Frontlighting-System 高级前灯照明系统)。智能前照灯 CAN 数据总线的数据传输速度为 500kbit/s。传送通过高电平 CAN 数据线和低电平 CAN 数据线进行。转向灯 CAN 数据总线不可单线工作,在其中一根 CAN 导线发生故障时则无法进行数据传输,如图 2-37 所示。

⑥传感器 CAN 数据总线。传感器 CAN 数据总线的数据传输类似于转向灯 CAN 数据总线的数据传输,并且在发动机控制单元和 NO_x 传感器控制单元之间传输数据,如图 2-38 所示。

⑦串行数据总线。串行数据总线通过一个 9.8kbit/s 的单线连接在 ELV 控制单元和舒适系统中央控制单元之间传输数据。与使用 LIN 数据总线系统相比,使用串行数据总线系统提高了防盗保护性能,如图 2-39 所示。

⑧组合仪表总线。组合仪表和诊断 CAN 数据总线数据传输速度是 500kbit/s。传输通过高电平 CAN 数据线和低电平 CAN 数据线进行。为了保证数据安全传输,CAN 导线相互缠绕

连接。组合仪表和诊断 CAN 数据总线系统不可单线工作，在其中一根 CAN 导线发生故障时数据传输无法进行，如图 2-40 所示。

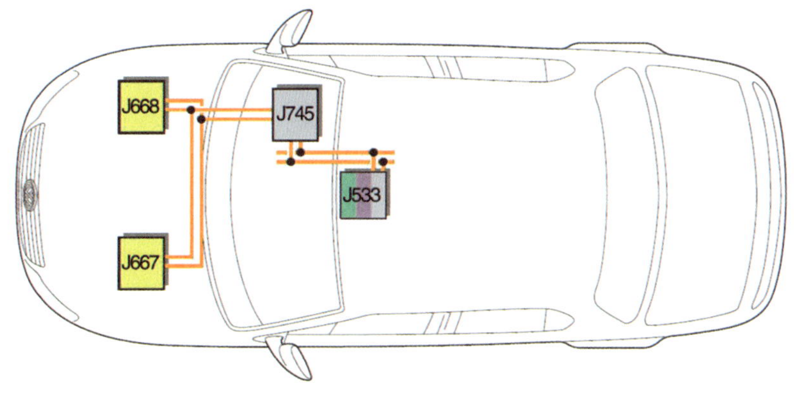

图 2-37　智能前照灯 CAN 总线

J533—数据总线诊断接口　J667—左侧前照灯功率模块　J668—右侧前照灯功率模块
J745—转向灯和前照灯照明距离调节控制单元

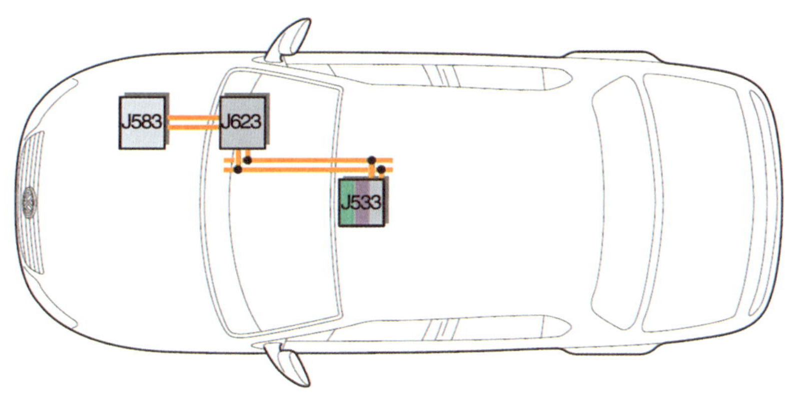

图 2-38　传感器 CAN 数据总线

J533—数据总线诊断接口　J583—NO_x 传感器的控制单元　J623—发动机控制单元

（2）车载 CAN 网络防盗　为了保证客户的财产安全，迈腾轿车有基于原车防盗系统，有许多模块共同参与安全防盗。因此只有通过诊断测试仪进行的在线查询可以将数据安全、快速、可靠地传输到汽车中，防盗锁止系统组件通过传真机或通过临时接通该部件进行的 PIN 查询是不存在的。盗锁止系统上所有的参与组件必须在线调试。汽车钥匙在出厂时便为某一特定汽车预先编码，并且只可以为该汽车进行调试。

1）CAN 网络防盗组件

①舒适系统中央控制单元 J393。舒适系统中央控制单元集成了防盗锁止系统功能。控制单元必须在更换之后进行在线调试。

②电子转向柱锁止控制单元（ELV）J764。转向柱的锁止和开锁功能的释放是通过舒适系统中央控制单元中的“防盗锁止系统”功能实现的。只可将控制单元与舒适系统中央控制单元一起进行更换、调节。

③进入及起动许可开关（E415）。在进入和起动许可开关中有用于读取汽车钥匙中发射机

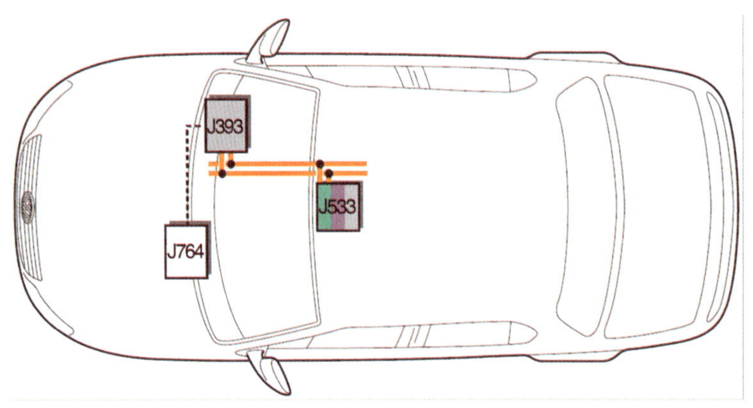

图 2-39　串行数据总线

J393—舒适系统中央控制单元　J533—数据总线诊断接口　J764—ELV 控制单元

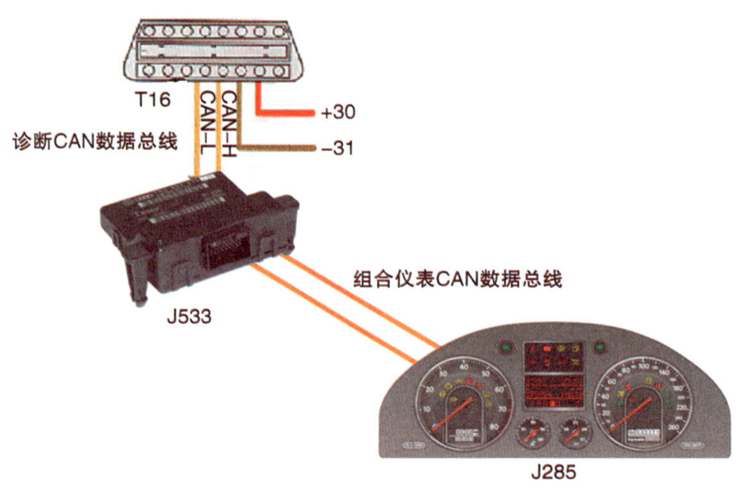

图 2-40　组合仪表数据总线

J285—仪表控制单元　J533—网关　T16—诊断接口

应答器的读取线圈。进入和起动许可开关在更换后不必调整。

④发动机控制单元 J623。控制单元是“防盗锁止系统”功能的一个部分。为了使发动机持续运行，必须通过驱动 CAN 数据总线释放舒适系统中央控制单元。控制单元必须在更换之后在线调试，如图 2-41 所示。

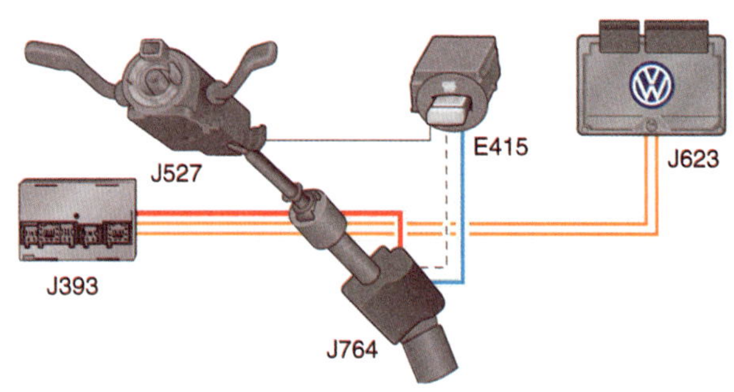

图 2-41　CAN 防盗

E415—进入及起动许可开关　J393—舒适系统中央控制单元

J527—转向柱电子装置控制单元　J623—发动机控制单元

J764—电子转向柱锁止装置控制单元

2)控制单元的更换。大众迈腾为了提高防盗安全能力，在对重要模块进行更换时间，只可以通过与 FAZIT 数据库相连的在线连接来更换参与防盗锁止系统功能的控制单元，如图 2-42 所示。

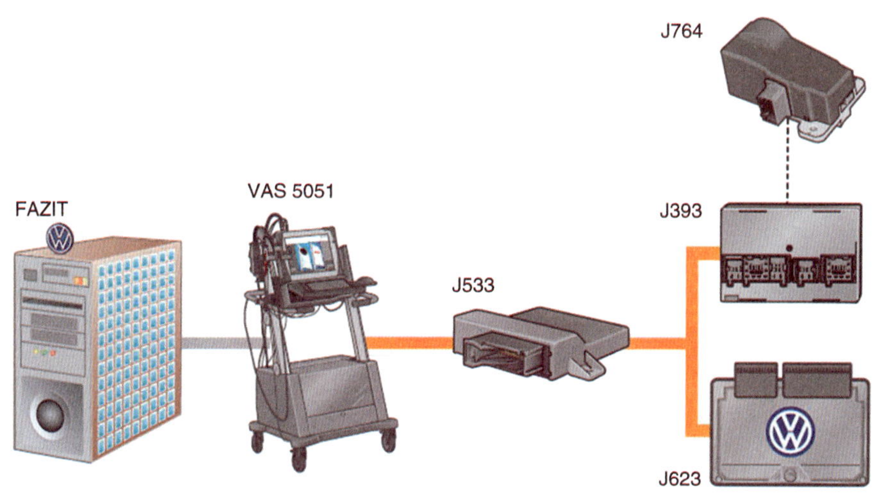

图 2-42 CAN 防盗数据传输

J393—舒适系统中央控制单元 J533—数据总线诊断接口 J623—发动机控制单元 J764—电子转向柱锁止装置控制单元

①更换舒适系统中央控制单元 J393。通过在线连接索要数据;通过 VAS 测试仪接收数据;将数据下载到控制单元;磨合控制单元;磨合汽车钥匙。

②更换发动机控制单元 J623。通过在线连接索要数据;通过 VAS 测试仪接收数据;将数据下载到控制单元;在控制单元和 FAZIT 之间进行数据交换;磨合汽车钥匙。

③更换电子转向柱锁止装置控制单元(ELV)、J527 和舒适系统中央控制单元 J393。通过在线连接索要数据;通过 VAS 测试仪接收数据;将数据下载到控制单元;在控制单元和 FAZIT 之间进行数据交换;磨合汽车钥匙。

三、奥迪 A6L 轿车车载局域网

1. 奥迪 A6L 轿车车载网络结构

奥迪 A6L 是一款豪华轿车。它的主要竞争对手包括梅塞德斯-奔驰 E 级、宝马 5 系、阿尔法·罗密欧 166、捷豹 S 型、雷克萨斯 GS 和沃尔沃 S80。

奥迪 A6L 轿车使用了最先进的网络技术,如 CAN、LIN、MOST 以及 Bluetooth(蓝牙)。例如,配备了组合式雨水/灯开关及拐弯式的前照灯灯光调节,顶级车的舒适项目,MMI 操纵系统以及出厂时就已经装好的功能丰富的手机准备系统,如图 2-43 所示。

图 2-44 为奥迪 A6L 轿车网络拓扑图。

由图所示,奥迪车上装备了驱动系统总线、舒适系统总线、MOST 总线、LIN 总线、仪表总线、诊断总线、ACC 总线和蓝牙技术。

在自诊断仪表台侧还有一个 CAN 连接桥,CAN 舒适总线和 CAN 动力总线通过检测盒 1598/38 进行检测。CAN 动力总线和 CAN 舒适总线被分布于车辆的两侧。

其中舒适系统中央控制单元 J393、电能管理控制单元 J644、泊车辅助控制单元 J446、挂车识别控制单元 J345 在车辆的右后侧以 CAN 节点形式连接在一起。因此这些控制单元只能通过右侧的 CAN 连接桥一起进行检测。

(1)LIN 总线 LIN 是 Local Interconnect Network 的缩写。Local Interconnect(局域互

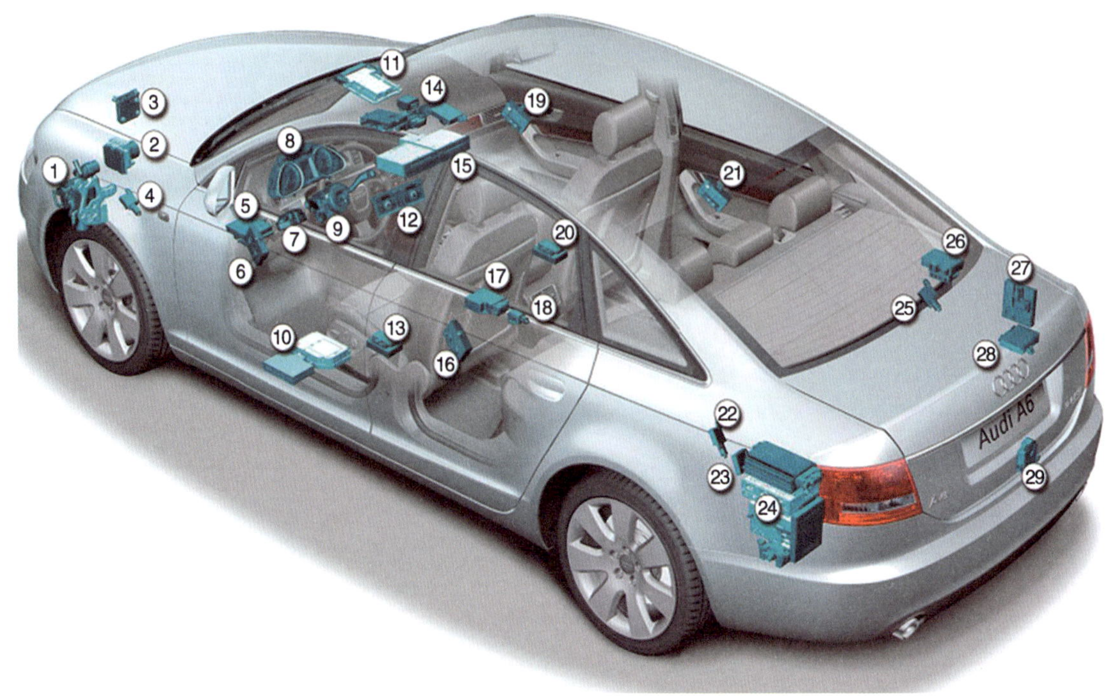

图 2-43　奥迪 A6L 轿车 CAN 总线模块布置图

1—辅助加热控制单元 J364　2—带 EDS 的 ABS 控制单元 J104　3—车距节控制单元 J428　4—左前轮轮胎压力监控发射元件 G431 在车轮拱形板内　5—供电控制单元 J519　6—驾驶人车门控制单元 J386　7—使用和起动授权控制单元 J518　8—组合仪表内控制单元 J285　9—转向柱电气控制单元 J527　10—电话 Telematik 控制单元 J526 电话发送和接收器 R36　11—发动机控制单元 J623　12—全自动空调控制单元 J255　13—有记忆功能的座椅调节/转向柱调节控制单元 J136　14—水平调节控制单元 J197、前照灯照程调节控制单元 J431、轮胎压力监控控制单元 J502、供电控制单元 2J520、前部信息系统显示和操纵控制单元 J523、数据总线诊断接口 J533、无钥匙起动授权天线读入单元 J723　15—CD 换碟机 R41、CD 播放机 R92　16—左后车门控制单元 J388　17—安全气囊控制单元 J234　18—车身转动速率传感器 G202　19—前排乘客侧车门控制单元 J387　20—前排乘客侧带记忆功能的座椅调节控制单元 J521　21—右后车门控制单元 J389　22—左后轮轮胎压力监控发射元件 G433 在车轮拱形板内　23—驻车加热无线电接收器 R64　24—带有 CD 播放机的导航控制单元 J401、语音输入控制单元 J507、数字音响包控制单元 J525、收音机 R、TV 调谐器 R78、数字收音机 R147　25—右后轮轮胎压力监控发射元件 G434，在车轮拱形板内　26—停车辅助系统控制单元 J446　挂车识别控制单元 J345　27—舒适系统中央控制单元 J393　28—电动驻车/手制动器控制单元 J540　29—电能管理控制单元 J644

联)表示所有的控制单元都装在一个有限的空间内(如车顶)，所以它也被称为“局域子系统”。在 LIN 网络当中，主要有主模块和从模块组成，它们之间是主从关系。当从模块有信息需要发送给主模块时，不能直接发送，只能等待主模块的召唤。当主模块需要信息的时候，从模块才能把信息交出去。在奥迪车型上各个 LIN 总线系统之间的数据交换是由控制单元通过 CAN 数据总线实现的，如图 2-45 所示。

如图所示，LIN 总线目前应用最多的是空调、天窗的控制传输。LIN 总线控制单元安装位置如图 2-46 所示。

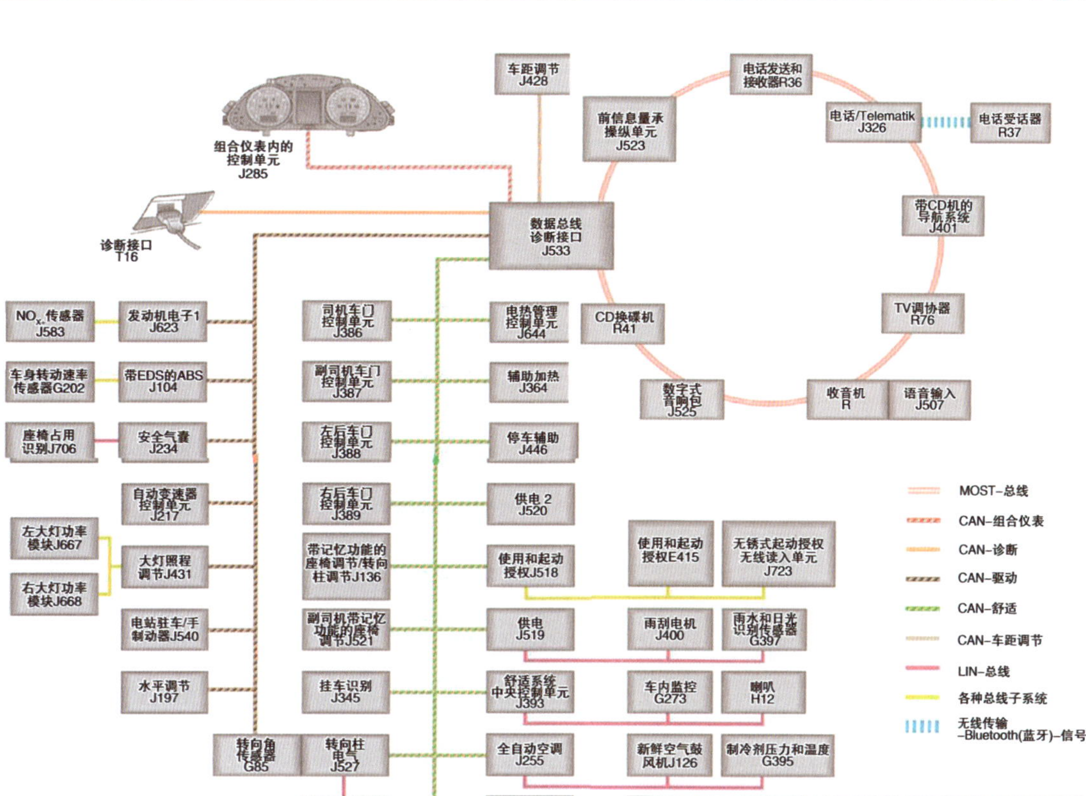

图 2-44 奥迪 A6L 轿车网络拓扑图

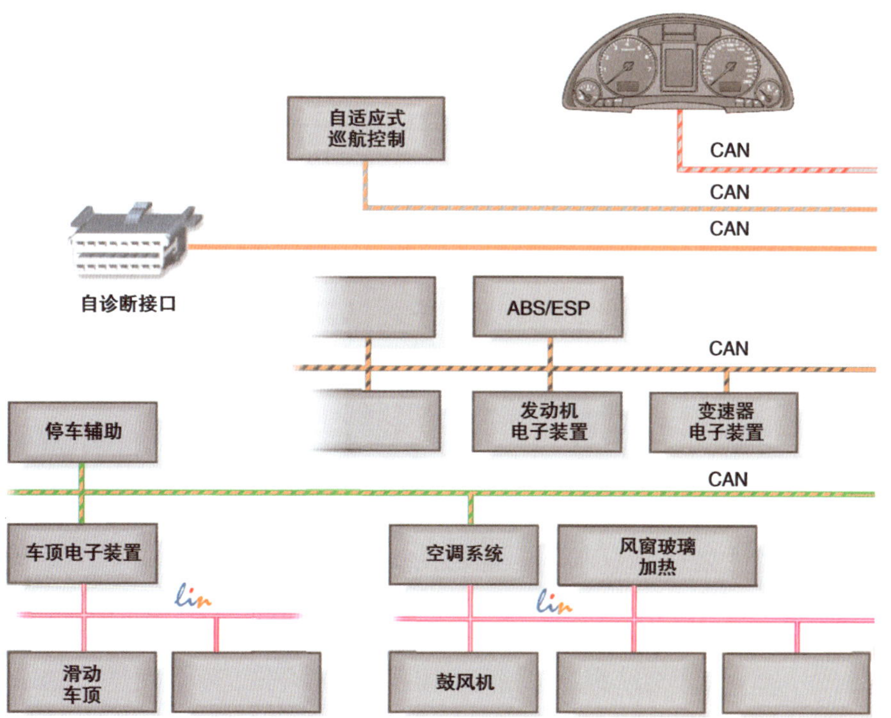

图 2-45 LIN 总线

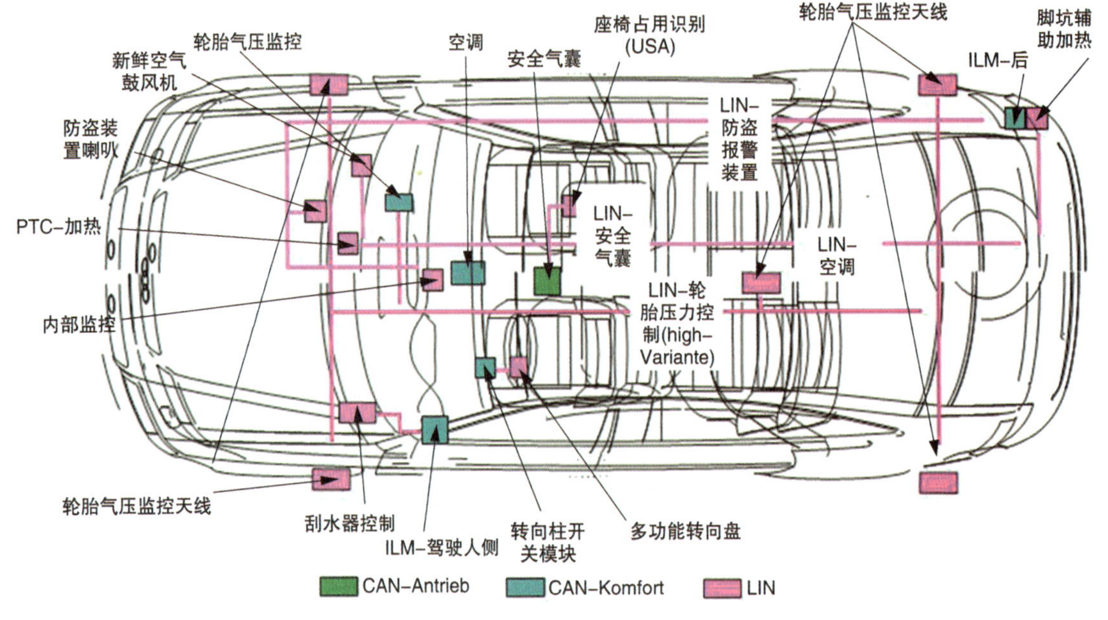

图 2-46　LIN 总线位置图

(2)MOST 表示"多媒体传输系统"　与奥迪 A8 2003 款车一样，奥迪 A6 2005 款车上也将 MMI 作为标准装备使用。各个 Infotainment 控制单元之间的数据传递通过 MOST 总线来进行，与奥迪 A8 2003 款车上的信息娱乐系统在技术上是相同的。与驾驶人有关的功能，如车载计算机或导航系统，都会在组合仪表 J285 的中央显示屏上显示，详见图 2-47 所示。

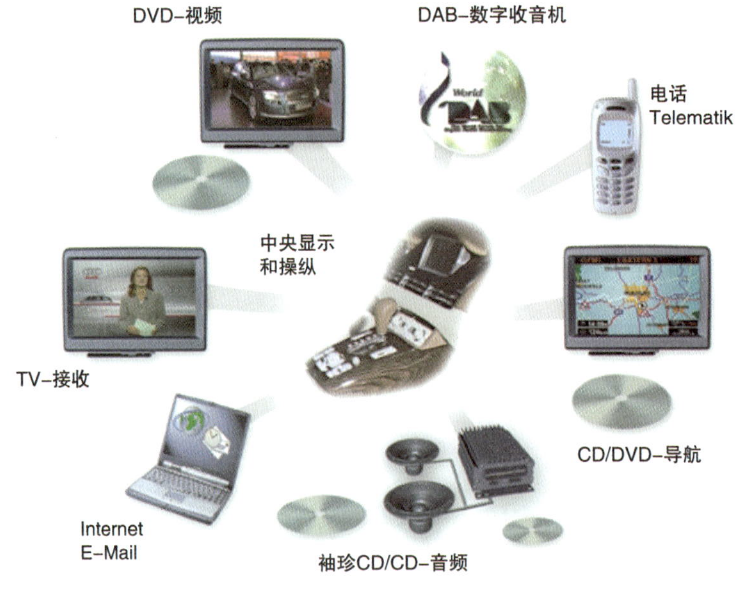

图 2-47　中央显示屏

①新奥迪 A6 2005 款车的标准装备包括 MMI Basic、组合仪表内的 7in 单色显示器(J685)、集成的模拟式收音机调谐器、四通道天线分频器、CD 机和两个 20W 的放大器。原则上所有型

号的前部信息控制单元 J523 都有这种末极输出放大器。对于 MMI Basic 这种型号来说，前车门上的扬声器直接连接在前部信息控制单元 J523 上了。

②MOST 控制单元安装位置，如图 2-48 所示。

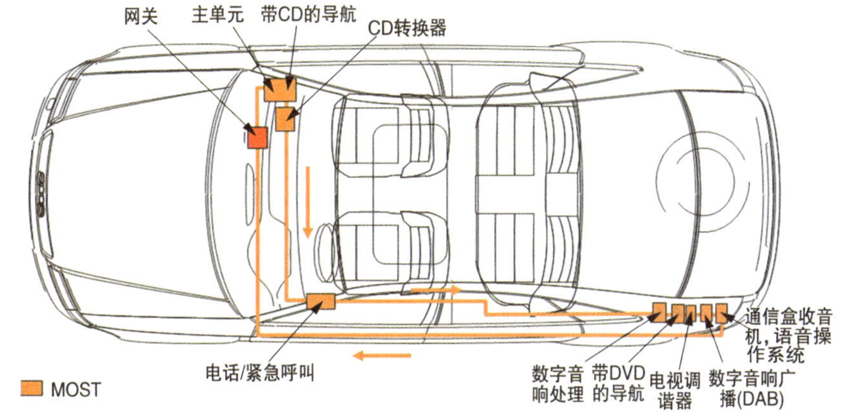

图 2-48　MOST 控制单元安装位置图

2. 2012 款奥迪 A6L 轿车车载局域网

2012 款奥迪 A6L 轿车的总线技术相对于 2005 款的奥迪 A6L 轿车，新增了很多模块，由原来的 49 个模块增加到了现在的 117 个；总线数量由原来的 6 个，增加到了 7 个；总线系统种类，在原来的 MOST、CAN 总线基础上增加了 FlexRay，详细的拓扑结构如图 2-49 所示。

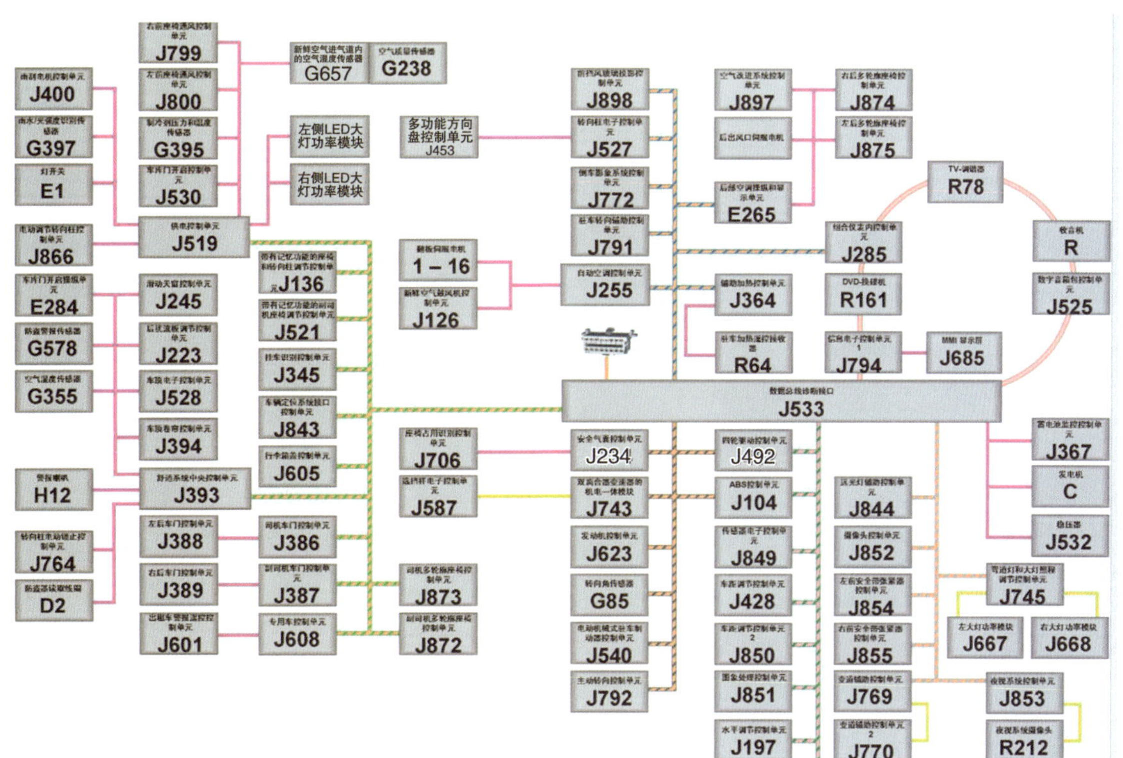

图 2-49　2012 款奥迪 A6L 轿车网络拓扑图

1)车载电网如图 2-50 所示。

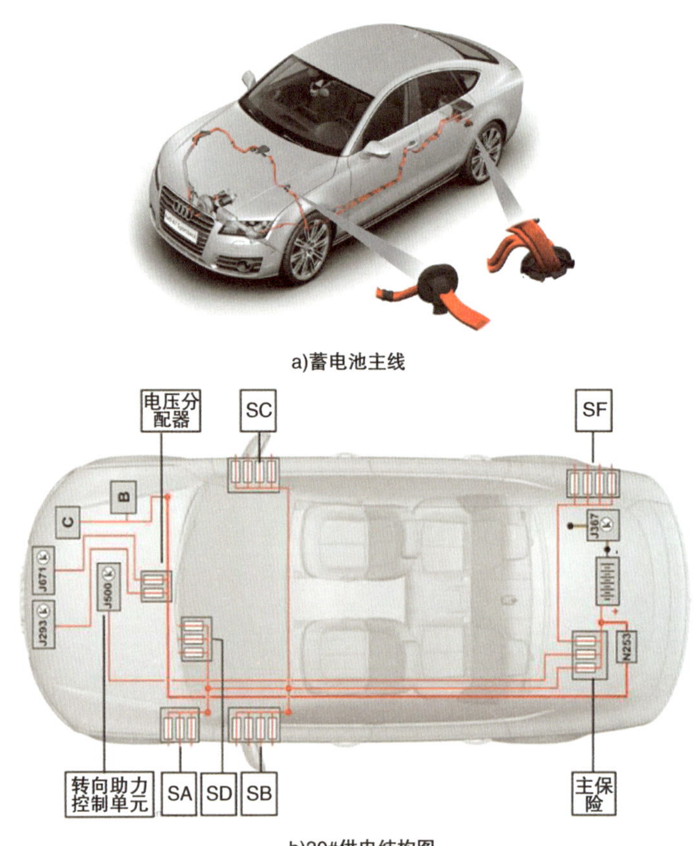

图 2-50　车载电网模块位置

2)防盗系统如图 2-51 所示。

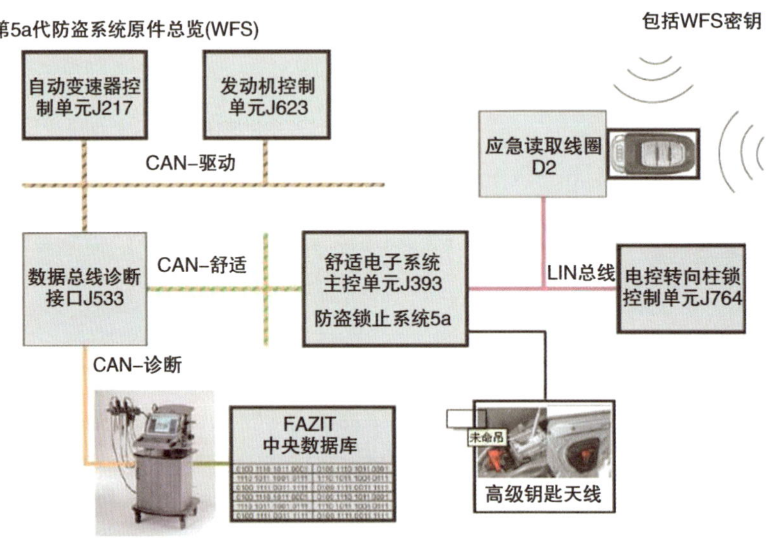

图 2-51　防盗系统

3)MMI 系统如图 2-52 所示。

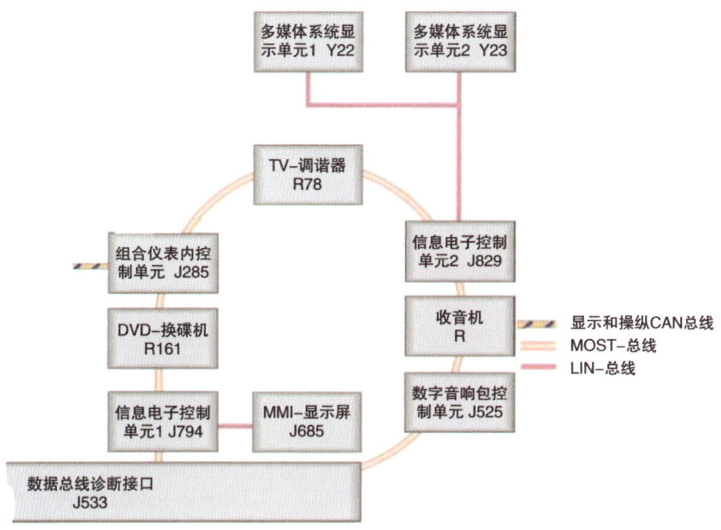

图 2-52　MMI 系统

4)后座娱乐系统如图 2-53 所示。

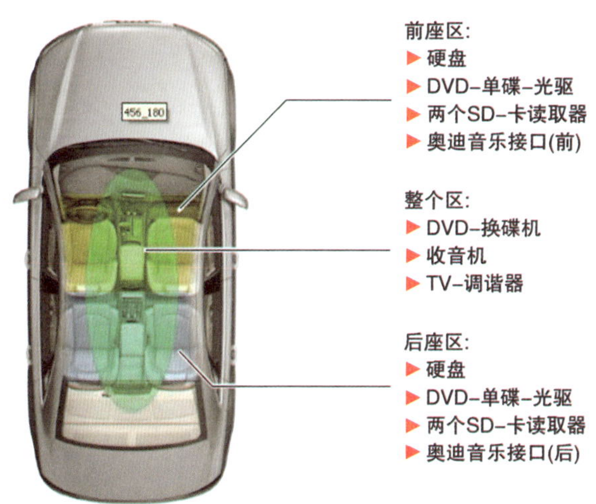

图 2-53　后座娱乐系统(区域结构)

5)蓝牙电话如图 2-54 所示。

图 2-54　蓝牙自动电话(9ZW)与蓝牙免提电话(9ZF)(一)

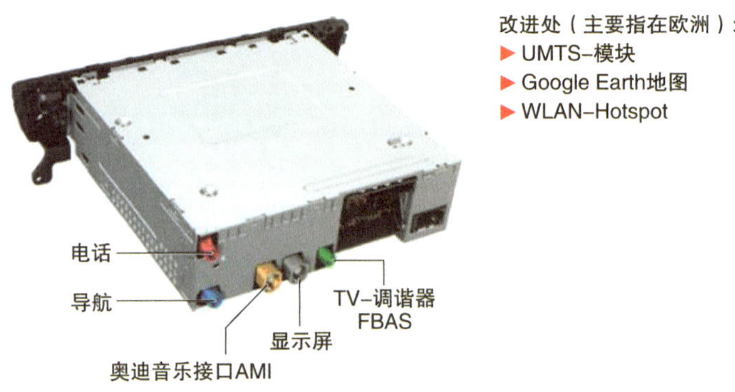

图 2-54　蓝牙自动电话(9ZW)与蓝牙免提电话(9ZF)(二)

6)娱乐系统控制器如图 2-55 所示。

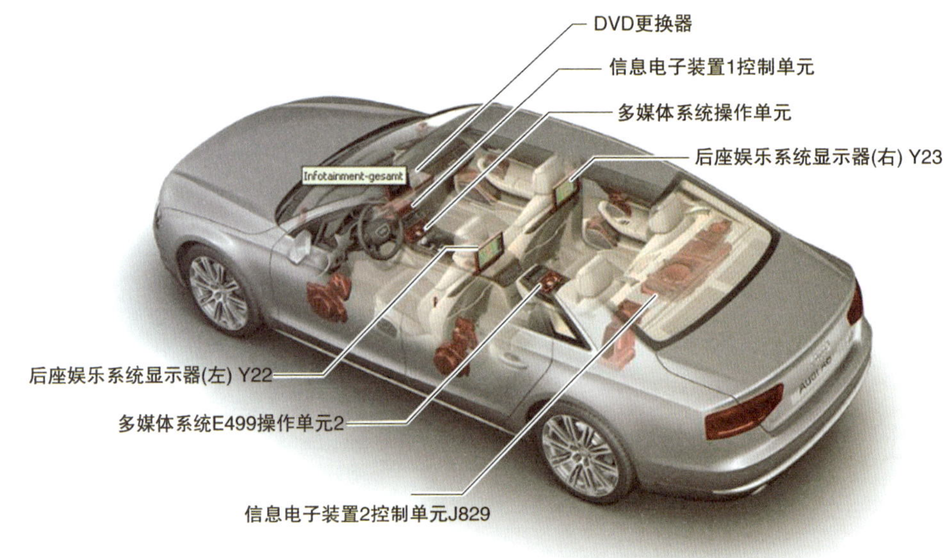

图 2-55　娱乐系统控制器

7)后座娱乐控制按键如图 2-56 所示。

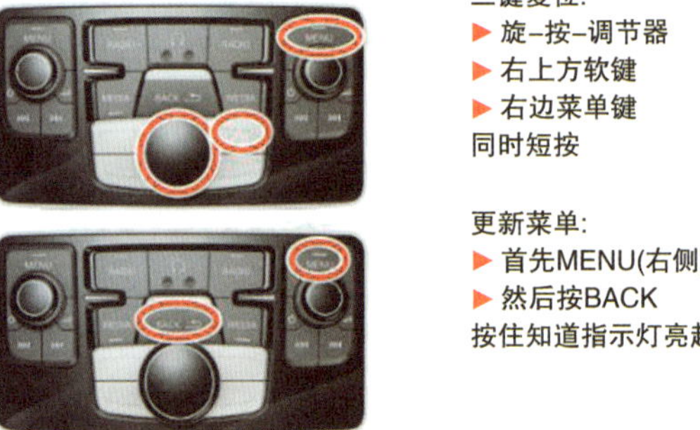

图 2-56　娱乐控制按键(一)

图 2-56　娱乐控制按键(二)

8)四区空调如图 2-57 所示。

奥迪A6L 2012空调

图 2-57　四区自动空调操作面板

9)乘员保护如图 2-58 所示。

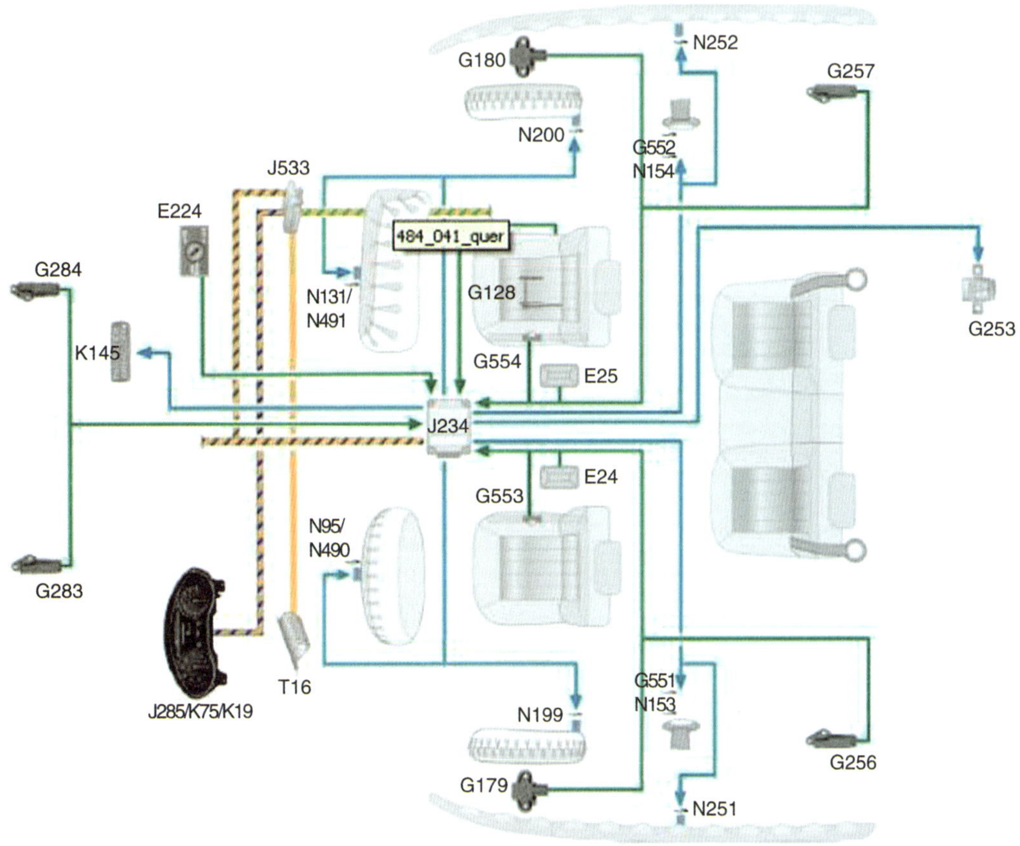

图 2-58　乘员保护

本章小结

(1)本章主要讲了大众、奥迪的车载网络。CAN总线的优点、CAN总线的结构类型、宝来动力CAN总线宝来、舒适CAN总线;波罗车载局域网波罗(POLO)轿车CAN总线结构,J519的控制功能;迈腾动力CAN总线舒适系统、CAN总线网络系统、信息娱乐CAN总线、LIN数据总线系统、电动驻车制动器、智能前照灯CAN数据总线、传感器CAN数据总线串行数据总线。组合仪表数据总线车载CAN网络防盗。然后介绍了奥迪A6L车载网络结构、LIN总线、MOST表示“多媒体传输系统”、2012款奥迪A6L车载局域网、车载电网、防盗系统、MMI系统、后座娱乐系统、蓝牙电话、娱乐系统控制器等。

(2)对于大众车载网络检修,首先要判断是否属于网络故障。判断的方式是通过诊断仪V. A. S5051或V. A. S5052,诊断故障码,读取了故障码后进行分析。若属于网络故障,再确定是单个网络故障还是整个网络故障。

(3)造成单个网络故障的原因可能是线路短路(对电压短路、对电源短路、相互短路);或者是开路;也有可能是模块故障。

(4)整个网络故障一定需要进行网络拓扑图的分析,找出引起整个网络瘫痪的共通点,比如诊断脚是否出现短路、开路等问题。

(5)找到怀疑点后即可用万用表、示波器、诊断仪进行验证。

第三章 宝马车系车载网络

一、概述

宝马车系中安装的总线系统原则上可划分为主总线系统和子总线系统。主总线系统负责跨系统的数据交换;子总线系统在系统内部交换数据。这些系统用于限定的系统中交换相对较少的数据量。宝马车系中的主总线系统见表 3-1。

表 3-1 宝马车系主总线系统

主总线系统	数据传输率	总线结构
车身总线①	9.6kbit/s	线形单线
诊断总线	10.5～115kbit/s	线形单线
CAN	100kbit/s	线形双线
K-CAN	100kbit/s	线形双线
F-CAN	100kbit/s	线形双线
PT-CAN	500kbit/s	线形双线
byteflight	10Mbit/s	星形光缆
MOST	22.5Mbit/s	环形光缆

①在较早的车型中也称作仪表总线。

宝马车系中的子总线系统见表 3-2。

表 3-2 宝马车系子总线系统

子总线系统	数据传输率	总线结构
车身总线协议	9.6kbit/s	线形单线
BSD	9.6kbit/s	线形单线
DWA 总线	9.6kbit/s	线形单线
LIN 总线	9.6～19.2kbit/s	线形单线

数据传输率说明在相应的总线系统中以何种传输速度传输数据,总线结构说明控制单元相

互间的联网方式(线形、星形、环形)和通过何种传输媒介传输数据。车辆中同时安装了多个总线系统。在安装的总线系统之间为不同的任务进行数据交换。然而总线系统以不同的传输速度工作,电平各不相同,并且在光学总线系统中借助光脉冲传输数据。为了能够在总线系统之间交换数据,必须在不同的总线系统之间实现连接。该连接借助专用控制单元,即所谓的网关来实现。

宝马车系单线总线系统通过一根芯线传输数据。车辆接地连接也用作数据传输的接地连接。车身范围内较低的传输速度已够用,尤其是当各个部分被当作子总线系统构造时。低传输速度使这些总线的实现在技术上更容易,因此价格更便宜。

宝马车系双线总线系统通过一条双绞线传输数据。信号在导线上以所谓的推挽方式输送。导线的绞合和信号传输方式保证总线系统的抗干扰强度非常高,而传输速度也高于单线总线系统数倍。技术费用与单线总线系统相比更高且更复杂,因此双线总线系统当然也更贵。

宝马车系光学总线系统通过光缆进行数据传送。在导线连接的总线系统中通过导线传送电信号,在光学总线系统中借助光脉冲传送数据。光学总线系统与导线连接的总线系统相比,对电磁和静电干扰源的抗干扰能力更强,并且在光学总线系统中能够以高得多的传输速度传输数据。因此,它们一方面用于过程发生时间紧迫的车辆范围,例如与安全有关的范围(如安全气囊触发装置),另一方面用于传送大数据量的车辆范围,即特别是在多媒体应用领域。对于光学总线系统,进行与光缆有关的工作时要特别仔细,以便数据传输能够无故障地进行。

宝马车系网关用作总线系统之间的接口。尽管各个总线系统的传输速度和传输方法不同,网关仍允许数据交换,如图 3-1 所示。

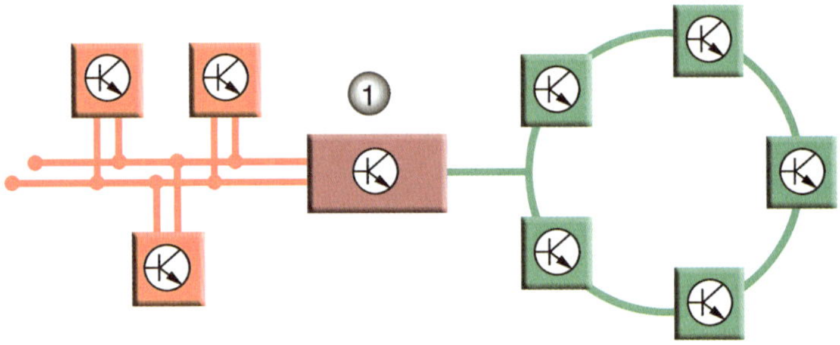

图 3-1 宝马车系网关

宝马车系总线系统的结构有线形、星形和环形三种形式。每个连接在总线上的控制单元构成一个所谓的总线节点,如图 3-2～图 3-4 所示。

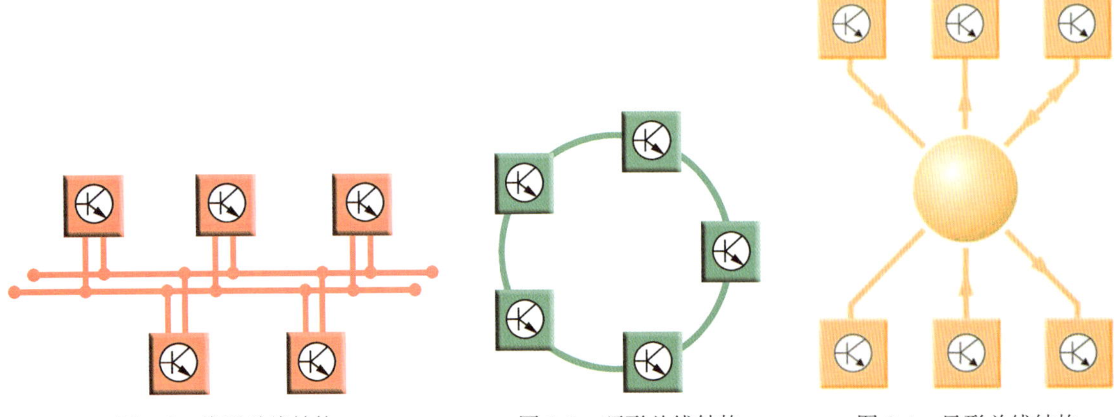

图 3-2 线形总线结构

图 3-3 环形总线结构

图 3-4 星形总线结构

二、宝马车系总线系统

1. 车身总线

车身总线是宝马车系中第一批总线系统之一。数据以9.6 kbit/s的速度通过一根单线导线传输。总线结构为线形。车身总线把一般车辆电气系统、信息和通信系统以及安全系统的组件联成网络。然而在最新的宝马车型中车身总线技术只是个别使用，并被K-CAN技术替代。在车身总线上传输信息时，电平在0～12V之间。如果电平从0V切换到12V，就对应于一个逻辑1。在从12V切换到0V时，就表示一个逻辑0，如图3-5所示。

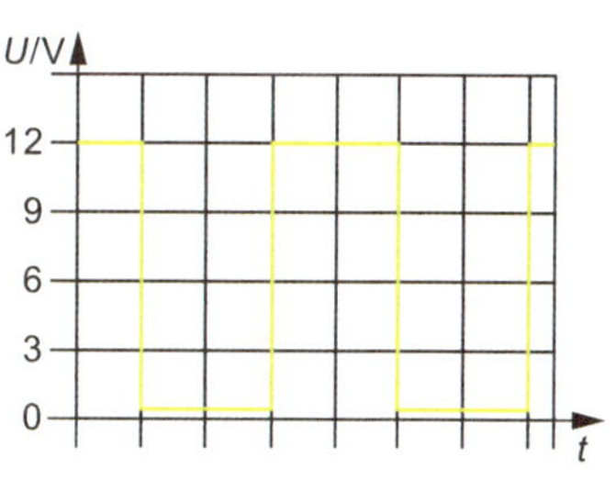

图3-5　车身总线上的电平

新款宝马E85的车身总线及连接在上面的控制单元，已经有另外两个总线系统byteflight和PT-CAN，如图3-6所示。

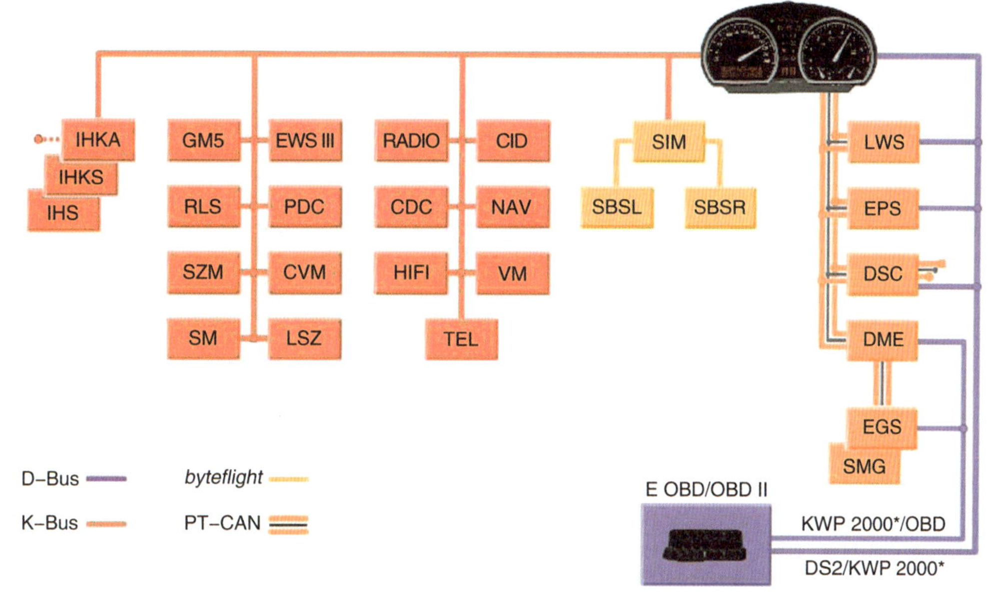

图3-6　E85中的车身总线

CDC—CD光盘转换匣　CID—中央信息显示器　CVM—敞篷车软顶模块　EWS III—电子禁启动防盗装置　GM5—基本模块5　HIFI—高保真　IHKA—自动恒温空调　IHKS—集成式暖风控制系统　IHS—集成式暖风控制系统　LSZ—灯光开关控制中心　NAV—导航　PDC—驻车距离报警　RADIO—收音机　RLS—雨天/行车灯传感器　SM—座椅模块　SZM—中央控制台开关中心　TEL—电话　VM—视频模块

2. CAN总线

宝马车系CAN由一根双线导线构成，所有信号通过此双线导线在连接的控制单元之间传递。在车辆中一般使用一根不带屏蔽的对称导线（双绞线）。当两根单根导线相互均匀绞合时，就产生一根这样的对称导线。传输以数字形式作为“0”和“1”信号（所谓的位）的序列进行。这时“0”和“1”分别对应于一个在标准或协议中定义的电平。不存在中间值。通过CAN传递的信号包含非常广泛且复杂的信息，由“0”和“1”信号排列组成，如图3-7所示。

CAN 总线的功能原则上可与通过邮局寄信相比较。包含写给收信人信息的信件被插入信封。在信封上写上地址和发信人。信件被投入邮筒，不同发信人发给不同收信人的具有不同内容的许多信件被汇集在邮筒中。邮局寄发这些信件，并送达信件上注明其地址的收信人。这是一种把信息从发信人传送到收信人的有效方法。如果每个发信人都亲自把自己的信件带给收信人，则会导致交通混乱。如果发送例如作为广告宣传品的成批信件，一位发信人向多位收信人发送相同的信息，对此同样可利用邮寄途径的有效方法。在 CAN 上，发送控制单元（发信人）的信息通过总线传送到接收控制单元（收信人）。借助地址和发信人信息，可把信息分配给正确的控制单元。车辆中的每个控制单元都可通过 CAN 与其他每个控制单元通信。通过总线系统传送信息具有多重优点。除了减少电线束中的导线和控制单元上的插头连接外，一个控制单元的数据可同时发送到多个控制单元，如图 3-8 所示。

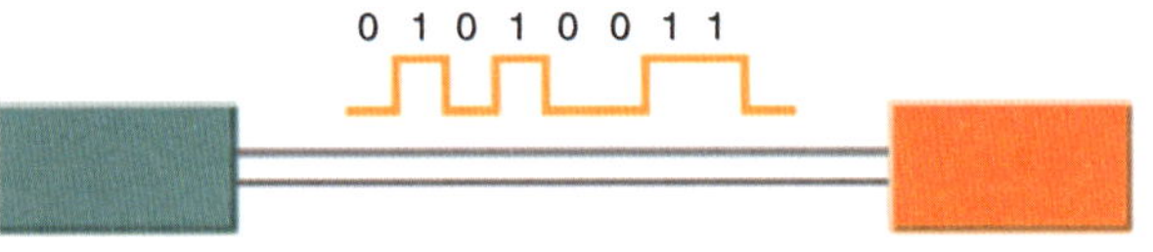

图 3-7 宝马车系数据传输

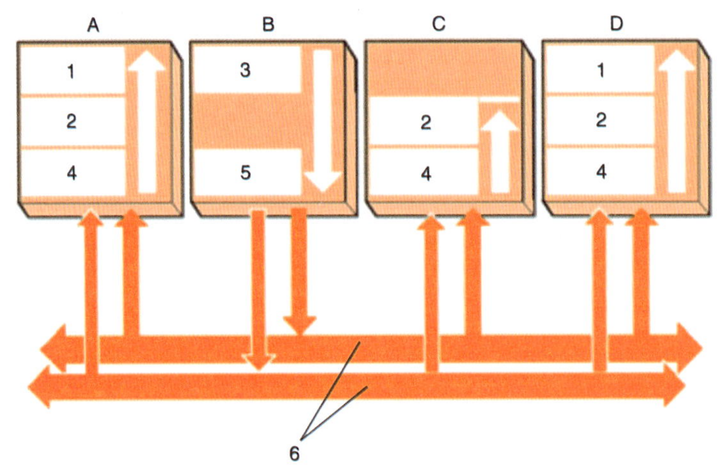

图 3-8 多个控制单元能够同时接收数据

A～D—控制模块 1～5—传输数据 6—CAN 线

在宝马车系总线网络中有 PT-CAN、K-CAN、F-CAN。其中，PT-CAN 作为动力总线系统，用于高速数据传递。用于舒适性和娱乐的，时间要求不急迫的数据通过 K-CAN（车身）传递。在相应的数据电码中为 PT-CAN 和 K-CAN 规定了“0”和“1”信号的电平。如果 CAN 导线的信号处在静止位置，人们就称其为隐性电位。如果传递数据，则每根导线上的电平在隐性静止电位和显性工作电位之间波动，见表 3-3。

表 3-3 导线上电平的隐性和显性电位

		显性	隐性
K-CAN	CAN 高	≥3.6V	≤1.4V
	CAN 低	≤1.4V	≥3.6V
PT-CAN	CAN 高	≥3.5V	≈2.5V
	CAN 低	≤1.5V	≈2.5V

在车辆的 K-CAN 网络中，为了提高行驶安全性，如果导线之一有故障，使用的收发器会提供只在一根导线上接收数据的能力。这时两根 CAN 导线中的哪根有故障不重要。这种故障的运行模式被称作单线运行。PT-CAN 网络通常不提供这种能力，但 PT-CAN 传输速率为 500kbit/s。然而在特殊情况下可为紧急运行实现伪单线运行。在宝马车系中进一步扩展了 CAN 总线技术。它被用于车身和驱动装置范围内。这些总线系统被设计成线形双线总线系统。

K-CAN（车身控制器区域网络）在车身范围内传递信息。在 E65/66 中，K-CAN 已再次划分为 K-CAN 系统（KCANS）和 K-CAN 外围设备（K-CANP）。KCAN 作为绞合的双线铜导线以 100kbit/s 的传输速度工作。CAN 家族的另一个总线是 F-CAN。F-CAN 表示底盘控制器区域网络。这种总线的结构和功能与 K-CAN 完全相同。然而 F-CAN 只用于底盘组件的数据传输。如图 3-9 和图 3-10 所示。

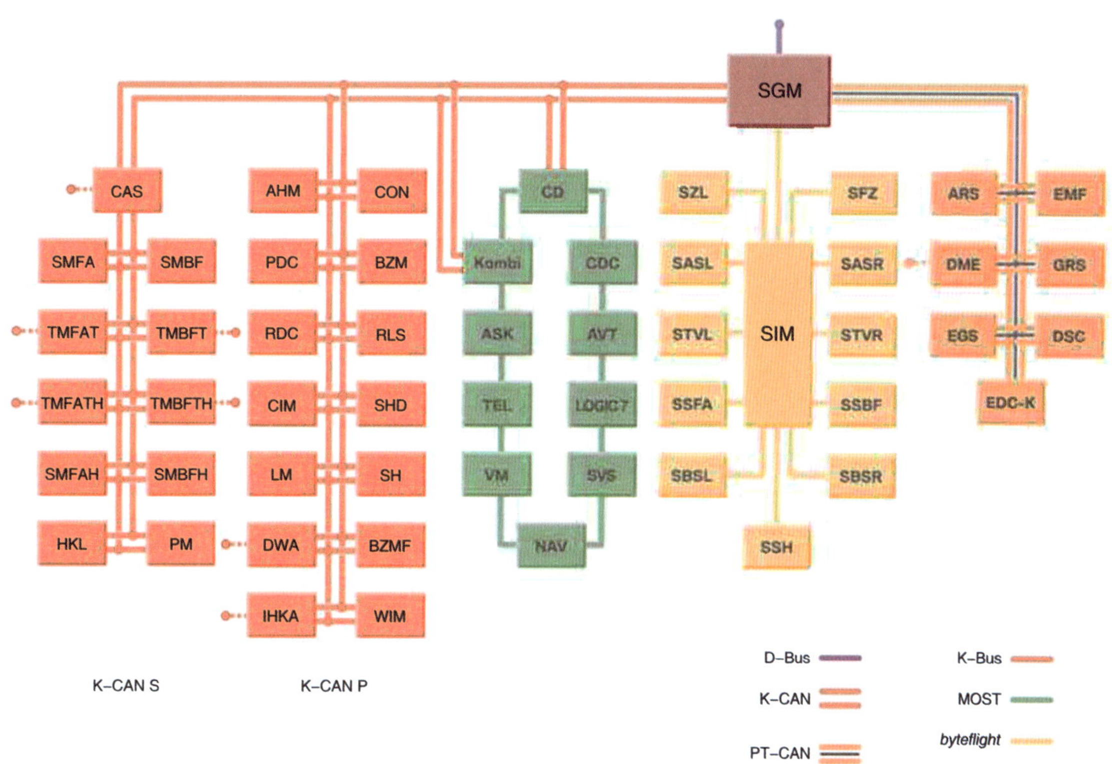

图 3-9 E65 中的 K-CAN

AHM—挂车模块 BZM—中央操控中心 BZMF—后中央操控中心 CAS—便捷进入及起动系统 CIM—底盘集成模块 CON—控制器 DWA—防盗报警系统 HKL—后行李舱盖提升装置 IHKA—自动恒温空调 LM—灯光模块 PDC—驻车距离报警系统 PM—供电模块 RDC—轮胎压力监控 RLS—雨天/行车灯传感器 SH—停车预热装置 SHD—活动天窗 SMBF—前乘客侧座椅调整模块 SMBFH—前乘客侧后部座椅调整模块 SMFA—驾驶人座椅调整模块 SMFAH—驾驶人侧后部座椅调整模块 TMBFT—前乘客侧车门模块 TMBFTH—前乘客侧后车门模块 TMFAT—驾驶人侧车门模块 TMFATH—驾驶人侧后车门模块 WIM—刮水器模块

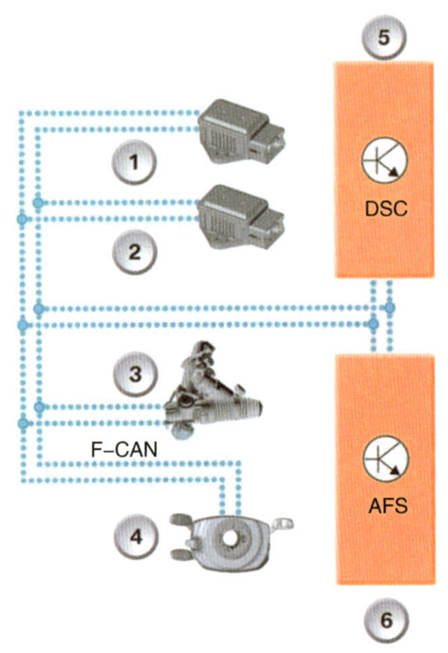

图 3-10　E60 中的 F-CAN

1—DSC 传感器 1　2—DSC 传感器 2　3—主动转向控制伺服马达　4—转向柱开关中心
5—动态稳定控制系统 DSC　6—主动转向控制 AFS

3. PT-CAN 总线

动力传动系统控制器区域网络(简称 PT-CAN)在 BMW 车辆中用于驱动装置控制单元的联网,例如数字式发动机电子伺控系统和动态稳定控制系统。PT-CAN 的总线结构与 K-CAN 的总线结构的区别仅在于第三根导线。这第三根导线用作唤醒导线。唤醒导线与 PT-CAN 本身的功能无关。唤醒导线能够将控制单元从休眠模式(省电模式)置于正常运行状态,如图 3-11 所示。

CAN 一般构造坚固且抗短路。对地短路、对车载网络电压短路和导线相互短路都不会损坏控制单元。在最坏的情况下有故障的总线系统失灵。然而车辆中的总线系统不仅会遭受短路,而且当水汽侵入时还可能在接地、正极和 CAN 导线之间出现接触电阻。CAN 的所有故障都被存储在故障码存储器中。然而故障记录仅在个别情况下允许简单的诊断。绝大多数时候必须进行详细的检查。短路和因水汽引起的接触电阻所产生的故障通常只能用示波器进行可靠的诊断。对于用示波器进行的诊断,推荐使用存储器示波器。为了能够同时显示 CAN-H 和 CAN-L 导线上的信号,此示波器应具有两个通道。在连接测量导线并调整示波器后,可以切合实际地对显示的示波图进行分析。在分析电平时要注意,必须考虑到示波器测量最大 10%的测量误差。在无故障的情况下,从示波图中可看到,CAN-H 和 CAN-L 的脉冲始终沿相反的方向移动。在查找 CAN-H 和 CAN-L 时首先应查找隐性电位。总线大多数的时间停留在隐性电位。CAN-H 是脉冲由隐性电位沿正向成像的通道,对于 CAN-L,导线上的脉冲由隐性电位沿负向成像,如图 3-12 和图 3-13 所示。

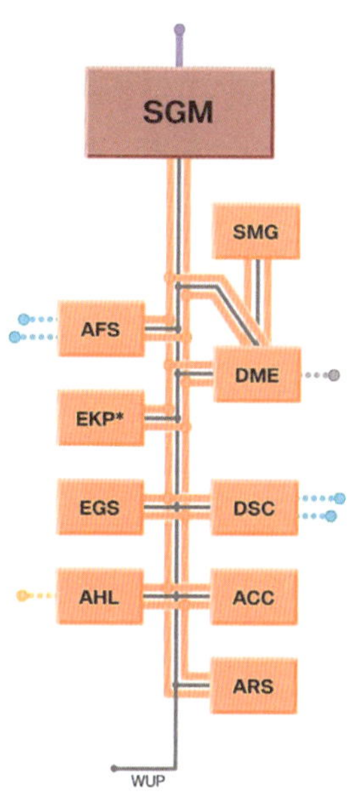

图 3-11 E60 中的 PT-CAN

ACC—自适应巡航控制系统 AFS—主动转向控制 AHL—自适应转向前照灯 ARS—主动式侧翻稳定装置
DME—数字式发动机电子伺控系统 DSC—动态稳定控制系统 EGS—电子变速器控制系统
EKP—电动燃油泵 SGM—安全和网关模块(至 2005 年 8 月),自 2005 年 9 月起为车身网关模块(KGM)
SMG—自动换档控制的手动变速器

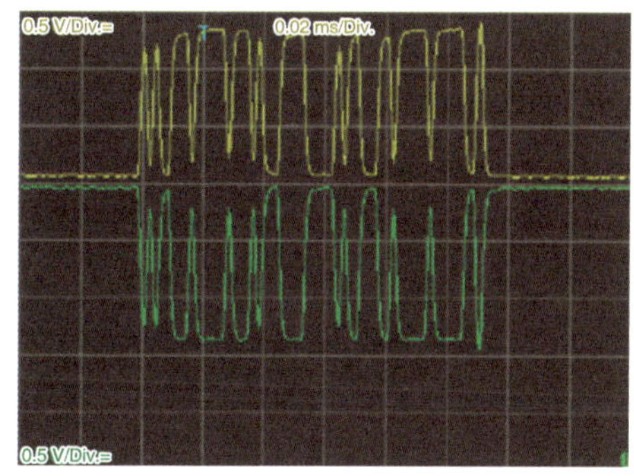

图 3-12 PT-CAN 的无故障示波图

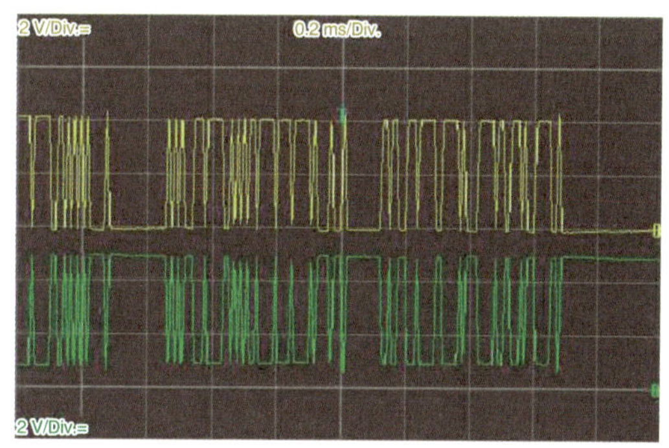

图 3-13 K-CAN 的无故障示波图

4. 子总线系统

宝马车系除了有主总线系统外,车辆中还安装有子总线系统。子总线系统是从属的串行总线系统。最重要的子总线系统是单线总线系统:LIN 总线(局部互联网总线)和 BSD(串行数据接口)车身总线协议。

(1)LIN(局域互联网) LIN 是一种用于简单执行器和传感器联网的串行总线。LIN 是一种单线主副控制总线。这意味着,在从主控制单元收到权限时,副控制单元才允许发送。LIN 是一种循环总线,数据总是在总线上反复重新传递,这与数据在要求后或发生变化时才发送的事件控制的总线相反。LIN 总线系统由上级控制单元(主控单元)、从属控制单元(副控制单元)和单线数据线组成。

目前，在下列系统中安装有 LIN 总线：空调器(9.6kbit/s)；在驾驶人车门模块和驾驶人侧车门开关组之间(19.2kbit/s)；轮胎压力监控(9.6kbit/s)。

例如在空调器上，空调器操作面板是 LIN 总线主控单元。LIN 总线主控单元把控制单元的要求转发至副控制单元(从属控制单元)并检查总线导线上的信息通信。空气分配风门调整电动机、风扇调节器和电控辅助加热器是典型的 LIN 总线副控制单元。LIN 总线副控制单元等待 LIN 总线主控单元的命令，并根据要求与主控单元通信。

使用串行数据接口将发电机、智能型蓄电池传感器与数字式发动机电子伺控系统连接在一起，如图 3-14 所示。

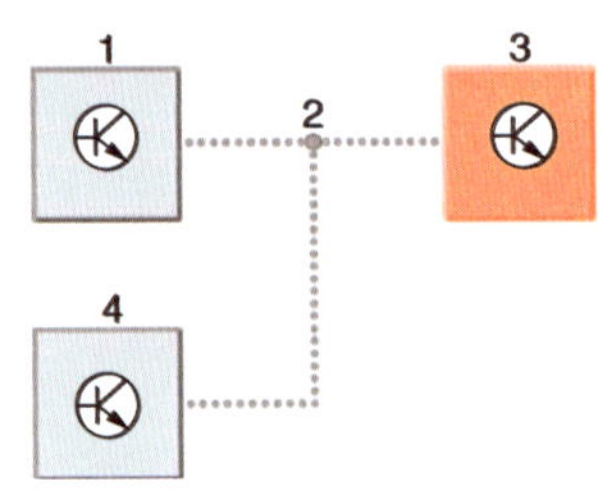

图 3-14 串行数据接口

1—电动机 2—串行数据接口 3—数字式发动机电子伺控系统 4—智能型蓄电池传感器

(2)车身总线协议 车身总线协议基于车身总线技术，并由发射器、接收器和一根单线导线构成，如图 3-15 所示。

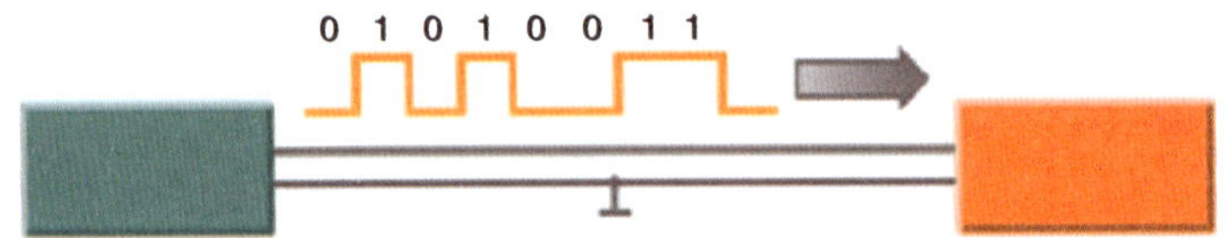

图 3-15 通过车身总线协议的单向数据传输

车身总线协议目前用于多重乘员保护系统、电子信息系统控制单元(紧急呼叫)、座位占用识别装置、车门外把手电子装置、驾驶人侧车门和防盗报警系统。

车身总线协议连接每个车门的车门外把手电子装置和便捷进入及起动系统。此外，通过该总线可防止唤醒整个总线系统(例如：儿童玩车门把手)。车身总线协议把驾驶人侧车门开关组的信号传递到车门模块(例如：车窗升降机、遮阳卷帘功能)。防盗报警系统的功能已分配到两个控制单元上(防盗报警系统和应急电源报警器)。通过车身总线协议能够在这些控制单元之间相互通信。

5. 网关

网关用于连接不同类型的总线系统。通过网关可连接具有不同逻辑和物理性能的总线系统。因此尽管各个总线系统的传输速度不同，仍能保证数据交换，如图 3-16 所示。

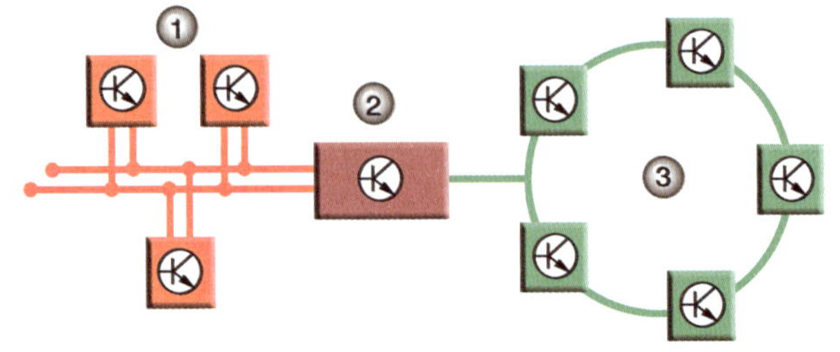

图 3-16 通过一个网关连接不同的总线系统

1—线形总线系统(例如 K-CAN) 2—网关 3—环形总线系统(例如 MOST)

不同总线系统的输出数据到达网关，在网关中过滤各个信息的速度、数据量和紧急程度，并在必要时进行缓冲存储，如图 3-17 所示。

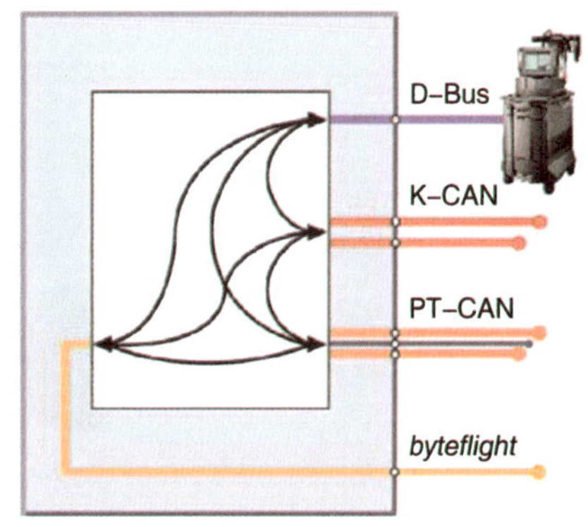

图 3-17　网关中的通信方式

宝马车系在下列控制单元中安装有网关功能：中央网关模块（ZGM）、安全和网关模块（SGM）、多音频系统控制器（M-ASK）、便捷进入及起动系统（CAS）、控制显示（CD）、组合仪表以及车身网关模块（KGM）。

根据一个举例解释中央网关模块上的功能关系：动态稳定控制系统（DSC）控制单元和数字式发动机电子伺控系统（DME）控制单元分别向 PT-CAN 上发送一个信息。信息通过 PTCAN 到达中央网关模块。在网关的一个中间存储器中缓冲存储 PT-CAN 的信息。这些信息将在网关中按照规定的网关规则和转换表转换成适用于 K-CAN 系统总线的信息。因为 K-CAN 系统总线比 PT-CAN 慢，两个信息被连接在一起并通过 K-CAN 系统总线到达它们的目的地，如图3-18所示。

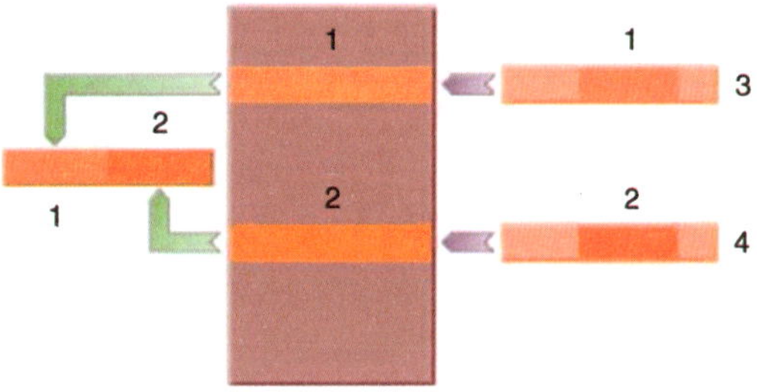

图 3-18　把来自 DME 和 DSC 的信息转换到 K-CAN 上
1—来自动态稳定控制系统的信息　2—来自数字式发动机电子伺控系统的信息　3—动态稳定控制系统的信号（速度）　4—数字式发动机电子伺控系统的信号（发动机转速）

6. 光学总线系统

在数据、语音或图像传输中，要传输的数据量越来越大。为了满足这些要求，在网络技术中越来越多地安装使用光缆的光学传送系统。在宝马车辆中安装了 byteflight 和 MOST 两种光学总线系统：byteflight 是一种使用光缆的星形总线系统，它以 10Mbit/s 的速度传输数据；MOST 是一种使用光缆的环形总线系统，它以 22.5Mbit/s 的速度传输数据。

光缆技术已在电信和工业设备中使用较长时间。这种技术能够传输大量数据，并同时具有其他优点（例如抗电磁和静电干扰）。如果使用铜导线，高数据传输率会引起强电磁辐射。这种辐射可能干扰车辆中的其他功能。与铜导线相比，光缆在提供相同的带宽时需要更少的结构空间。此外，光缆比铜导线重量轻很多。与数据传输时传输数字或模拟电压信号的铜导线不同，光缆传输光束。最常用的光缆有塑料光缆和玻璃光缆。

在宝马车辆中只安装塑料光缆。塑料光缆相对于玻璃纤维光缆有下列优点：光纤横断面大，简化了技术生产；对灰尘相对不敏感，容易处理；因为塑料与玻璃相比不易断裂，加工简单，可切割、衍磨或熔化；成本低。一根光缆就是一根由塑料制成的细圆柱形光纤，装在一层薄外壳内。实际的光缆嵌在包壳材料中，包壳材料只用于保护光纤，如图 3-19 所示。

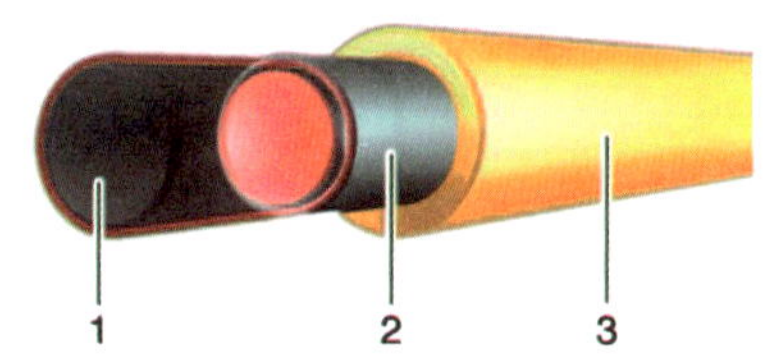

图 3-19　光缆的结构
1—光纤芯　2—外壳　3—包装层

进行光学信息传输时，数字信号借助一个发光二极管被转换成光信号。光信号被通过光缆传输到下一个控制单元。在该控制单元上，光敏二极管把光信号重新转换成数字信号，如图3-20

所示。

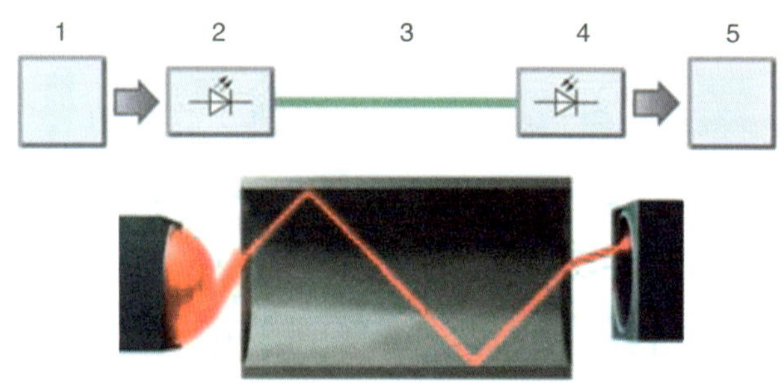

图 3-20　光学信息传输

1—发送控制单元　2—发光二极管(发射二极管)　3—光缆　4—光敏二极管(接收二极管)　5—接收控制单元

在 MOST 和 byteflight 上光的波长为 650nm(红光)。为了能够区别不同总线系统的光缆，目前有三种用于相应光缆的不同识别颜色：黄色—byteflight；绿色—MOST；橘黄色—售后服务维修导线。

三、宝马车系 byteflight 总线系统

byteflight 系统是由 BMW 与 Motorola、Elmos 和 Infineon 合作为车辆中与安全有关的过程开发的。这个总线系统主要用于传送时间上要求特别紧迫的安全气囊系统数据。

byteflight 技术可在高数据传输率时满足非常高的实时要求。另外，该技术满足在非常恶劣的电磁环境中(例如在车辆的电磁环境中)无故障传送的要求。在安全系统 ISIS(智能安全集成系统)和 ASE(高级安全电子设备)中使用。这两个安全系统负责控制安全气囊、安全带拉紧装置和断开安全蓄电池接线柱，如图 3-21 所示。

从属控制单元(副控制单元)通过一根专用导线连接在上级控制单元(主控单元)上。主控单元接收来自一个副控制单元的数据，然后立即把数据重新输出到所有副控制单元。因为主控单元不认识任何存取规则，而只执行纯粹的分配功能，所以各个控制单元必须通过一个电码(类似于 CAN 上)相互理解，在此规定，谁在何时允许发送和何时不允许发送。根据星形拓扑结构，byteflight 即使在单个控制单元(副控制单元)失灵时仍功能良好。

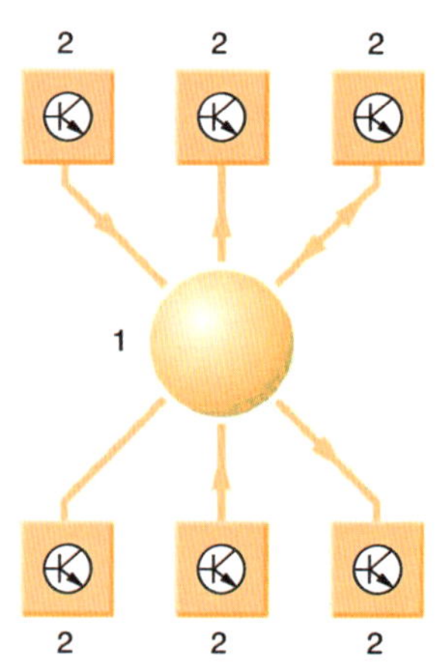

图 3-21　byteflight 为星形结构

1—上级控制单元(主控单元)　2—从属控制单元(副控制单元)

在最新的宝马车型中，安全和网关模块(SGM)构成星形结构的中心。装有 byteflight 时，在车辆网络中的节点上安装了多个传感器。这些传感器位于通过总线系统与 SGM 连接的卫星式控制单元中。所有传感器不断被查询，并把数据分配到所有卫星式控制单元。数据传输与在 CAN 上借助数据电码传输一样。总线主控单元(SGM)必须根据所有当前的传感器信息，决定是否要把卫星式控制单元置于报警模式。通过总线主控单元设置报警模式，安全系统的所有引爆电路被置于可触发状态，如图 3-22 所示。

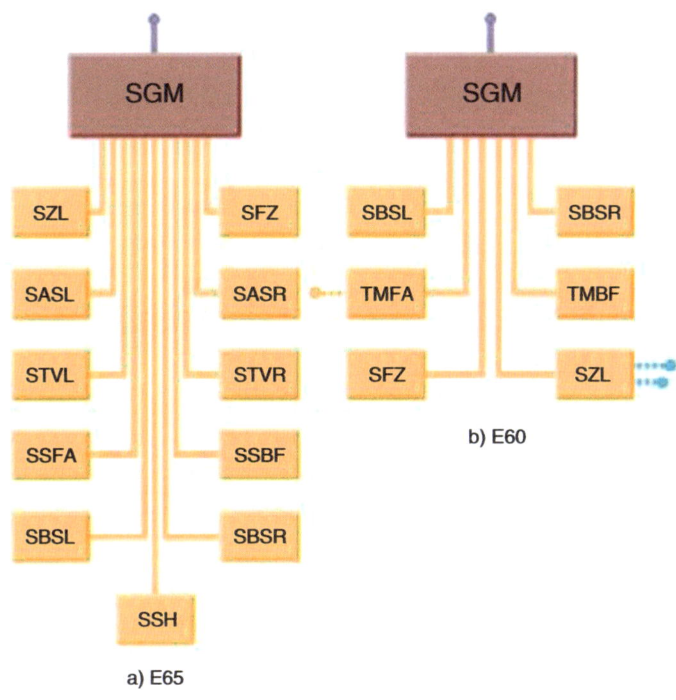

图 3-22 新型 E65 中和 E60 中的 byteflight 系统

a) SASL—左侧 A 柱卫星式控制单元 SASR—右侧 A 柱卫星式控制单元 SBSL—左侧 B 柱卫星式控制单元 SBSR—右侧 B 柱卫星式控制单元 SFZ—车辆中心卫星式控制单元 SGM—安全和网关模块 SSH—后部座椅卫星式控制单元 SSBF—前乘客座椅卫星式控制单元 SSFA—驾驶人座椅卫星式控制单元 STVL—左前车门卫星式控制单元 STVR—右前车门卫星式控制单元 SZL—转向柱开关中心

b) SBSL—左侧 B 柱卫星式控制单元 SBSR—右侧 B 柱卫星式控制单元 SFZ—车辆中心卫星式控制单元 SGM—安全和网关模块 SZL—转向柱开关中心 TMFA—驾驶人侧车门模块 TMBF—前乘客车门模块

四、宝马车系 MOST 总线系统

MOST 是一种专门为在车辆中使用而开发的适用于多媒体应用的通信技术。在不断进步发展的过程中，车辆中的多媒体组件数量大大增多，显著扩大了车辆的功能范围。通过组件的新型逻辑联网，系统复杂性显著增长。因为通过已经安装的总线系统不能再胜任系统复杂性的这种新高度，所以采用新型总线工艺开发了 MOST 总线系统。MOST 表示多媒体传输系统，是一个使用光缆的环形结构光学总线系统。MOST 不仅表示一个传统意义上的网络，而且表示一种用于多媒体和网络控制的集成技术，如图 3-23 所示。

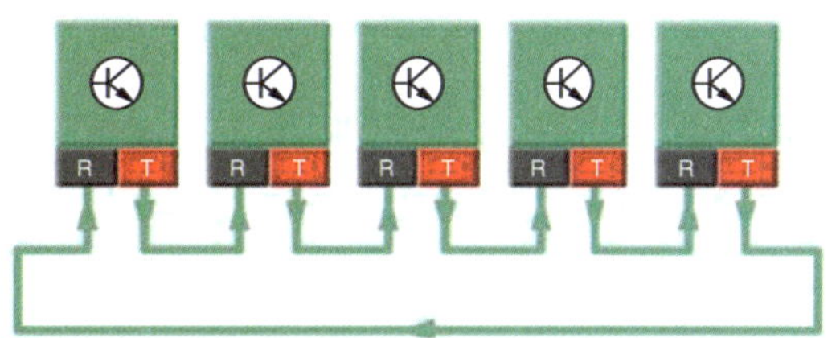

图 3-23 MOST 环形总线系统

R—接收器 T—发射器

每个终端设备（节点、控制单元）在一个具有环形结构的网络中通过一个电缆环相互连接，说明允许发送的信息在环上循环，这个信息将由每个节点（控制单元）读取和转发。

当一个节点要发送数据时，该节点改变发射就绪信息，并把它改成“占用”信息。被作为接收器地址的节点复制数据，并在回路中继续发送。如果数据重新到达发射器，发射器就把数据从环上删除并重新生成发射就绪信息，如图 3-24 所示。

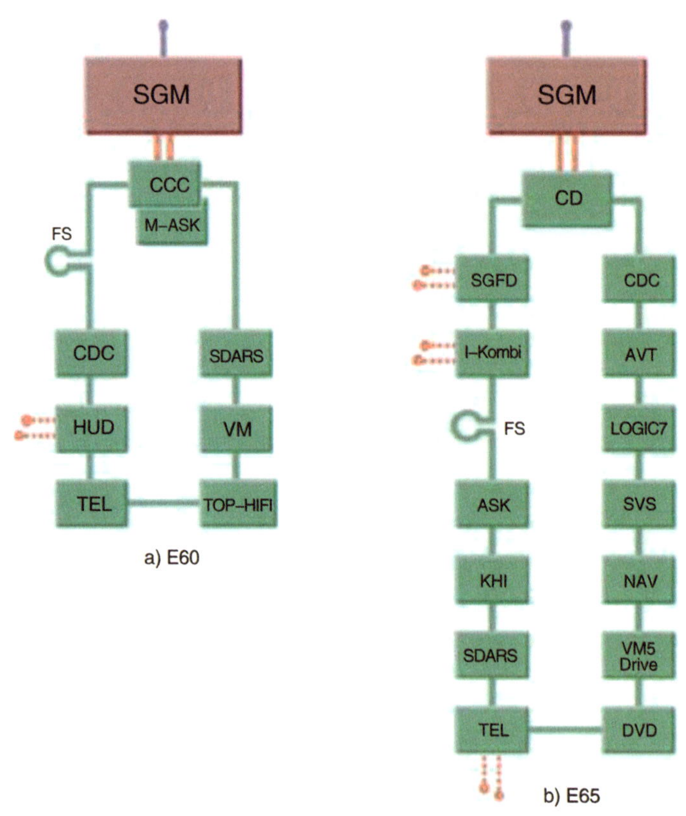

图 3-24　E60 和 E65 中的 MOST

a) CCC—Car Communication Computer　CDC—CD 光盘转换匣　FS—快擦写插头　HUD—平视显示系统　M-ASK—多音频系统控制器　SDARS—卫星数字音频广播服务　SGM—安全和网关模块　TEL—电话　TOP-HIFI—顶级高保真放大器　VM—视频模块

b) ASK—音频系统控制器　AVT—天线放大器/调谐器　CD—控制显示　CDC—CD 光盘转换匣　DVD—数字化多功能光盘　Kombi—组合仪表　FS—快擦写插头　LOGIC7—功率放大器　NAV—导航　SDARS—卫星数字音频广播服务　SGFD—后座区显示器控制单元　SGM—安全和网关模块　SVS—语音输入处理系统　TEL—电话　VM5Drive—视频模块

各个控制单元之间的连接通过一个数据只沿一个方向传输的环形总线实现。这就意味着，一个控制单元始终具有用于两根光缆的接头：一个用于发射器；一个用于接收器。

在 MOST 控制单元中进行纯粹的光纤连接。发射和接收二极管可以通过位于控制单元的光纤定位在控制单元中的任意位置。于是电线束插头中的光纤面可向后移动。所以灵敏端面的附加保护成为多余。2 芯光缆模块对于所有插头系列相同。零件族和触点已在 MOST 合作范围内形成标准。引脚 Pin1 始终用于输入的光缆，而引脚 Pin2 始终用于转发的光缆。

五、宝马车系总线诊断

宝马诊断车载网络前，首先必须知道 CAN 网络的电压信号，才能对其进行检修。以下为 K

-CAN 网络和 PT-CAN 的工作电压范围，如图 3-25 和图 3-26 所示。

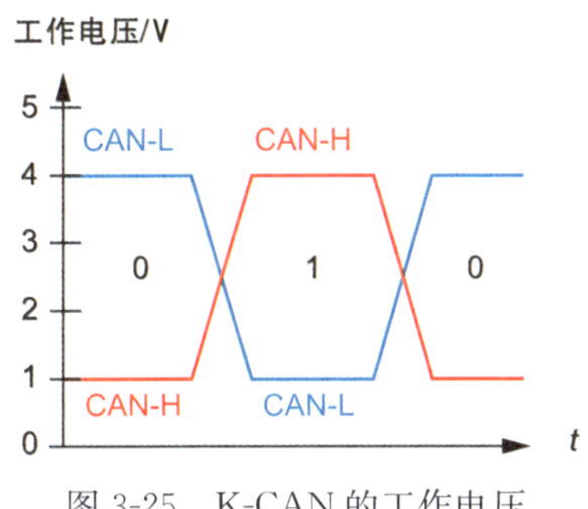

图 3-25　K-CAN 的工作电压

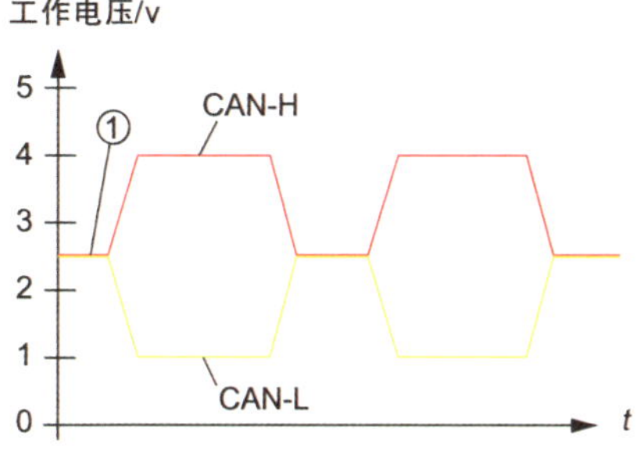

图 3-26　PT-CAN 的工作电压

知道了工作电压范围后，还需要对故障现象进行分析，缩小故障范围，因为宝马车载网络的线束很多，一个一个地排除故障太繁琐，这就需要用诊断仪来缩小故障范围。诊断汽车上的所有电脑，需要用诊断仪通过中央网关模块 ZGM 进行。例如，加入 SIM 电脑功能失效，则整个安全气囊系统都无法诊断。但若 SZL 电脑工作不良，只能是 SZL 无法诊断，其他电脑工作正常，如图 3-27 所示。

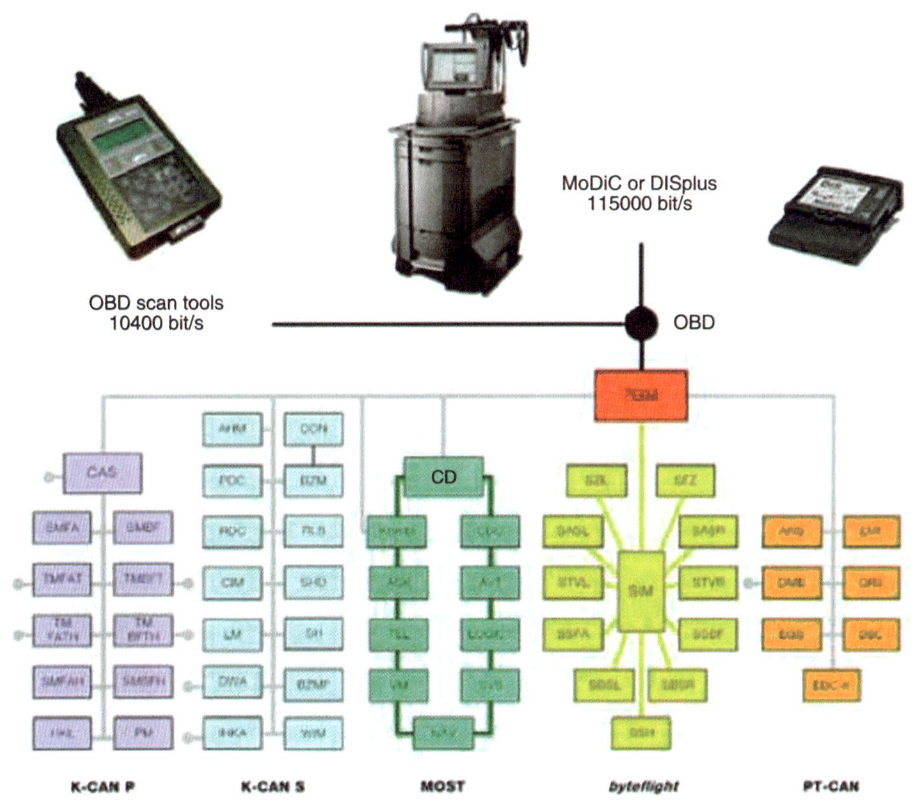

图 3-27　宝马系统诊断

测试模块和信息流程如下：

(1)测试模块的路径　在宝马的诊断信息系统 DIS 中的功能选项中选择整车-车身-总线功能-总线分析—系统分析。

在一条总线偶尔失灵的情况下，可能会产生多个故障码，而故障码在不同的控制单元中可能代表不同的含义，因为故障码的设置条件不一样，所以在诊断过程中需要特别留意。

(2)测试步骤

1)正确识别发动机型号，因为总线诊断确认发动机的型号非常重要，，总线诊断需要根据发动机型号来分析故障码。

2)读取所有故障码的故障记录，总线诊断必须读取所有故障码的记录，查询是否存在总线故障或通信故障。

3)检查是否存在低电压，在测试过程中，检查同类故障码是否在两个模块中同时出现。

如果两个以上的控制单元出现低电压信息，则退出总线诊断，进入以下诊断流程：

①检查蓄电池。

②检查具有相关故障码的控制单元的插头连接及供电接地状况。

③进行休眠电流测量。

4)若还未解决问题，则对所有故障码再次诊断分析，并列出最可能出现故障的部位和原因。

5)根据故障原因，选择合适的诊断模块再次单独进行测试。

1. 终端电阻

在宝马的终端电阻测试之前，首先需要知道终端电阻的位置。

E65/E66/E67 的 PT-CAN 有两个终端电阻：一个位于车辆中靠近减振器支柱盖的右前线束中，该电阻可以从 PT-CAN 中拔下；另外一个安装在后座下方的电线束中。

所有宝马 5 系和 E6X 的 PT-CAN 有两个终端电阻：一个在 DSC 控制单元中，另外一个在 SGM 控制单元中。

E6X 的 F-CAN 分为两种：一种是带有 AFS(主动转向控制)的车辆，它的一个电阻器在转向角传感器内部；另一个电阻器在 DSC 传感器中(前排乘客座椅下方)。无 AFS 的车辆，一个电阻器在 DSC 控制单元中，即驾驶侧座椅下方。

2. MOST 检修

操作带光缆的车辆导线束时需要特别仔细。与铜导线相反，光缆损坏不会立即导致故障，而是在以后某个时刻客户才能察觉。阻尼是通过光缆进行数据传输时检验信号质量和可靠性的一个尺度。阻尼过大可能有不同的原因：弯曲半径小于 50mm；光缆被弯折；光缆被挤压或受压；光缆的包装层损坏；缆被拉伸；开端有污垢或油脂敞开端有刮痕；光缆过热。

半径：光缆弯曲半径不允许小于 50mm。50mm 大致与饮料罐的直径相当。半径小于 50mm 弯曲光缆将妨碍其功能，甚至会损坏塑料光缆。在过小弯曲处光线射出，不能再正确反射，如图 3-28 所示。

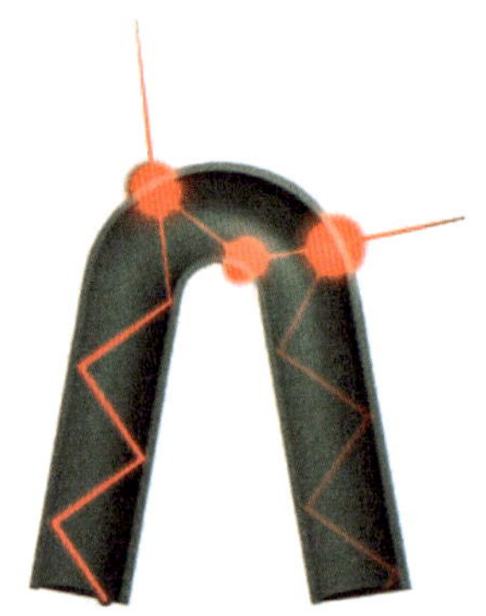

图 3-28　弯曲的光缆

弯折：绝对不能在装配时弯折光缆，因为这样会损坏光纤芯和包装层，光线将在弯折处部分散射，后果是传输损失。即使一度短暂弯折也会损坏光缆，如图 3-29 所示。

压痕：任何情况下都必须避免压痕，因为光缆横断面会由于压力永久变形。在传送时使光线丢失。拧得过紧的导线扎带也可能引起压痕，如图 3-30 所示。

磨损:与铜导线不一样,光缆的磨损不会导致短路。但磨损处会导致光线损失或导致外来光线入射。系统被干扰或完全失灵,如图 3-31 所示。

图 3-29 弯折的光缆

图 3-30 光缆的压痕

图 3-31 光缆上的磨损处

拉伸:由于拉伸,芯线被拉长且光纤芯的横断面减小,后果是光通量减小。同样,拉紧也会损坏光缆,如图 3-32 所示。

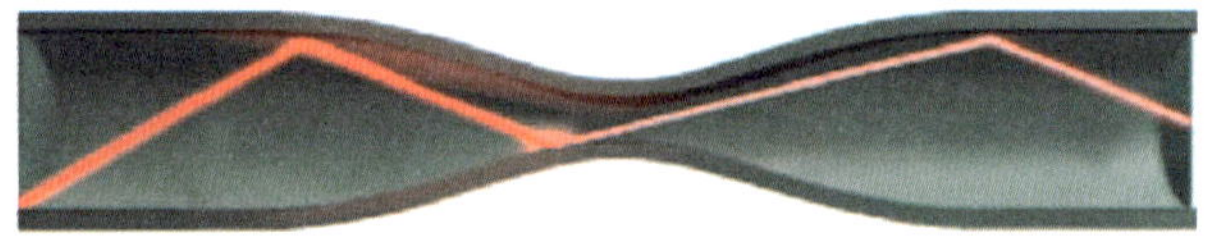

图 3-32 光缆的拉伸

过热:光缆过热不会立即导致故障,而在以后才导致损坏。例如,在烘干油漆或焊接时温度不允许超过 85℃。

污染或刮坏的端面:污染或刮坏的端面是另一个可能的故障源。尽管已采取措施防止无意间接触端面,但由于不妥当的处理仍可能引起故障。光纤端面的污垢妨碍光束的射入和射出。污垢吸收光线,并且阻尼过高,如图 3-33 所示。

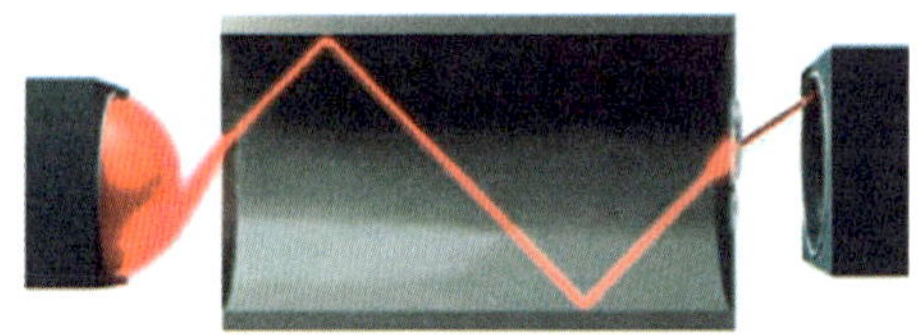

图 3-33 光缆被污染的端面

本章小结

(1)本章介绍宝马车系主总线系统和子总线系统、车身总线、PT-CAN 总线、LIN 总线、网关、byteflight 总线系统、MOST 总线系统、BMW 总线诊断。

(2)导致宝马汽车网络系统故障的原因一般有三类:

1)汽车电源系统引起的故障。如果汽车电源系统提供的工作电压低于电控单元的正常工作电压,则电控单元可能短暂地停止工作,从而造成整个汽车局域网络暂时无法通信的故障。此时,可以利用示波器等仪器检查发电机、蓄电池等电源系统部件的工作是否正常。

2)汽车局域网络系统的通信线路故障。当汽车局域网络系统的通信线路出现故障(如通信线路短路、断路等)时,会引起多个电控单元无法工作或电控系统动作错误。可以利用示波器或专用汽车故障诊断仪观察通信数据信号是否与标准通信数据信号相符来判断此类故障。

3)汽车局域网络系统中的电控单元故障。包括软件故障和硬件故障两类:软件故障是指传输协议或软件程序有缺陷或冲突,从而导致局域网络系统通信出现混乱或无法工作;硬件故障一般是由于通信芯片或集成电路故障造成汽车局域网络系统无法正常工作。软件故障一般成批出现,且无法维修;硬件故障可以通过替换法排除。

(3)故障诊断思路使用 OBD 通用扫描工具、宝马专用检测 Modic 或 DISplus 可以对宝马汽车局域网络系统所有电脑故障进行诊断。

(4)诊断总线 D-BUS 的所有诊断操作必须通过中央网关模块 ZGM 才能实现与其他控制单元的连通。通过分析各个电脑与网关电脑的相互逻辑关系和诊断连接通路,可以推算出系统内具体某个电脑不良及由此给整个系统带来的影响。例如,如果安全信息电脑 SIM 不良,则整个安全气囊系统无法进行故障自诊断;但如果转向柱开关总成 SZL 电脑不良,则只是 SZL 电脑无法诊断,其他电脑可以正常进行故障诊断。

第四章　奔驰车系车载网络

一、奔驰车系 CAN 网络

奔驰汽车，一个几乎全世界无人不知的汽车品牌。从汽车诞生直到今天，奔驰汽车的发展史不仅仅是一个传奇，更是代表了人类汽车工业的发展史。现在，奔驰汽车已过百岁寿辰，然而它的名字和公司的口号一样，依然叫得响亮。梅赛德斯奔驰在中国销售的产品包括：轿车 S 级、E 级、C 级；跑车类 CLK 四座跑车、SLK 双门跑车、SL 豪华跑车、CLS 轿跑车；SUV：ML 多功能越野车、GL 豪华越野车、G 级越野车以及 R 级大型豪华运动旅行车等几十款顶级车，如图 4-1 所示。

图 4-1　奔驰 E 级轿车

早期奔驰轿车上各个模块间的信息是通过硬线传输的，而发展到今天，奔驰各个模块的信息传输全靠 CAN 数据总线进行，在奔驰上有车身 CAN、底盘 CAN、安全 CAN、娱乐 CAN、CAN-B、CAN-C、制动 CAN、动力 CAN、电话 CAN、MOST 等进行数据传递，传输速度快、数据传递也安全稳定，如图 4-2 所示。

新款奔驰 W220 轿车车载电脑均以 CAN（Controller Area Network 即控制单元局域网）网络连接，简称 CAN BUS。系统中有 H 和 L 线路即高位 CAN 线和低位 CAN 线。CAN BUS 系统由车载电脑的通信数据总线、每个系统的控制单元和收发器等元件组成，同时接受某个控制

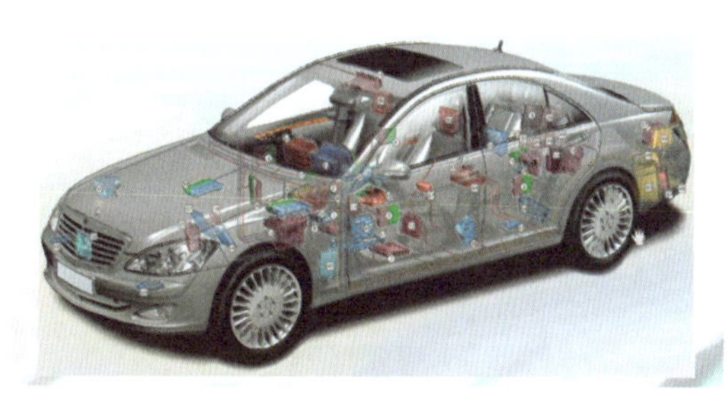

图 4-2　奔驰 CAN 网络位置

单元发出的命令，个别处理、分析及接受输入信号，并根据指令去控制输出组件。

在奔驰 W220 轿车的 CAN BUS 网络中，分为 CAN-B 和 CAN-C 两个相对独立的数据系统。CAN-B 为车身网络，速度较慢，CAN-C 为动力传输及底盘系统网络，为高速网络。由于发动机在运转时必须控制点火正时和喷油顺序等，加之发动机电脑的高速执行时间，利用传输速度比较慢的 CAN 是无法完成的。CAN-B 车身网络与 CAN-C 发动机网络皆为独立系统，N73 点火开关电脑为“CAN-C”之间的双向连接，N73 点火开关电脑通过 CAN-B 网线与 16 脚的 OBDⅡ诊断座相连(需奔驰专用仪器 Star Diagnosis 连接诊断)。当更换各网络电脑时必须使用 Star Diagnosis 去做 coding 程序化工作，其系统才会正常运作，如图 4-3 和图 4-4 所示。位置如图 4-5 至图 4-7 所示。

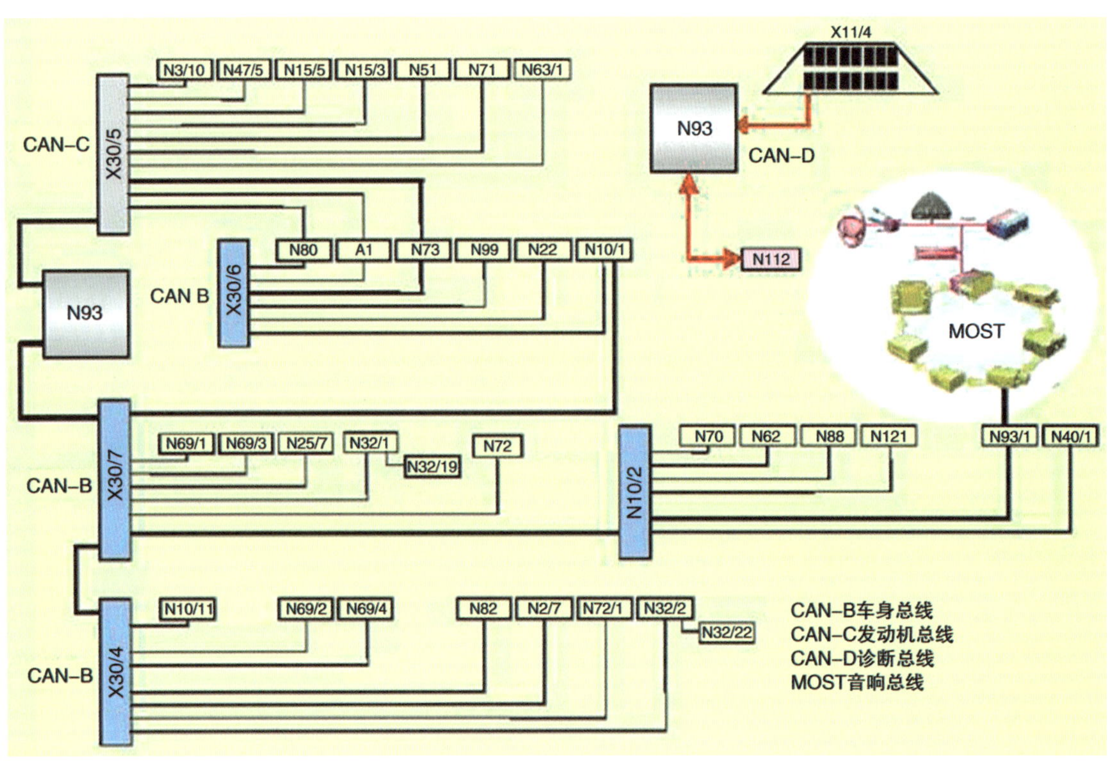

图 4-3 奔驰 W-220 网络结构图

A1—仪表盘 N2/7—SRS 控制单元 N3/10—发动机控制单元 N10/1—前 SAM/SRB 控制单元 N15/3—自动变速器控制模块 N15/5—巡航选择模块 (VGS)N22—自动空调模块 N25/7—左座椅通风模块 N32/1—左前座椅控制模块 N32/2—右前座椅模块 N32/19—右前座椅控制模块 N32/22—左前座椅控制模块 N40/1—座椅气动模块 N47/5—ESP 制动模块 N51—空气减振模块 N62/1—雷达传感器控制单元(SGR) N63/1—距离控制模块 N69/1—左前门控制单元 N69/2—右前门控制单元 N69/3—左后门控制单元 N69/4—右后门控制单元 N70—头顶模块 N71—头灯调整模块 N72—上控制板(UCP)控制单元 N73—电子点火开关(EIS)控制单元 N80—方向柱模块(SCM)控制单元 N82—BCM 控制模块 N88—胎压监测模块 N93/1—音频网关控制模块 N93—中央门通道(CGW)控制单元 N99—转向盘加热模块 N112—远程遥控模块

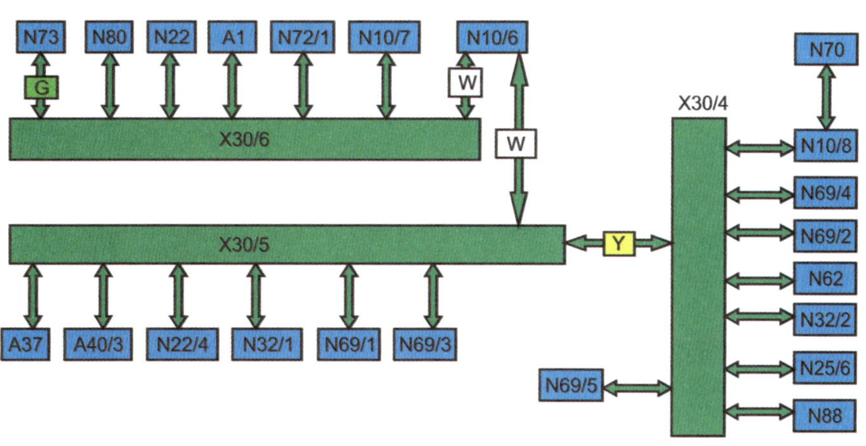

图 4-4 奔驰 W-220 CAN-B

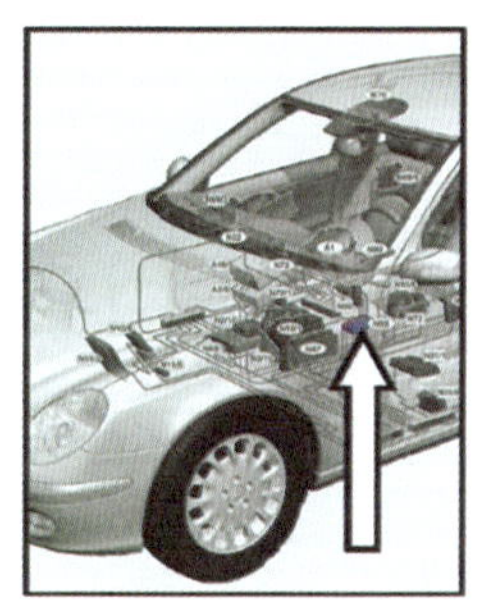
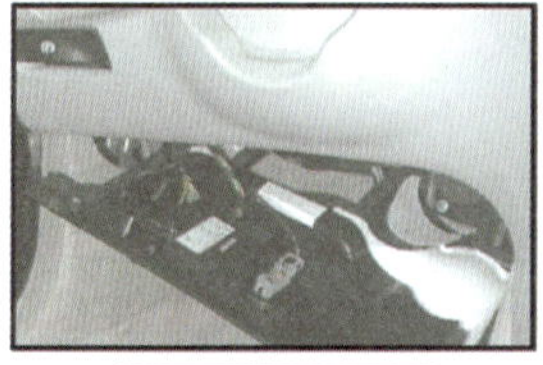

图 4-5 N93 Gateway 网关电脑

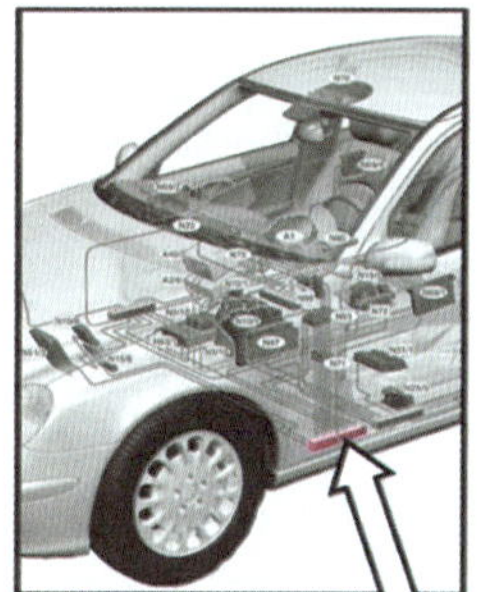
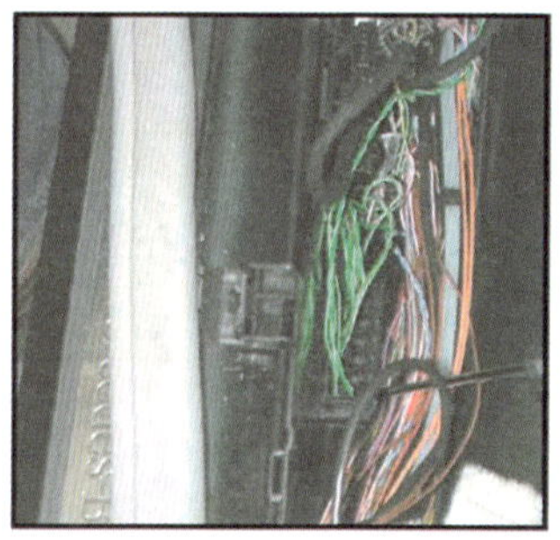

图 4-6 CAN-C 接头

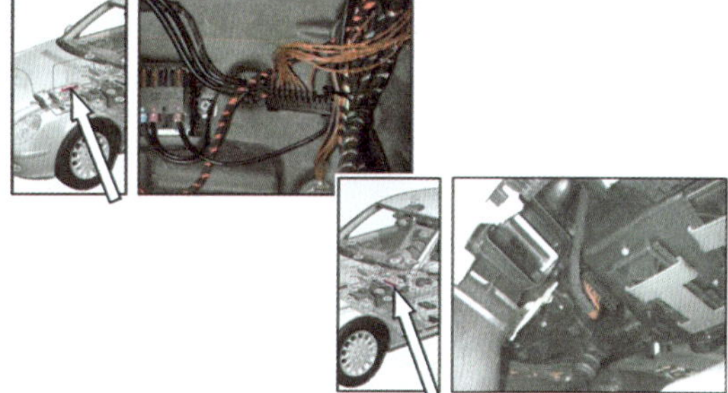

图 4-7 CAN-B 接头

奔驰车系使用多种 CAN 控制网络，根据车型和年份来使用，通常分为 CAN-B 和 CAN-C 两种。

1)CAN-B。室内 CAN(也叫车身 CAN)主要连接驾驶舱及车身控制电脑，它的传输速率可以达到 83.5～125kbit/s，在没有钥匙的情况下也能独立工作。例如，中控锁系统、电话的随时接听及娱乐系统等。从节能省电的角度考虑，CAN-B 有两种模式，即工作模式和休眠模式。工作模式：CAN-B 系统内的所有控制单元有一个处在工作状态时，整个 CAN-B 系统都处在工作状态，在这种状态下系统处于耗电状态。休眠模式：为节约能源，当关闭所有 CAN-B 的用电器之后，拔出钥匙系统将在 10s 之后自动转入休眠状态，在这种状态下用电器不耗电。如果按动 CAN-B 系统内任意部件的按扭(比如 CD)、开启钥匙门、外面有电话打近来等，CAN-B 系统将被激活，此时整个系统将处于工作状态。

2)CAN-C。发动机 CAN(也叫底盘 CAN)高速通信最大传输率为 125kbit/s 或者 500kbit/s。

CAN-C 中的信息通过 EIS 点火开关电脑传输到 CAN-B，同样道理 CAN-B 也可通过 EIS

点火开关电脑传输到 CAN-C 中，实现信息共享，EIS 在网络系统中起到网关的作用。其中 CAN-C 传输网络，连接发动机、变速器、制动系统、EIS、转向柱、仪表，如图 4-8 所示。

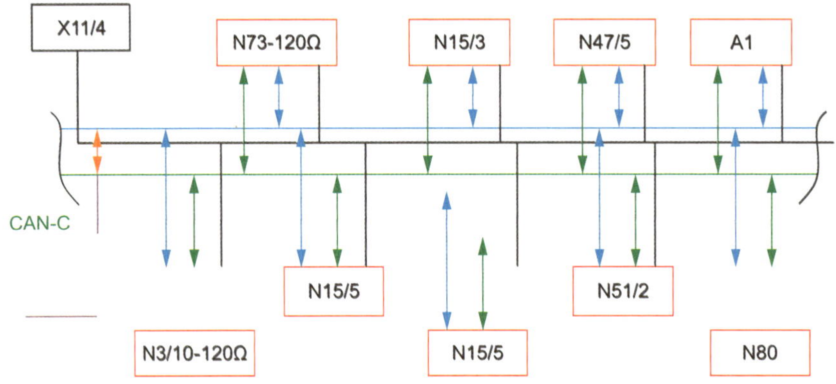

图 4-8 CAN-C 网络图

N73—EIS N15/3—变速器控制电脑 N47/5—ESP 控制电脑 A1—仪表 N3/10—发动机控制电脑 N15/5—ESM 电脑 N80—转向柱控制电脑 X11/4—诊断线

各种传感器的数据经传感器采集后，再由相应的模块进行处理，转换成能在 CAN 网络中传递的数据信号。当冷却液温度传感器送出发动机冷却液温度信号给 ME-SFI 发动机控制电脑，同时 ME-SFI 发动机控制电脑也接收发动机转速信号。ME-SFI 发动机控制电脑参考发动机冷却液温度、转速信号及其他相关信号，去控制电子节气门电动机来调整发动机转速。仪表板控制电脑会经 CAN 从 ME 电脑取得发动机冷却液温度及转速信号，并输出信号给温度表及发动机转速表，来指示当前的发动机温度及发动机转速。左前 SAM 控制模块，会经 CAN 从 ME 电脑取得发动机冷却液温度信号，当温度过高时，来切断冷气压缩机离合器作用。同时左前 SAM 控制模块，会经 CAN 从空调电脑取得蒸发器温度传感器信号，温度过低时，左前 SAM 切断冷气压缩机离合器作用，如图 4-9 所示。

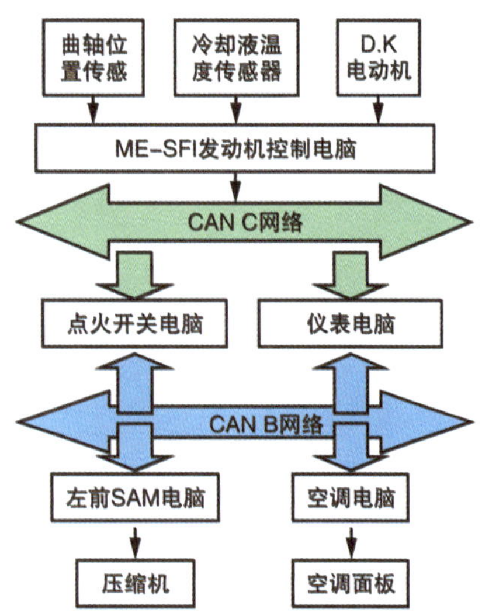

图 4-9 数据传递过程

二、奔驰车系 MOST 总线系统

奔驰光纤采用光线在光纤管道中传输信息，由电脑将电信号转换为光信号，传输至其他电脑再转换为可用的电信号，如图 4-10 所示。具有多路双向传输，信息容量大；传输信号没有线路损耗，不发热，寿命长；不受外界电磁场干扰，特别适合低压高频信号传输，如超声波传感器、高保真音响、卫星导航、移动电话等信号；传输速度快，互相没有干扰。

奔驰车系数字数据网络 D2B 是一个数据传输的系统，它利用光波来传送资料，此系统用于收音机、卫星导航、CD、音控放大器、移动电话、道路交通导航系统之间，利用光纤导线运用光波来传送数据，如图 4-11 所示。

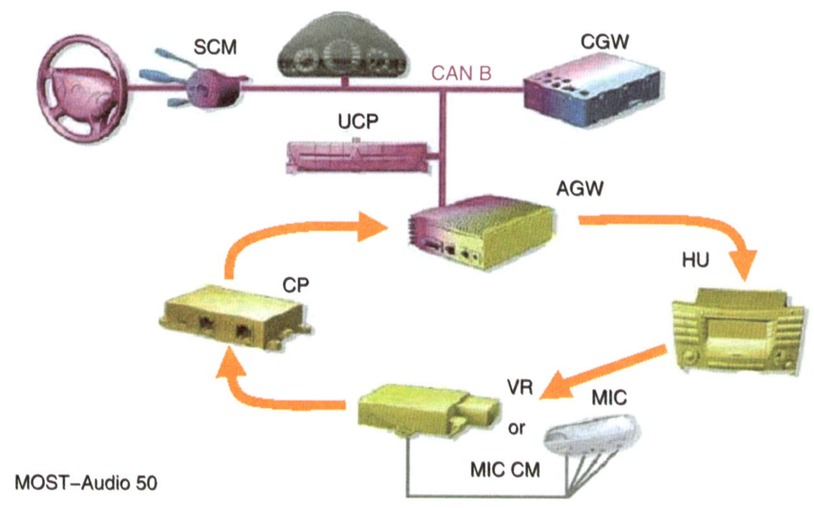

图 4-10　奔驰车系光纤网络

光纤网络：HU—音响中心（A2/56）　MIC CM 或 VR—语音模组（A35/11）　AGW—音响网关（N93/1）
CP—通信平台控制模组（N112）
CAN-B 网络：UCP—天窗电脑（N72/1）　SCM—组合开关电脑（N80）　CGW—网关电脑（N93）

奔驰车系 D2B 数据传输速率非常快，无被窃听及杂音之虑。受电磁波及辐射影响，光纤导线质量轻。光纤导线直径小，不会有氧化现象。没有短路现象，没有接点，因此不会有压降现象。

D2B 数字数据网络必须要有两条线路为电源供电，二条输入与输出光纤线路（D2B）和一条叫醒信号线（Wake Up）。D2B 数字数据网络同时可传达许多低频信号，而且信息不会损坏，如图 4-12 所示。

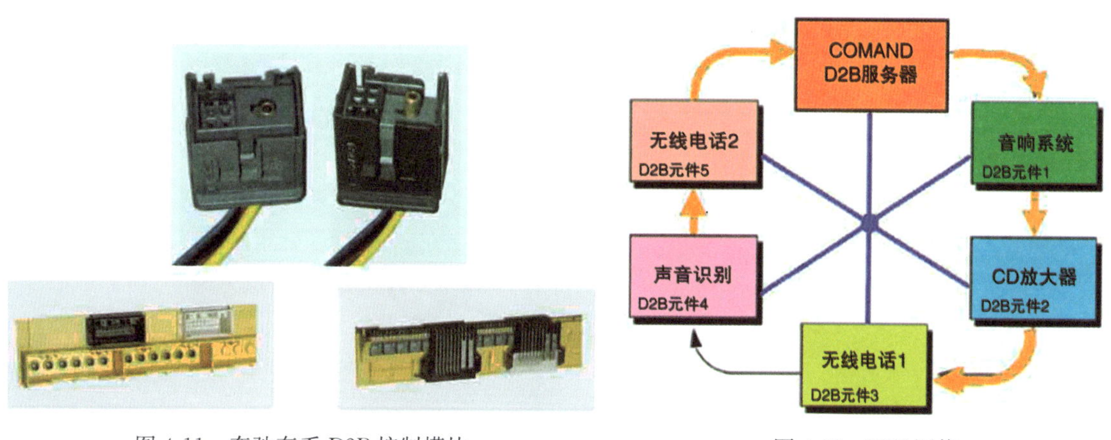

图 4-11　奔驰车系 D2B 控制模块

图 4-12　D2B 网络

奔驰车系 D2B 控制的相应模块，在车辆睡眠状态下是不工作的，但工作时需要唤醒。唤醒方式如图 4-13 和图 4-14 所示。

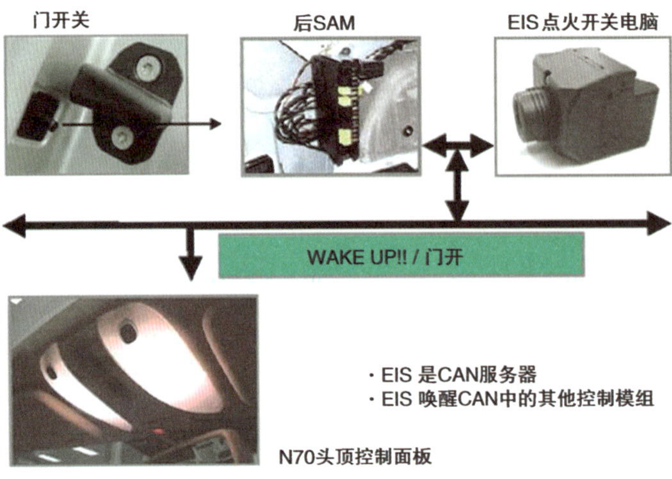

图 4-13　D2B 唤醒

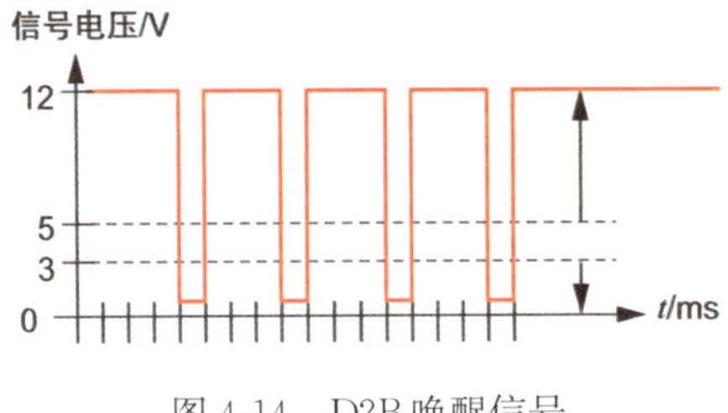

图 4-14　D2B 唤醒信号

三、奔驰车系网络系统

奔驰车系应用大量的 CAN 总线，传感器的信息传递都使用 CAN 总线传递，其中央网关 N93（图 4-15）是非常重要的一个模块，系统诊断作为一个软件单元设置在中央网关控制单元内。中央网关控制单元能够实现许多诊断功能，这些功能包括：CAN 总线诊断、CAN 标准/实际配置、远距离诊断的数据日志（Data logger for telediagnosis）。W221 全车网络结构如图 4-16～图 4-18 所示。

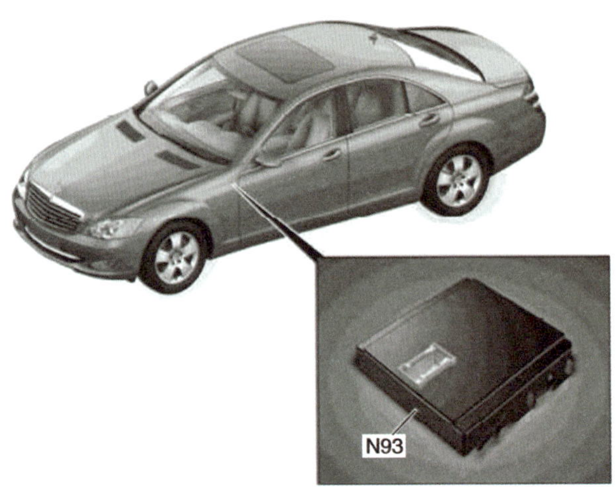

图 4-15　中央网关 N93

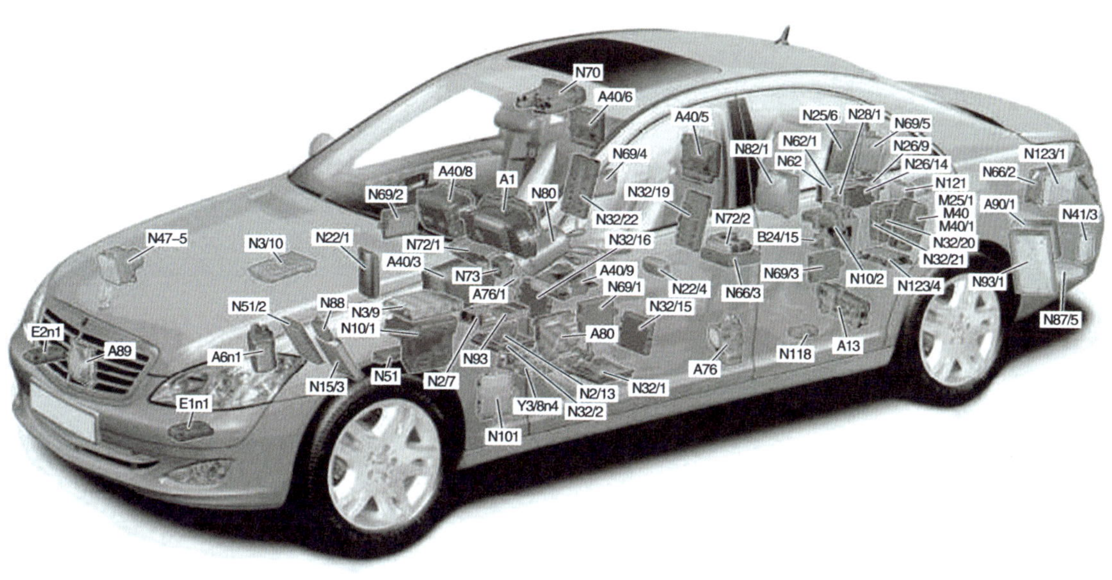

图 4-16　W221 全车网络元件位置

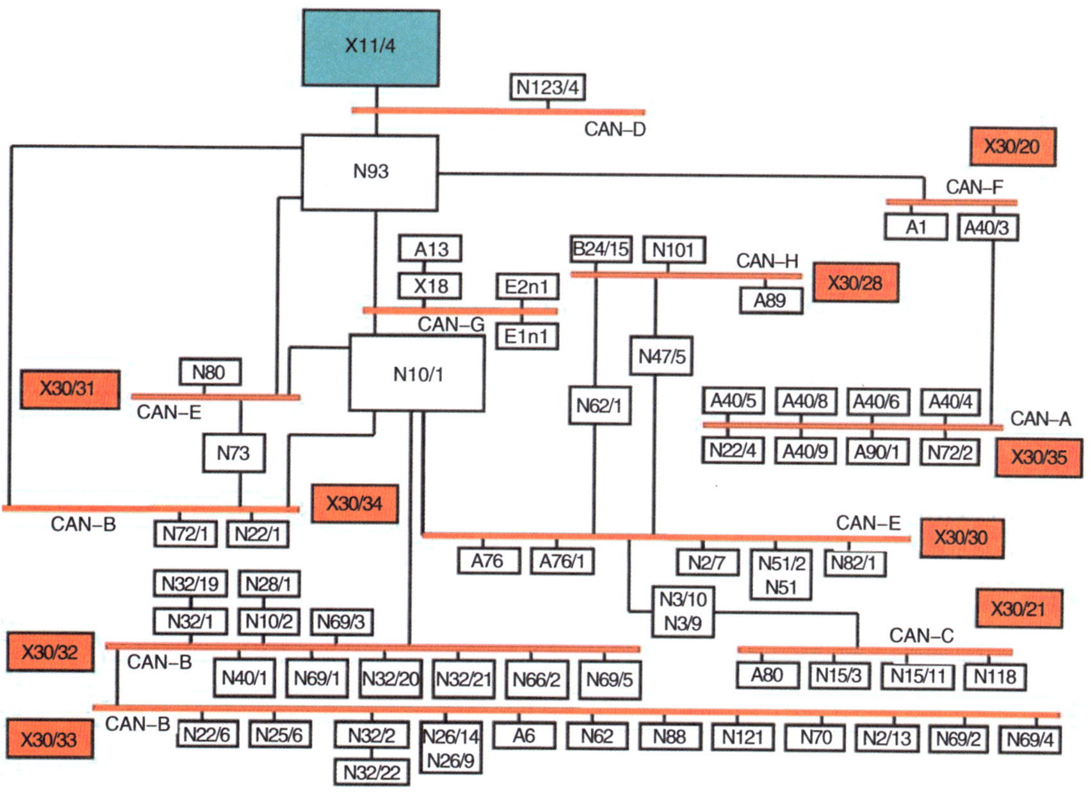

图 4-17　W221 全车网络结构图(一)

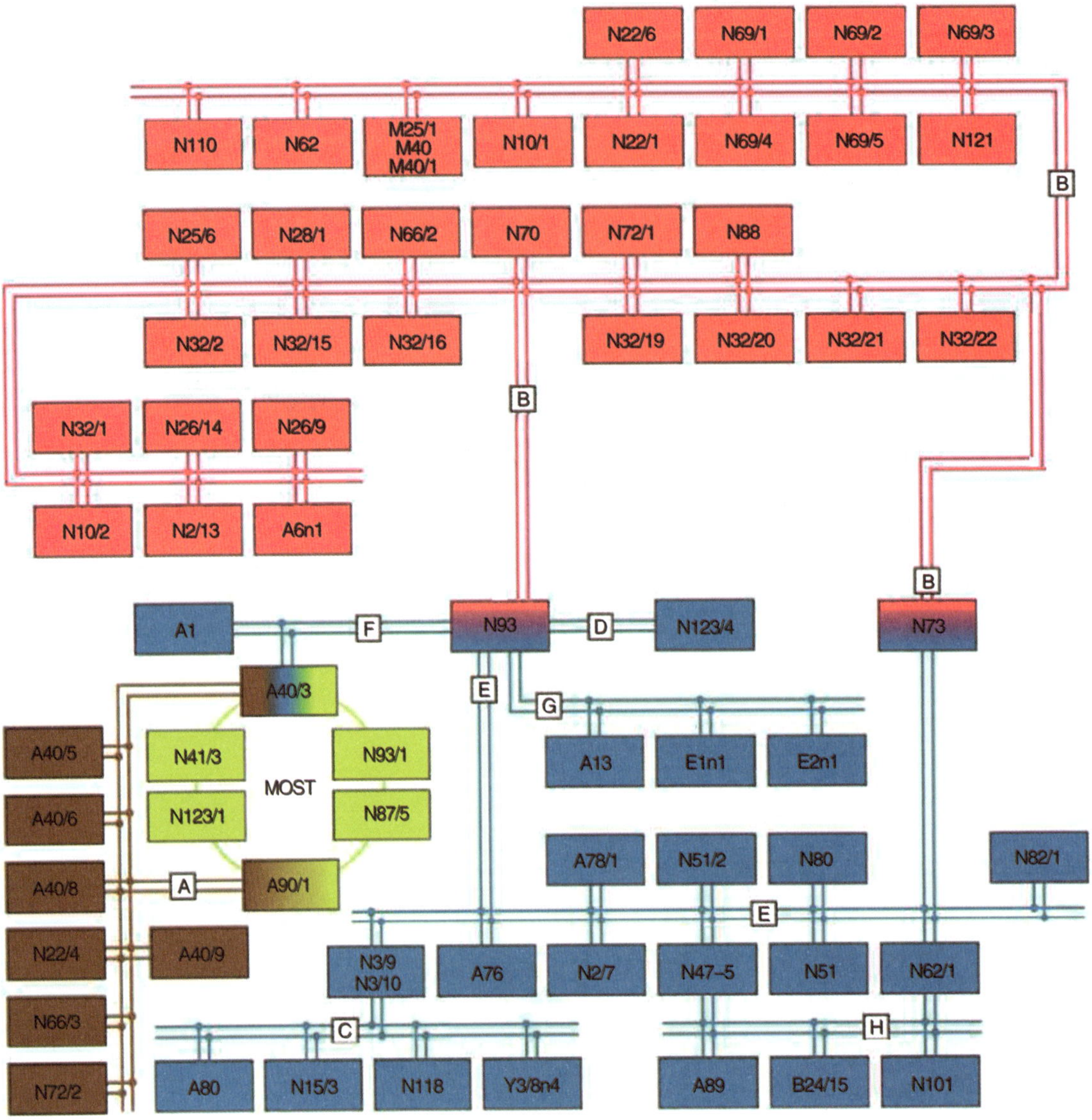

图 4-18　W221 全车网络结构图(二)

A1—组合仪表　A6n1—STH or HB [ZUH] 控制单元　A13—电子驻车制动控制单元　A40/3—COMAND 控制单元　A40/5—左后显示器　A40/6—右后显示器　A40/8—COMAND 显示器单元　A40/9—前中央控制单元　A76—左前紧急预紧装置　A78/1—右前紧急预紧装置　A80—带 DIRECT SELECT 智能伺服模组　A89—DTR 控制单元　A90/1—TV 视频模组　B24/15—偏摆率/横向/侧向加速度传感器　E1n1—氙气前照灯控制单元　E2n1—氙气前照灯控制单元　M25/1—Lumbar pump　M40—多功能座椅气动泵[with code(409) Left/right front multicontour seats]　M40/1—动态座椅气动泵[with code(432) Left and right dynamic multicontour seat]　N2/7—安全气囊控制单元　N2/13—WSS(质量传感器系统)控制单元(美规)　N3/9—CDI 控制单元(柴油机)　N3/10—ME—SFI[ME]控制单元(汽油机)　N10/1—前 SAM 单元及熔丝继电器模组　N10/2—后 SAM 单元及熔丝继电器模组　N15/3—ETC 控制单元(with transmission 722.6)　N22/1—AAC(KLA)空调控制单元　N22/4—后空调控制单元　N25/6—后座椅控制单元　N26/9—特殊车辆多功能控制单元[SVMCU(MSS)][model 221 with code(450) Taxi version]　N26/14—特殊车辆多功能控制单元[SVMCU(MSS)](特殊用途的车辆 model 221)　N28/1—拖车识别控制单元　N32/1—左前座椅控制单元　N32/2—右前座椅控制单元　N32/15—左前多功能靠背控制单元　N32/16—右前多功能靠背控制单元　N32/19—左前动能座椅控制单元　N32/20—左后多功能靠背控制单元

奔驰车系控制系统诊断：在单个控制单元故障存储器内存储的故障码可以通过“STAR DIAGNOSIS”（系统诊断）来读取和分析。系统诊断功能作为一个软件单元设置在中央网关控制单元（N93）内。“STAR DIAGNOSIS”（系统诊断）通过数据诊断连接器（X11/4）连接到车辆，并通过中央网关控制单元（N93）对 CAN 系统进行诊断。中央网关控制单元访问下列 CANBUS 总线系统。CAN—A：电子通信 CAN 总线、CAN—B：车内空间 CAN 总线、CAN—C：传动系 CAN 总线、CAN—D：CAN 总线、CAN—E：底盘 CAN 总线、CAN—F：中央 CAN 总线、CAN—G：前部区。

本章小结

（1）本章介绍了奔驰车系网络拓扑图、车身 CAN 系统、底盘 CAN 系统、安全 CAN 系统、娱乐 CAN 系统、CAN-B 系统、CAN-C 系统、制动 CAN 系统、动力 CAN 系统、电话 CAN 系统、MOST 系统、奔驰网络系统诊断。

（2）对于奔驰车载局域网的维修，首先需要了解具体该维修车型的局域网络系统的特点，包括传输介质、子网数量及类型、局域网络系统的组成和结构形式等信息。其次是了解汽车控制局域网络系统的功能及控制流程，如有无唤醒功能和休眠功能等。再检查汽车电源系统是否存在故障。然后检查汽车局域网络系统的通信线路是否存在故障，可以采用替换法和跨线法进行检测。最后检查电控单元是否存在故障，如果某个电控单元存在故障，可以采用替换法排除故障。

（3）在对车辆网络检查前，需要注意观察诊断仪显示是否有低电压，是否在至少两个控制单元中有关于低电压的故障码存储记录。如果至少两个控制单元显示低电压信息，则退出总线诊断，并进行如下操作：检查蓄电池；对具有低电压条目的控制单元，检查插接器连接；检查供电；进行休眠电流检测。如果不存在低电压，则继续下一步骤。

（4）注意统计故障码存储记录数量。分析故障码存储记录，列出三个最可能的故障原因，并按照故障概率从高到低排列在表中，选择测试模块。诊断应用程序针对三个可能的故障原因之一选择测试模块进行具体检测。

第五章　丰田车系车载网络

一、概述

丰田汽车的电子控制系统发展迅速，各种控制系统的精度越来越高，但线束也越来越多，为了解决这一问题，丰田开发出了多路通信系统 PSI。这样就减少了线束、开关、传感器、执行器的数量，使得成本和各个车辆的故障率大大下降。丰田汽车网络模块位置如图 5-1 所示。

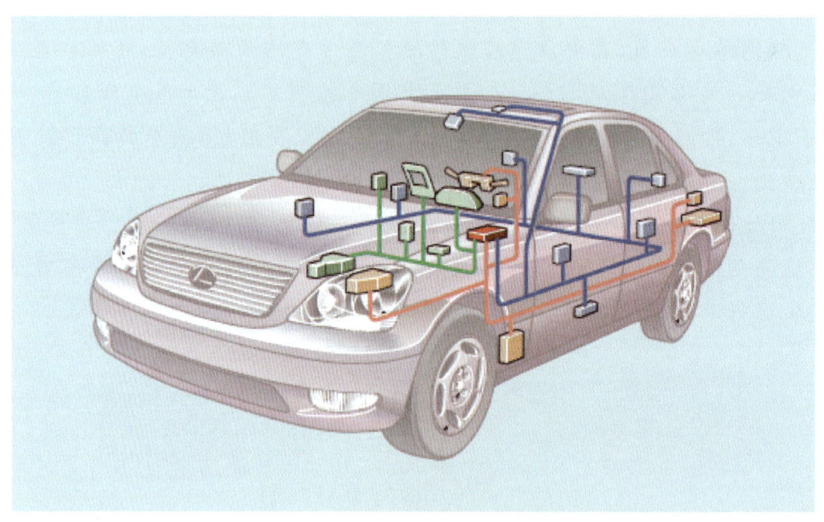

图 5-1　丰田汽车网络模块位置

1. 多路通信系统

把许多不同的控制单元 HFX 通过单一的通信线路连接起来，并在这根线上传输许多数据，丰田公司把这个系统叫做车身电子区域网 EHDQ，其中连接在各个总线上的控制单元叫做节点，如图 5-2 所示。

2. 总线系统结构

丰田汽车的网络连接有常规总线系统、菊花链式总线系统和环形系统三种。常规总线系统

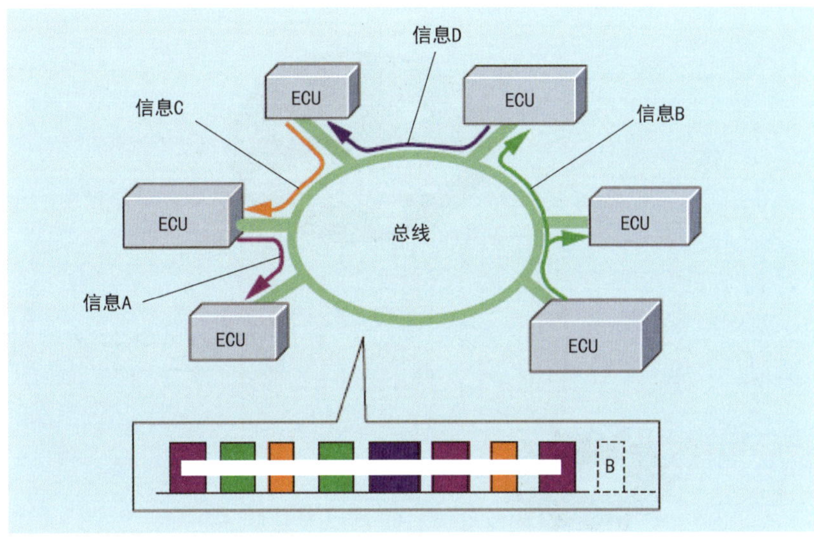

图 5-2　丰田汽车多路传输系统

的某个控制单元断路后，该控制单元将失去通信，但不影响其他控制单元传输数据；菊花式总线系统断路后，也不影响模块的通信；环形系统断路后整个系统将不能进行通信，如图 5-3 所示。

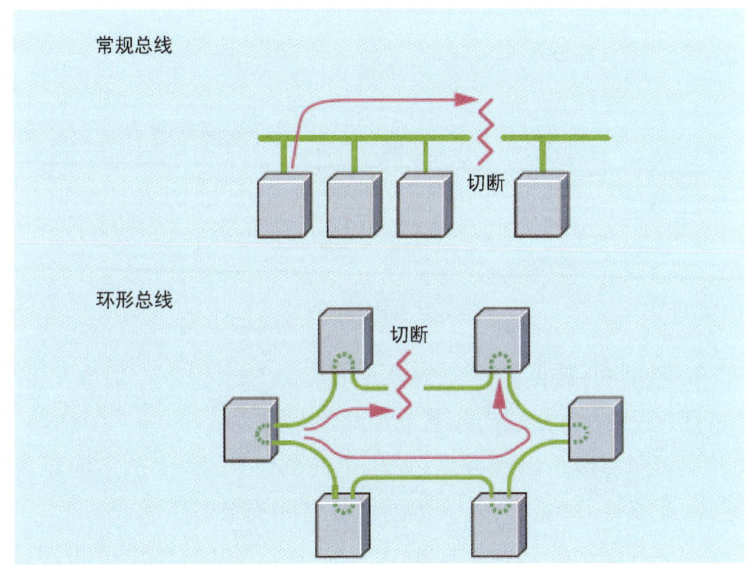

图 5-3　总线系统结构

3. 睡眠和苏醒

当车辆在使用时，车辆处于工作状态，称为苏醒状态；当车辆不使用时，即驾驶人离开车辆后的状态，称为睡眠状态，如图 5-4 所示。

4. 总线系统

丰田车型包含 7 条网络通信系统，其中 7 条通信系统都共同拥有一个网关 ECU，如图 5-5 所示。

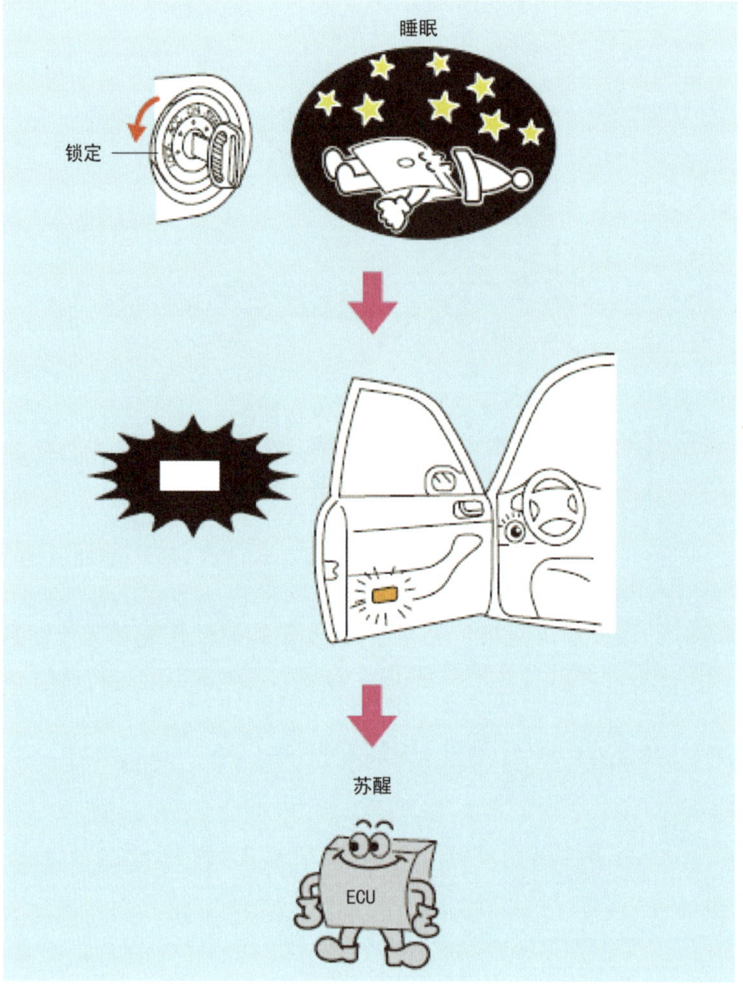

图 5-4　睡眠与唤醒

如图 5-5 所示，整个网络系统由很多控制单元 HFX 组成，每个控制单元都自行处理各自的数据，需要信息时，可以在网络中获取。若某个局部线路出现故障，并不影响整个网络的通信。

(1)备用总线　在转向总线系出现故障，通信中断的情况下，保护照明系统的转向信号灯、尾灯、制动灯、防雾灯，在组合开关与驾驶人侧的模块之间提供备用总线。

(2)失效保护线　失效保护线路设置在组合开关和前照灯的模块之间，以及在组合开关和乘客侧的控制模块之间，用以确保前照灯的近光灯和刮水器高速失效情况下能够运行。

(3)车门总线系统　车门总线系统由防盗警报 ECU、转向锁定 ECU、应答钥匙 ECU、车门 ECU(4 个)、电动座椅 ECU、后座椅 ECU、雨量传感器、天窗 ECU、座椅控制系统等组成。其中防盗警报 ECU 具有门锁控制、防盗警报、智能钥匙、无线门锁控制、双重所控制；转向锁定 ECU 具有转向锁定系统，发动机锁定系统(智能钥匙系统)；应答钥匙 ECU 具有发动机锁定系统(无智能钥匙)；车门控制 ECU 具有电动车窗控制、遥控后视镜控制、镜搜索系统、车门闭合器系统、自动防炫目后视镜系统、后视镜加热系统；电动座椅 ECU 具有驾驶人电动座椅系统、驾驶人位置储蓄系统；座椅 ECU 具有后乘客电动座椅系统、振动座椅系统；雨量传感器用于自动刮水系统;滑动车顶控制 ECU 用于天窗控制;后座椅控制开关后乘客电动座椅系统和后座椅加热系统的控制。丰田车门总线如图 5-6 所示。

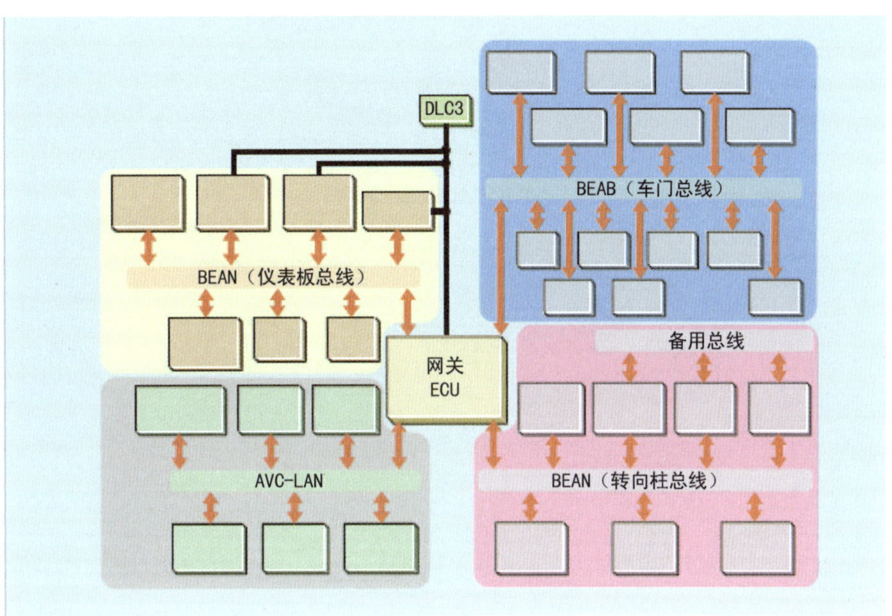

图 5-5 通信系统

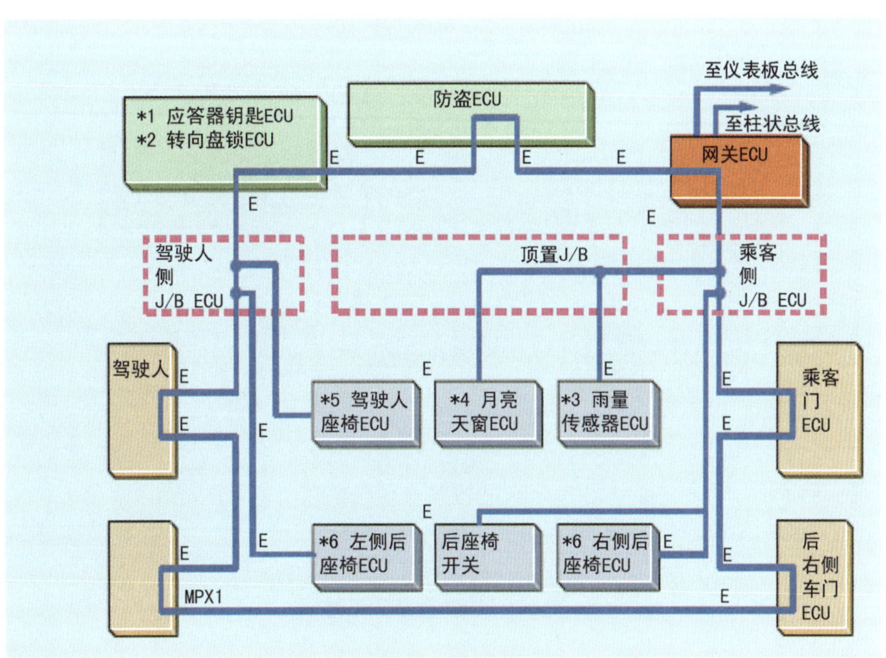

图 5-6 车门总线

图 5-7 示出了各个模块的位置。

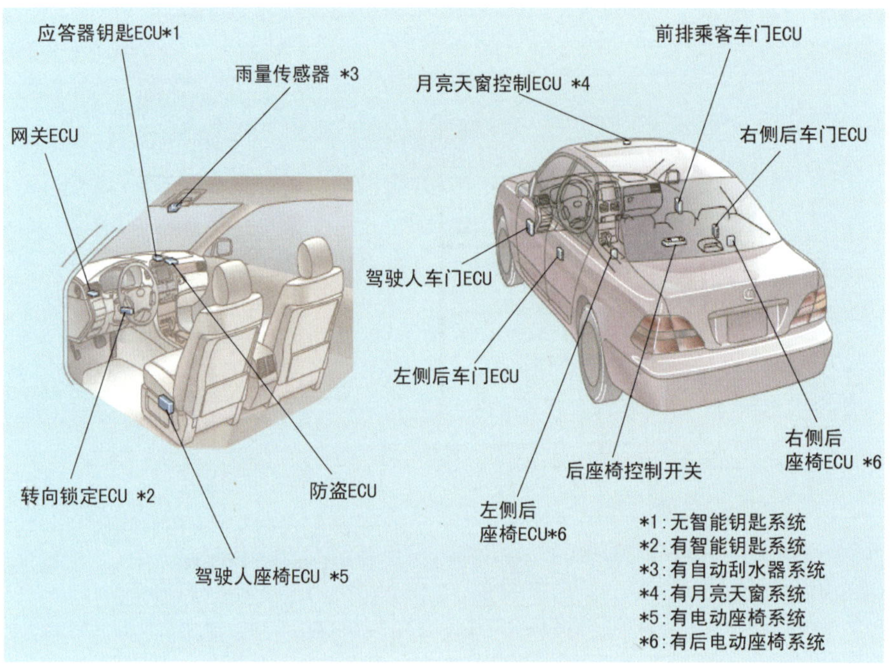

图 5-7 车门总线系统

(4)转向柱总线系统 转向柱总线系统主要涉及照明系统、行李舱、车门等相关数据。它还提供其他网络的各种开关的数据，为了防止转向柱总线系统错误，在其中还装备了备用总线系统，如图 5-8 所示。

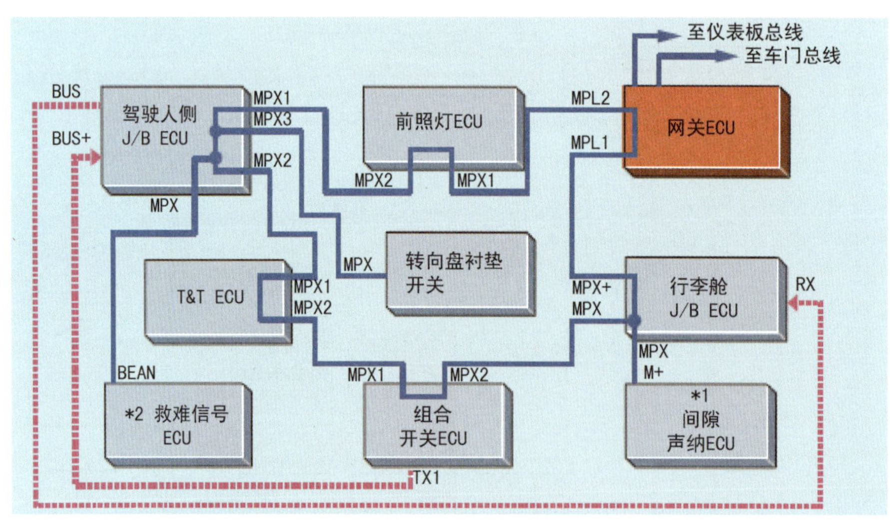

图 5-8 转向柱总线系统

驾驶人侧 ECU 具有前照灯系统控制、照明系统控制、搭扣灯控制、日间行车灯控制、电动肩式安全带控制系统；行李舱控制 ECU 具有后座椅扣环照明灯控制、行李舱灯控制、行李舱开启关闭系统、油箱盖开启系统、后组合灯系统控制；前照灯 ECU 控制前照灯、前雾灯、前转向灯等；

组合开关 ECU 控制照明系统、刮水系统、洗涤系统;转向盘衬垫开关传输衬垫开关信号;转向盘倾斜和伸缩转向机构 ECU 控制倾斜和伸缩转向系统;救难信号 ECU 控制移动电话和 OH 链接系统。模块的详细位置如图 5-9 所示。

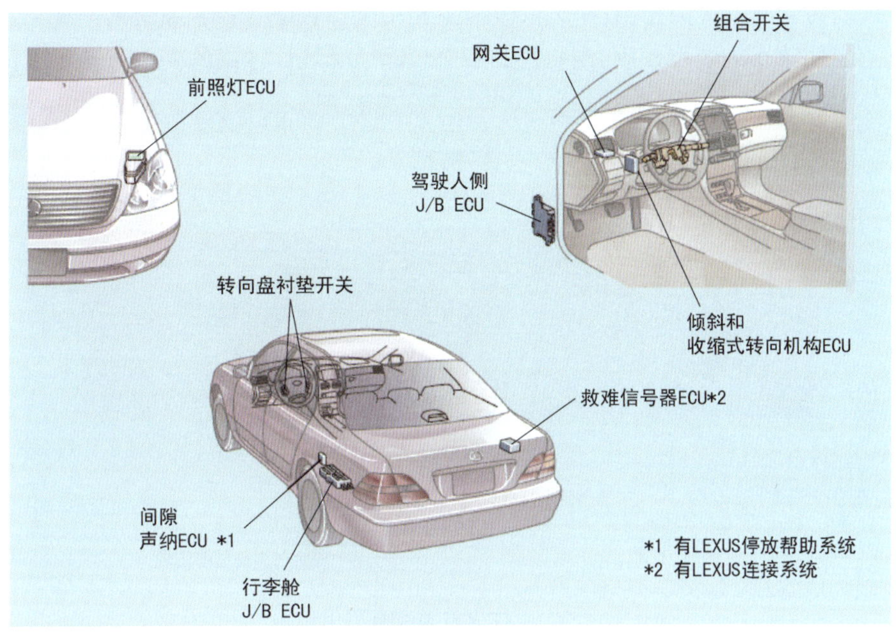

图 5-9　转向柱总线模块位置图

(5)仪表板总线系统　仪表板总线系统主要由网关 ECU、仪表 ECU、防滑控制 ECU、中央仪表 ECU、中央气囊传感器等组成,如图 5-10 所示。

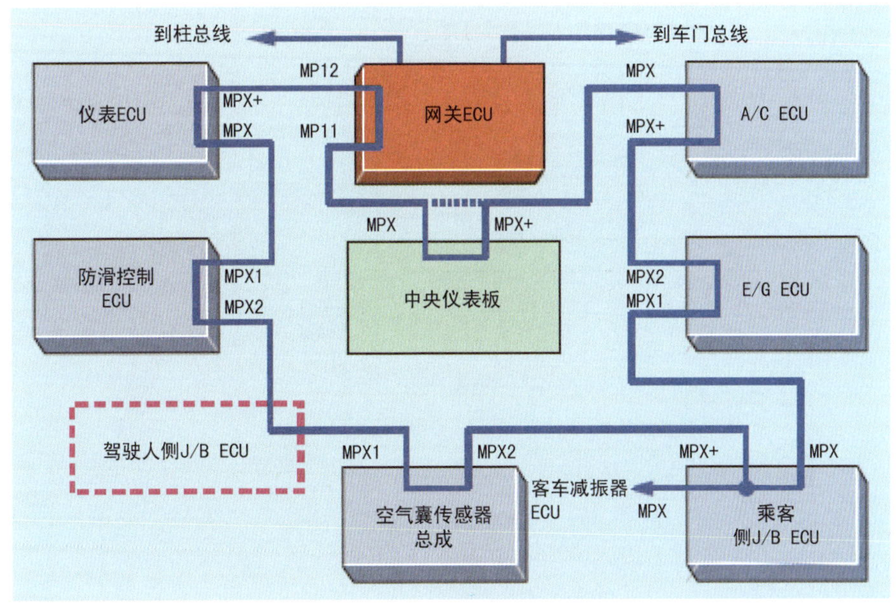

图 5-10　仪表板总线系统

如图 5-10 所示，组合仪表控制仪表的指示系统、警告系统、蜂鸣器(钥匙警报音、安全带警报音、天窗打开警告音)；安全气囊传感器主要用于被动安全控制、发动机 ECU 传输发动机运转信号和换档信号；防滑控制 ECU 主要用于 ABS、YVF 车辆稳定、制动助力、牵引力控制、电子制动分配、渐进式动力转向系统的控制；中央仪表板主要用于中央综合控制系统和空调系统控制；乘客侧 ECU 主要用于车内照明控制、刮水控制和电气降压系统。详细的模块布置如图 5-11 所示。

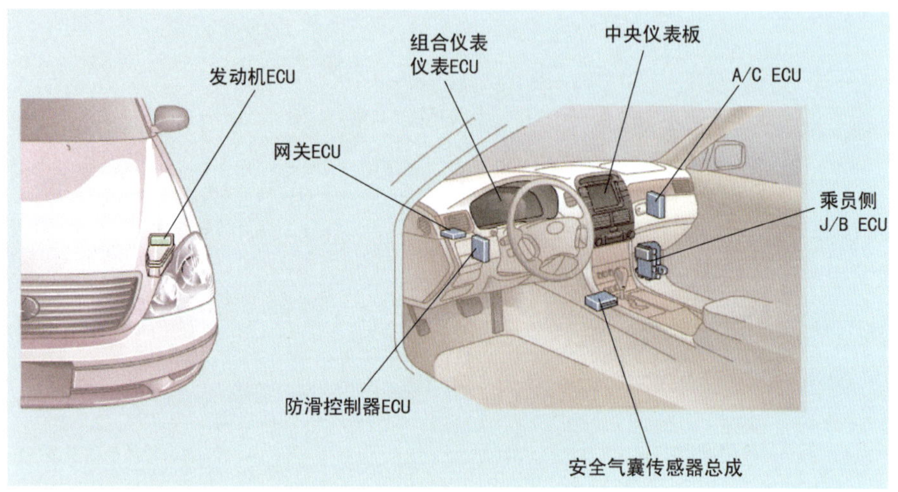

图 5-11　仪表板总线模块位置

(6)网关 ECU　网关的作用就相当于一个翻译官，接收来自不同网络传输的数据，进行处理后，并将相应的信号发到需要信息的总线上，使其他模块直接从总线上获取需要的信息。如图 5-12所示。

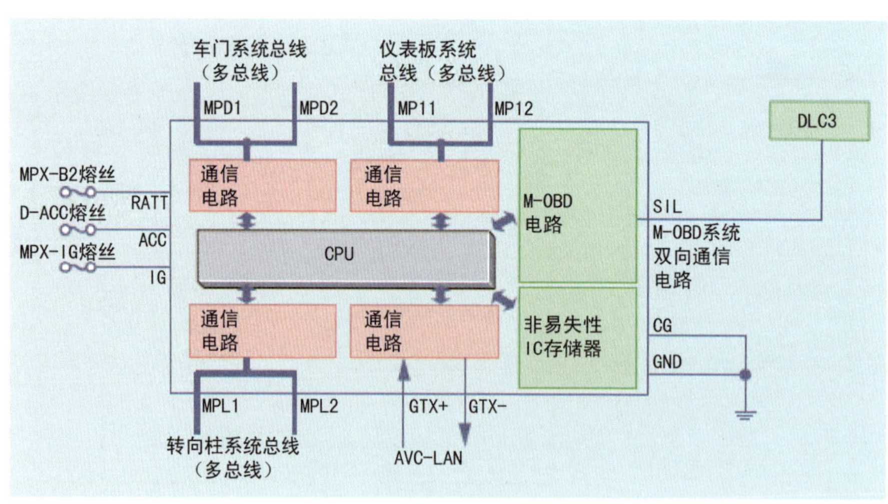

图 5-12　网关

5. 诊断

总线系统的故障一般分为断路和短路两种。而当总线系统断路时，某些控制模块不能进行通信，如图 5-13 所示。

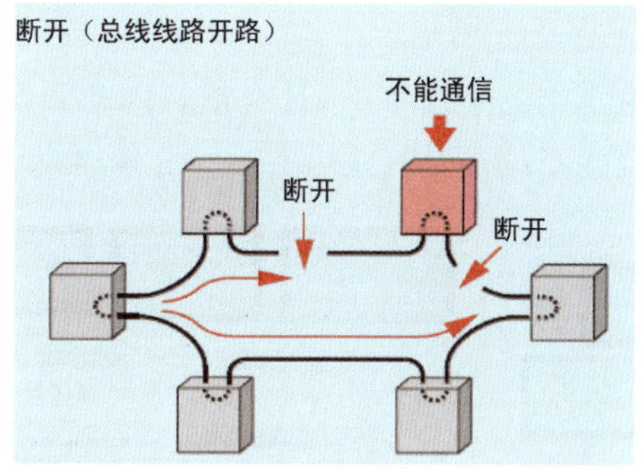

图 5-13　断路

当总线系统短路时，各个控制模块将不能进行通信，如图 5-14 所示。

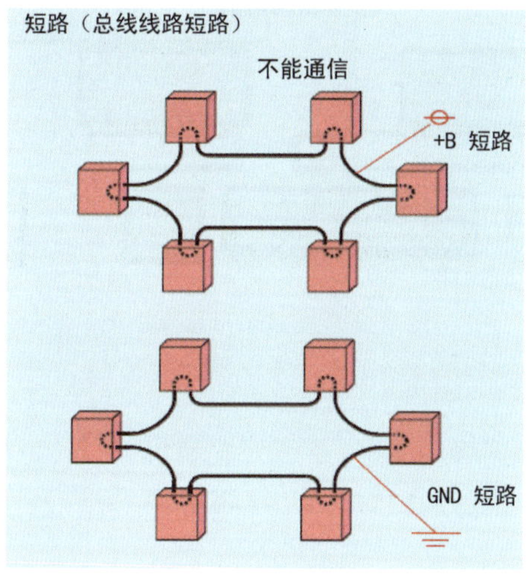

图 5-14　短路

当总线系统出现故障后，首先用检测仪进行诊断，然后根据相应的故障码进行检修，如图 5-15所示。

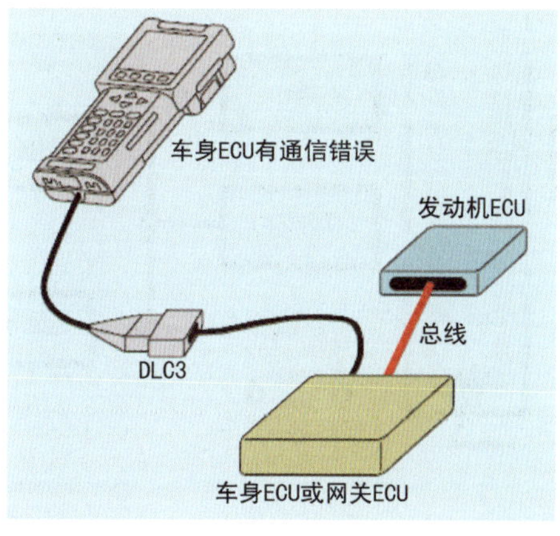

图 5-15　诊断

二、皇冠轿车总线系统

丰田皇冠轿车是丰田车系当中的顶级车型，具有很好的动力性、经济性、操控性，在市场上有较高的美誉度。它的多路通信系统也是行业当中的佼佼者，如图 5-16 所示。

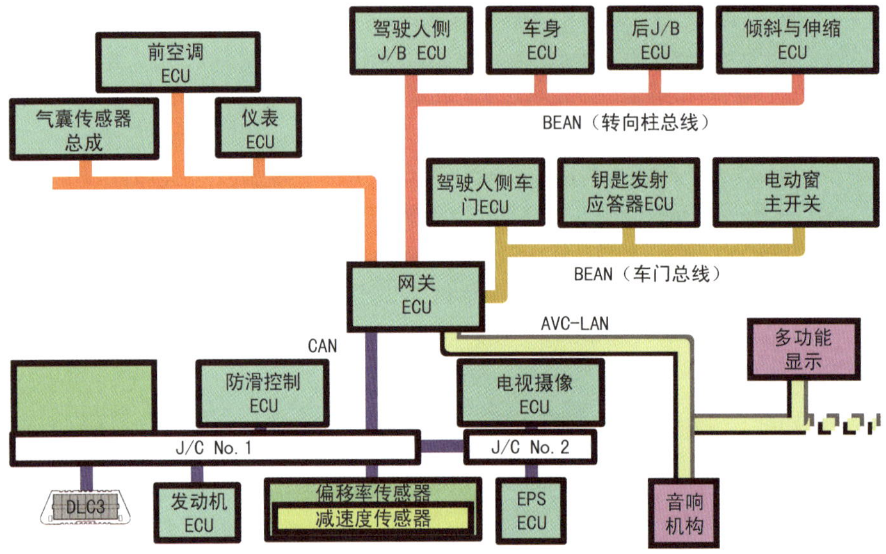

图 5-16　皇冠轿车总线系统

1. CAN 控制局域网

在皇冠轿车中具有 CAN 网络局域网，分别为发动机 ECU、防滑控制 ECU、转向角传感器、偏移率传感器（包含减速度传感器）、EPSECU、视频摄像 ECU 及网关 ECU 和 DLC3 两个汇合连接器，如图 5-17 所示。

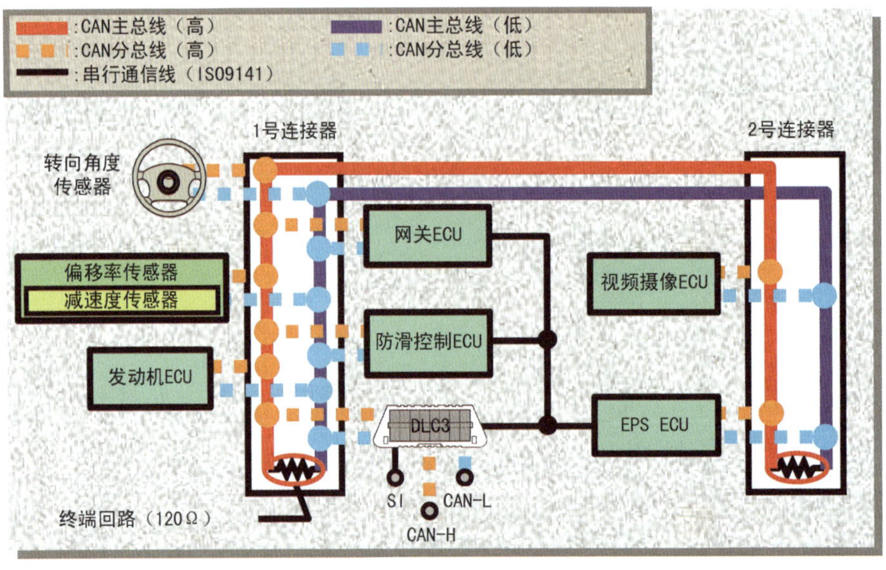

图 5-17　皇冠轿车局域网

2. BEAN 仪表板总线系统

仪表板总线系统由仪表 ECU、前空调 ECU、后空调 ECU、音响及空调面板、空气囊传感器总成及前乘客侧连接器 ECU 组成，如图 5-18 所示。

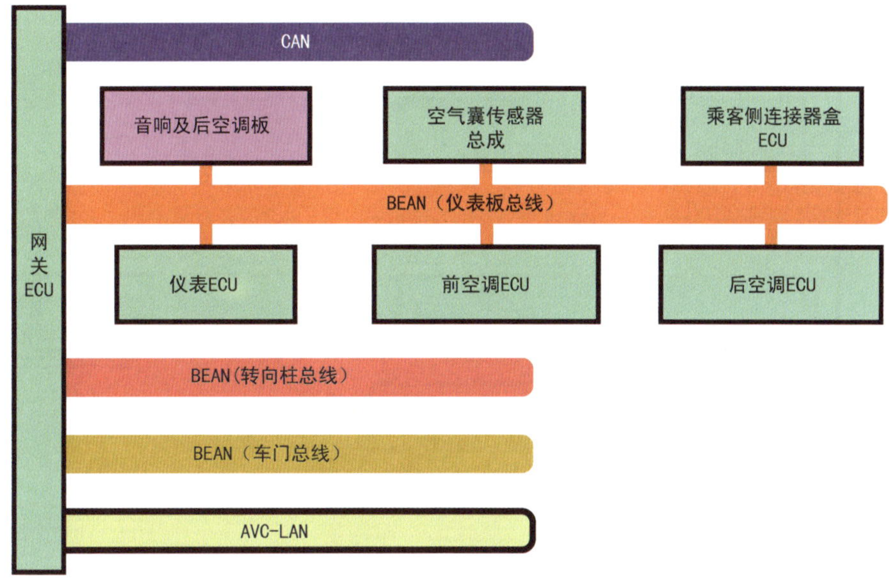

图 5-18 仪表板总线系统

3. 转向总线系统

转向柱总线系统由驾驶人侧 ECU、车身 ECU、组合开关 ECU、倾斜及伸缩 ECU 等组成，如图 5-19 所示。

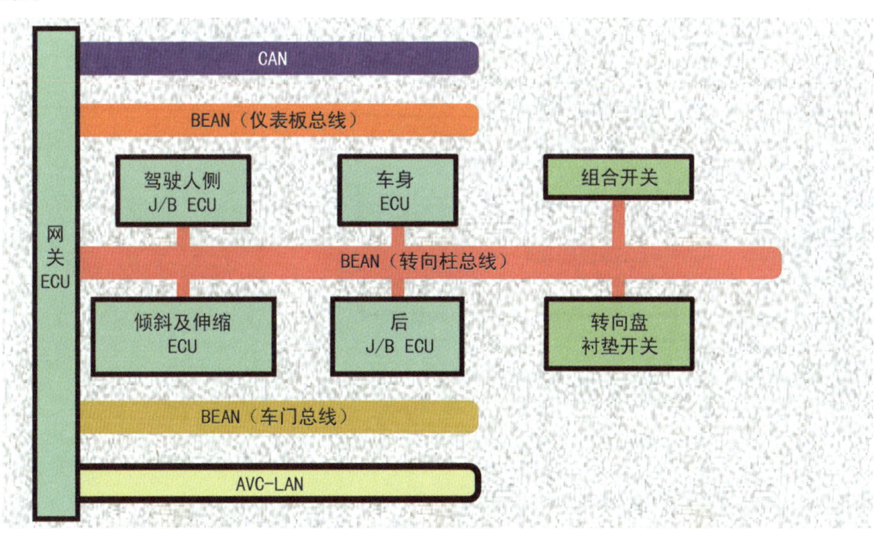

图 5-19 仪表总线系统

4. 车门总线系统

车门总线系统由驾驶座 ECU、电源控制 ECU、智能 ECU、收发器钥匙 ECU、电动窗主开关、滑动天窗控制 ECU、车门 ECU 等组成，如图 5-20 所示。

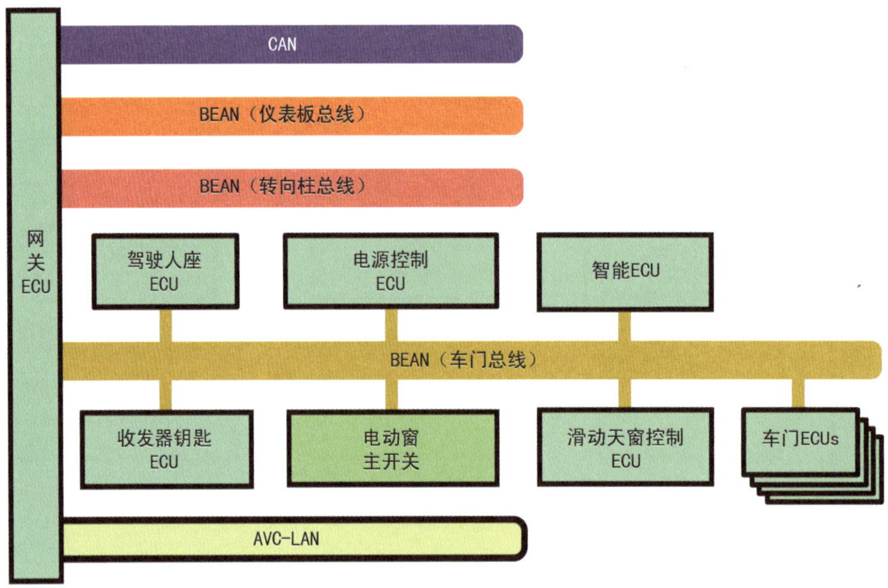

图 5-20　车门总线系统

5. 视听通信局域网

视听总线系统由音响设备、多功能显示器、导航 ECU 组成，如图 5-21 所示。

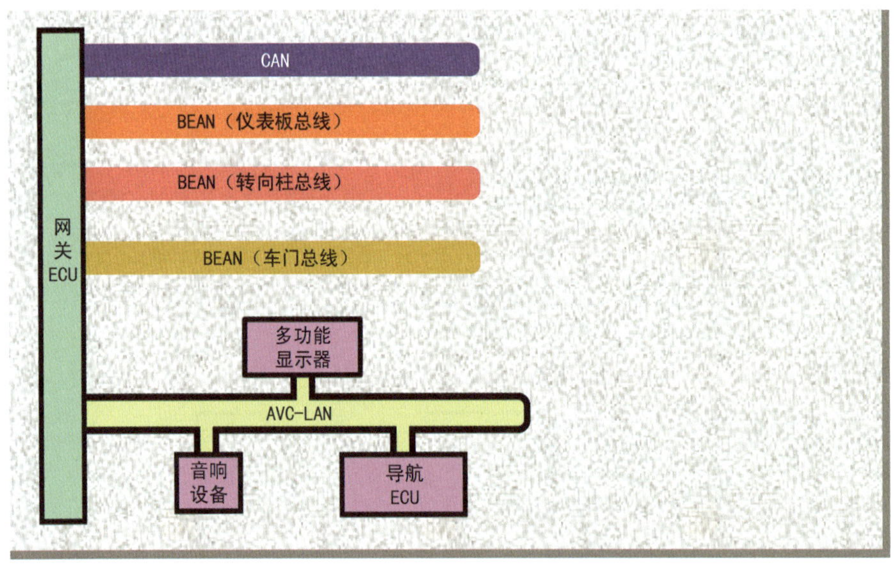

图 5-21　视听通信局域网

三、普锐斯轿车多路通信系统

普锐斯轿车是丰田车系中经济性极高的车辆，属于混合动力系统，能将平时车辆浪费的能量吸收起来，转换为电能，而用于车辆低速行驶(完全采用电能)。它的多路通信系统如图 5-22 所示。

当普锐斯轿车出现故障后，首先需要用诊断仪进行诊断。表 5-1 是普锐斯轿车车载网络故

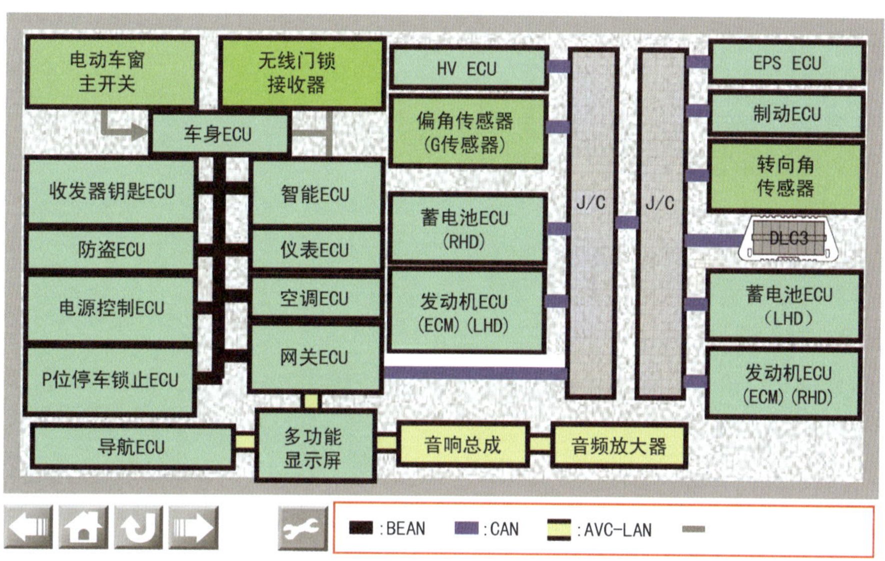

图 5-22　普锐斯轿车网络系统

障码(DTC)。

表 5-1　普锐斯轿车车载网络故障码

DTC No.	内码	检测项目
HV ECU		
U0100	211,212,530	与 ECM/PCM-A 的通信中断
U0111	208,531	与蓄电池电量控制模块 A 的通信中断
U0129	220,222,528,529	与制动控制模块的通信中断
U0131	433,434	与动力转向控制模块的通信中断
U0146	435	与网关 A 的通信中断
蓄电池 ECU		
U0100	-	与 ECM/PCM-A 的通信中断
U0293	-	与混合动力车辆控制系统的通信中断
DTC No.	检测项目	
发动机 ECU(ECM)		
U0293	与混合动力车辆控制系统的通信中断	
防滑控制 ECU		
U0121	与防抱死制动系统(ABS)控制模块的通信中断	
U0123	与偏移率传感器模块的通信中断	
U0124	与横加速度传感器模块的通信中断	
U0126	与转角传感器模块的通信中断	
EPS ECU		
U0073	控制模块通信总线中断	
U0121	与防抱死制动系统(ABS)控制模块的通信中断	
U0293	与混合动力车辆控制系统的通信中断	

本章小结

(1)本章介绍了丰田车系多路通信系统、总线系统结构、总线的唤醒、备用总线、失效保护线、车门总线系统、转向柱总线系统、仪表板总线系统、网关 ECU、总线诊断。还介绍了皇冠总线系统的 CAN 控制局域网、BEAN 仪表板总线系统、转向总线系统、视听通信局域网,以及普锐斯多路通信系统。

(2)对于丰田车载网络的检修,需要掌握丰田车载网络的结构图。知道各个网络模块之间的连接方式,明白信号的传递过程。

(3)在对车辆进行诊断维修时,需要判断该故障是否与网络相关。判断的方式需要结合电路图、诊断仪、网络拓扑图。

(4)在进行诊断时,非常重要的专用工具就是丰田专用诊断仪,进行读取故障码的操作。

(5)读取故障码后,可根据故障码,查询维修手册中故障码的诊断流程,最后可根据相应的诊断流程,进行诊断维修即可。

第六章 东风标致雪铁龙车系车载网络

一、概述

东风标致雪铁龙属神龙汽车有限公司旗下品牌。东风标致 508 如图 6-1 所示。

图 6-1 东风标致 508

东风标致车系多路传输网路有以下几种网络信息:CAN 网(多主性)、舒适 VAN 网(多主性)、两个车身 VAN 网(主/伺服性),有的车还有 LIN 网(东风标致 408 增加了 LIN 网)。这些网络的信息汇集并处理由智能控制盒单元(BSI)1 来完成,BSI 与发动机控制单元(1320)、变速器控制单元(1630)采用 CAN 网连接;与组合仪表(0004)、多功能显示屏(7215)、空调计算机(8080)、自动收音机(8410)、换碟机(8415)、导航电脑(8500)采用舒适 VAN 网连接;与 BM34(发动机伺服控制盒)、CV00(转向盘下转换开关控制模块,又称 COM2000)、安全气囊控制单元(6570)、雨量传感器(5007)采用 VAN 车身 1 网连接;与防盗报警盒(8602)采用 VAN 车身 2 网连接,如图 6-2 所示。

应用多路传输网络大大减少了插接件和导线的数量及系统的复杂程度,并且可以向顾客提供多项新的功能。智能伺服控制盒 BSI 把来自四个网络的信息集中,具备很高的权限。四个网络包括 CAN 内部系统,传输速率 250kbit/s,控制模块分别为伺服控制盒 BSI、发动机电控单元 1320、自动变速器电脑 1630、ABS 电脑 7020;内部舒适 VAN 网,传输速率为 125kbit/s,与组合仪表 0004、空调电脑 8080 相连;两个 VAN 车身网络,传输速率为 62.5kbit/s,一个连接发动机舱伺服控制盒 BM34、转向盘下转换模块 CV00、安全气囊电脑 6570,另一个是 BSI 伺服控制盒与防盗警报控制盒 8602。

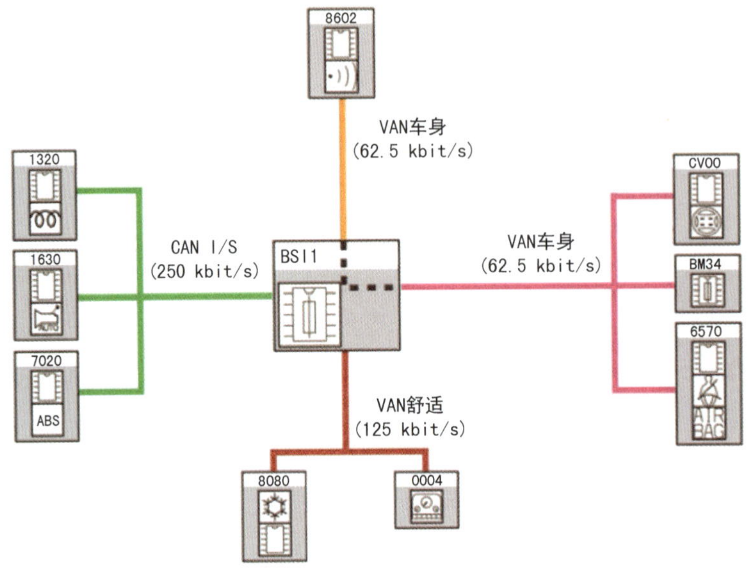

图 6-2　东风标致车系网络系统

1. 智能伺服控制盒 BSI

智能伺服控制盒 BSI(图 6-3)是整车个网络的核心电脑,包含电子部分和功率部分。智能伺服控制盒负责 VAN 网的电量供应,即休眠、激活、暂停供电。并在网络中起到网关的作用。即在 CANI/S、舒适 VAN 网、车身 VAN 网之间,诊断工具和舒适 VAN 网、车身 VAN 网之间。智

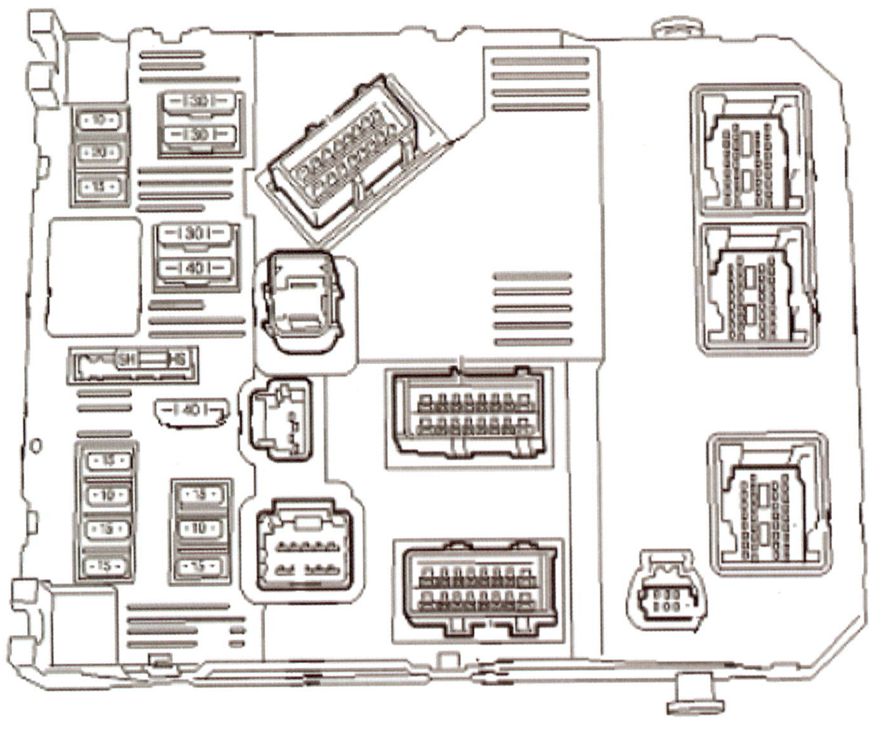

图 6-3　智能伺服控制盒 BSI

能伺服控制盒 BSI 可以实施远程编码下载。BSI 是一台电子控制单元，是车辆上电子结构中央控制计算机，它可以独立管理基础管理功能；具有防盗功能的非易失存储器(BSI 码、VIN 码、车锁密码、遥控码、车载电台识别等)，诊断码被存在 BSI 内。诊断电脑(标致专用电脑检测仪，有 PP2000 和 DIGBOX 两种)读取的诊断码可以帮助准确了解车载电脑的特性以及各种数据；BSI 具有进行整体检测、配置的程序，包括一个开放的管理程序结构可以写入来自设备制造商提供的程序，例如在 BSI 预留有一键启动的插接器，只要接入标准的设备通过 BSI 配置便可以生效。BSI 可以充当不同的网络间的接口(界面)；根据需要，它收集 CAN 网上的信息并传输到 VAN 网(或从 VAN 网到 CAN 网)；BSI 可以下载升级和自行修改配置，根据需要打开或关闭某一项功能；初装时 BSI 有 5 个版本。这 5 个版本分别为 A、B、C、D、E，这是从低到高的排列顺序，版本 A 和 B 没有 VAN 车身 2 网，不同版本之间可以升级以得到更多的管理功能。

2. 发动机舱伺服控制盒 BM34

发动机舱伺服控制盒 BM34 由两个模块组成，安装在发动机舱内。它的主要作用是利用熔丝保护发动机舱内的用电设备，进行电力分配(刮水器、前照灯等)与智能伺服控制盒 BSI 进行对话，如图 6-4 所示。

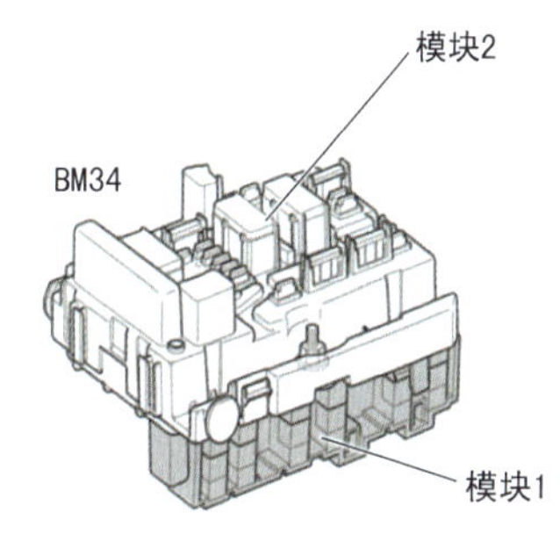

图 6-4 发动机舱伺服控制盒 BM34

发动机舱伺服控制盒 BM34 的模块 1 通过熔丝完成电力的分配和保护，发动机舱伺服控制盒的模块 2 确保与发动机模块的信息传递和电力分配。模块 2 受发动机控制单元 1320 的控制，它在伺服控制盒 BSI 的指令下会向空调鼓风机、喇叭、远近光等、雾灯、刮水器提供电力。它在车辆受到撞击后，会接受 BSI 的信息进行断油控制。BM34 的模块 1 没有诊断功能，模块 2 具有诊断功能，但也只能通过 BSI 进行故障诊断，模块 2 的故障也只能存储在 BSI 中。但模块 1 和模块 2 能相互传递信息。

3. 转向盘下转换模块 CV00

转向盘下转换模块 CV00 包在转向盘下主要控制照明、信号、刮水器、高频接收器(车门锁止和解锁)、蜂鸣器、旋转开关、应答天线、安全气囊、高音喇叭，如图 6-5 所示。

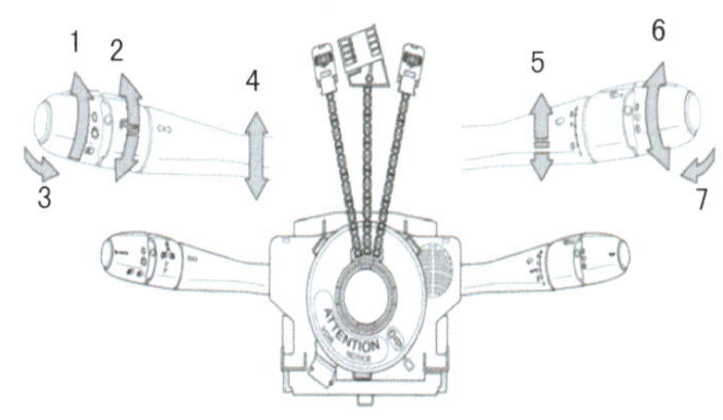

图 6-5 转向盘下转换模块 CV00

1—照明：0，示宽灯，近光灯(旋转选项开关) 2—前后雾灯(旋转选项开关) 3—远光灯和近光灯的变换
4—转向指示灯 5—前刮水器 6—后刮水器 7—前玻璃清洗和刮水器

4. 组合仪表0004

组合仪表的功能包括油量、发动机转速、车速及各种指示灯的显示，以及机油压力的显示、温度显示、保养提醒显示、里程表显示等，如图 6-6 所示。

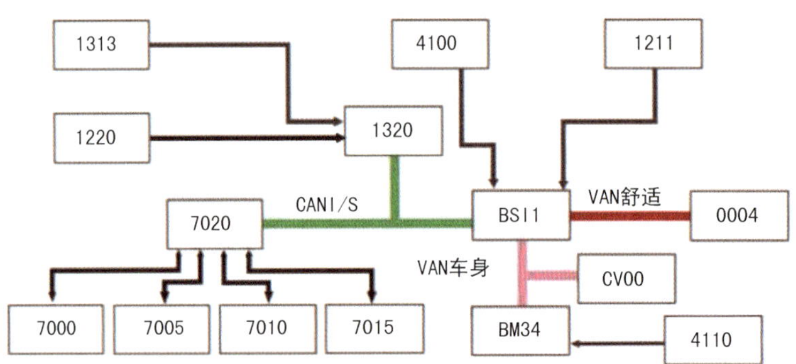

图 6-6　组合仪表 0004

1211—燃油泵/标尺　1220—发动机温度传感器　1313—发动机转速传感器　4100—机油量/温度传感器　4110—油压计　7000—左前轮传感器　7005—右前轮传感器　7010—左后轮传感器　7015—右后轮传感器　CV00—转向盘下转换模块・收到报警时激活蜂鸣器・激活蜂鸣器(超速报警)　1320—发动机电控单元・获取并传递发动机温度信息・获得并传递发动机转速信息　7020—ABS 电脑・获得并传递车速和里程信息

5. 空调8080

根据车型不同，配有手动空调和自动空调。其中手动空调 RF 控制冷热风，具有手动调节功能，而自动空调 RFTA 控制自动调节舱内温度、自动调节风量、自动调节空气分配，如图 6-7 所示。

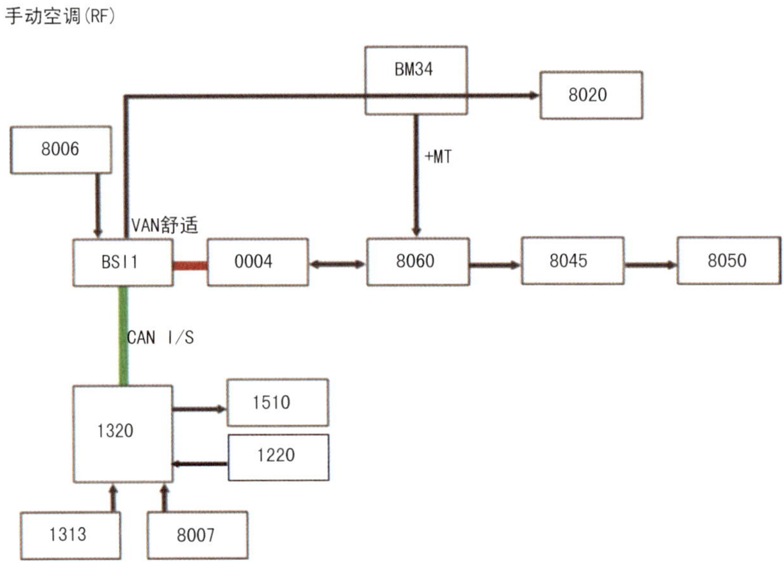

图 6-7　空调 8080(一)

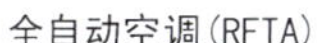

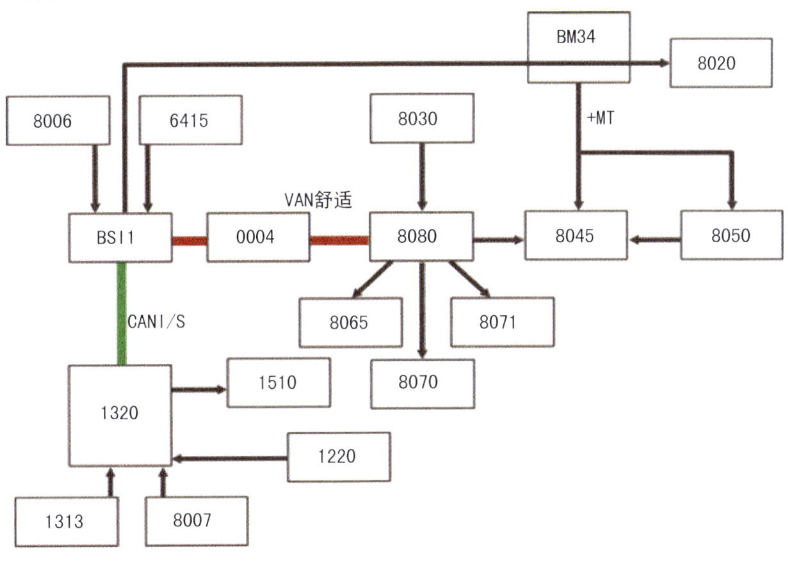

图 6-7　空调 8080(二)

8060—空调控制面板·管理空气分配　8020—空调压缩机　1510—风扇电动机　6415—外部空气温度传感器　8006—蒸发器传感器　8030—座舱温度传感器　8045—风机控制模块　8050—鼓风风机　8070—进风门步进电动机　8071—配风门步进电动机　8065—混风门步进电动机

智能伺服控制盒根据空调电脑的要求和发动机电控单元 1320 的要求控制压缩机的工作。

6. 应答器 ADC2

应答器 ADC2 防起动系统锁止发动机电控单元 1320 使发动机不能起动，钥匙的遥控芯片与应答芯片是分开的，采用 ADC2 防起动装置，锁定发动机电脑的喷油和点火，如图 6-8 所示。

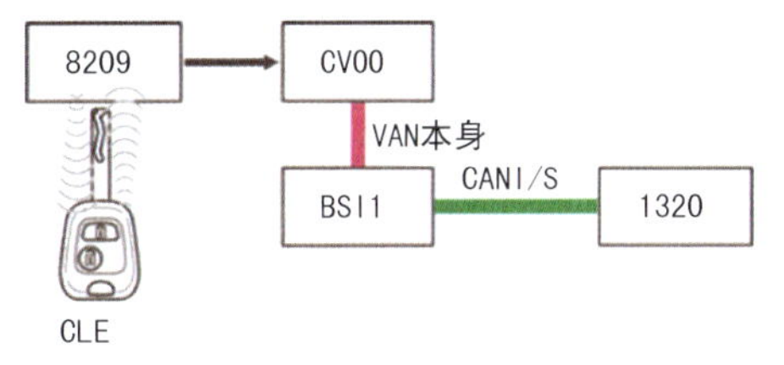

图 6-8　应答器 ADC2

8209—应答器天线·可以和钥匙的应签标签对话　CV00—转向盘下转换模块·管理和钥匙应签标签的对话·与智能伺服控制盒对话，识别钥匙信息　1320—发动机电控单元·管理闭锁和解锁

7. 锁止与解锁

锁止与解锁可以通过高频遥控器或钥匙操作前门锁，行李舱开启也是电控的，如图 6-9 所示。

解锁途径：左右前车门外部锁、带遥控的钥匙、四个车门的内部开启开关、中控锁按钮、行李舱外部开启开关、碰撞信息。

锁止途径：左右前车门外部锁、带遥控的钥匙、中控锁按钮、车速大于 10km/h、儿童安全装置 30s 自动落锁。

遥控器传输的信息：与钥匙有关的固定码、与车辆 BSI 相配的滚动码(每次使用都会更改)、要执行动作的对应码、遥控器电池电量对应码。

碰撞时解锁：有＋APC，且开启件已经锁定，接收到安全气囊计算机通过网络传来的碰撞信息。

8. 报警

标致雪铁龙具有对车辆范围保护盒容积的保护功能，如图 6-10 所示。

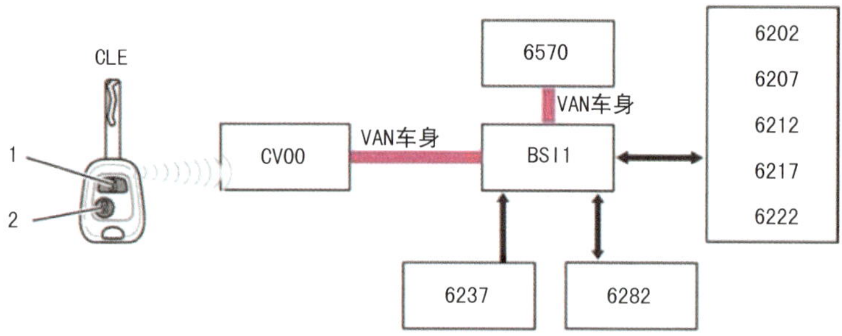

图 6-9　锁止与解锁

BSI1—智能伺服控制盒·管理开启件的锁止和解锁·管理开启件的状态·负责驱动器的热保护·管理行李舱的开启·负责车辆定位　CV00—转向盘下转换模块·安装有高频接收器,并管理信号的接收·和智能伺服控制盒对话　6202、6207、6212、6217、6222—锁·由驱动器组成,驱动器可以完成车门的锁止和解锁·安装在锁里面的开关通知智能伺服控制盒开启件的状态　6237—行李舱开关·把行李舱的开启要求发给智能伺服控制盒　6282—行李舱开启驱动器·安装有一个驱动器,可以控制行李舱锁舌　6570—安全气囊控制盒和预张紧器·发生碰撞或起爆时,它和智能伺服控制盒对话以便解锁车辆

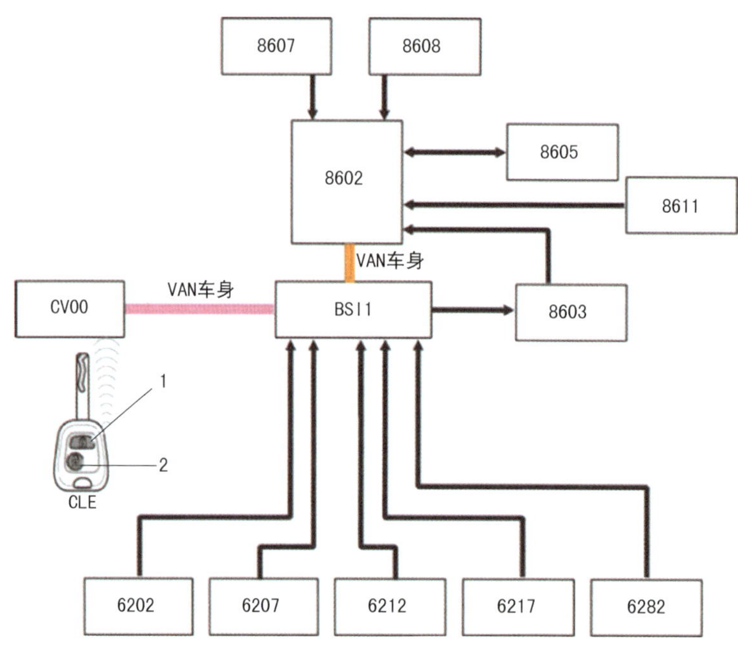

图 6-10　报警

BSI1—智能伺服控制盒　·获取并传递车门及行李舱状态的信息·发出启动或关闭报警的要求　CV00—转向盘下转换模块·装有高频接收器,并管理信号接收·识别钥匙是否未拔出　8602—防盗器报警音量控制盒·管理报警功能·获取容积报警的信息(8607 和 8608)、发动机舱盖关闭状态、防盗器报警开关(8603)状态·控制报警器(8605)　8607、8608—容积传感器(依车型)·测量座舱容积　8603—防盗器报警开关·可以关闭容积监控　8605—防盗报警器·由一个报警器和一个内置电池组成　8611—发动机罩盖关闭开关·向防盗器报警控制盒(8602)传达发动机罩盖的关闭状态　6202、6207、6212、6217—所有的车门锁·它们有一个开关,向智能伺服控制盒传递每个车门的状态　6282—行李舱开启驱动器·由一个控制行李舱锁舌的驱动器组成·一个安装在驱动器上的开关,可以向智能伺服控制盒传达行李舱状态的信息　CLE—遥控器·可以在锁止时启动报警(按钮 1)·可以在解锁时关闭报警(按钮 2)

9. 外部照明

外部照明的功能确保照明系统和信号系统的正常工作，BSI 通过网络接收驾驶人员的指令，再由 BSI 或通过 BSM 进行灯光控制它的数据传递过程，如图 6-11 所示。

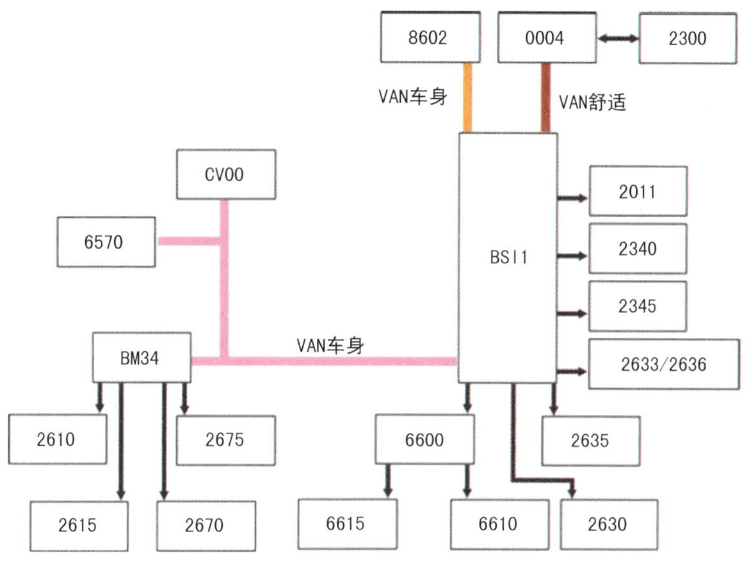

图 6-11 外部照明

2300—信号报警按钮 6570—安全气囊控制盒·发生碰撞时，向智能伺服控制盒传递信息 2610、2615—左右前照灯 2670、2675—左前和右前雾灯 6600—前照灯高度调节开关 6615、6610—左右前照灯调节器步进电动机 2630、2635—左后和右后灯 2011—后雾灯 2340、2345—左右转向指示灯 2633、2636—左右牌照照明灯 8602—防盗器报警控制盒

10. 刮水器和玻璃清洗

刮水器清洗确保前、后刮水器和喷水正常工作，如图 6-12 所示。

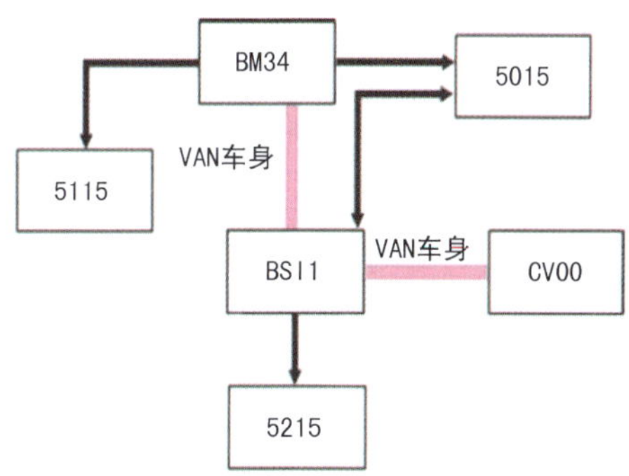

图 6-12 玻璃清洗

BSI1—智能伺服控制盒·管理刮水器清洗功能·确保刮水器电动机的热保护 BM34—发动机舱伺服控制盒·控制前刮水器·控制玻璃清洗泵 CV00—转向盘下转换模块·获取驾驶人要求 5015—前刮水电动机 5115—前后玻璃清洗泵·储液罐内的双向泵 5215—后刮水电动机

用户控制指令通过转向盘下转换开关模块，BSI 可以获取 5 个前刮水器运行的用户控制指令：高速、低速、间隙、停止、单次低速。转向盘下转换开关模块获取并过滤前后刮水器/清洗开关的位置，通过 VANCAR1 网将信息传给 BSI。前刮水器 BSI 响应刮水命令；BSI 通过线束连

接控制前刮水器的起动与停止，通过 VAN CAR1 网控制刮水器的高速继电器；BSM 激活相应的继电器给前刮水器电动机供电；BSI 获取刮水器电动机的固定停止位置并保证前刮水器电动机的热保护。BSI 根据指令直接控制后刮水器、后刮水器的固定停止信息、前刮水器的状态、车辆电气系统状态、车速。

11. ABS

标致雪铁龙通过 CANI/S 网实施信号的多路传输，如图 6-13 所示。

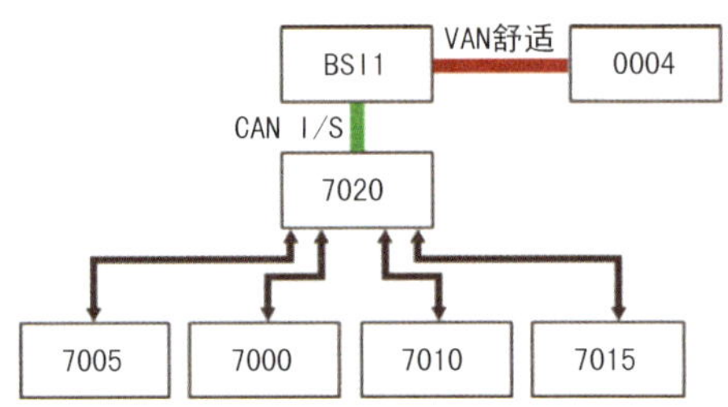

图 6-13　ABS

BSI1—智能伺服控制盒 • 接收 ABS 的信息(车速、指示灯亮等) • 在 VAN 舒适网上传达这些信息　0004—组合仪表 • ABS 指示灯点亮和熄灭　7000、7005、7010、7015—左前、右前、左后、右后车轮传感器 • Hall 效应，因此由 ABS 电脑(7020)提供信息 • 提供每个车轮的速度信息　7020—ABS 电脑 • 安装在液压单元里面，不可拆分 • 根据车轮传感器(7000、7005、7010、7015)提供的信息调整制动压力 • 借助 8 个电磁阀调整制动压力 • 管理制动力的电子分配(REF)

12. 安全气囊

安全气囊的功能是识别正面、侧面、后面的碰撞，它的数据传递过程如图 6-14 所示。

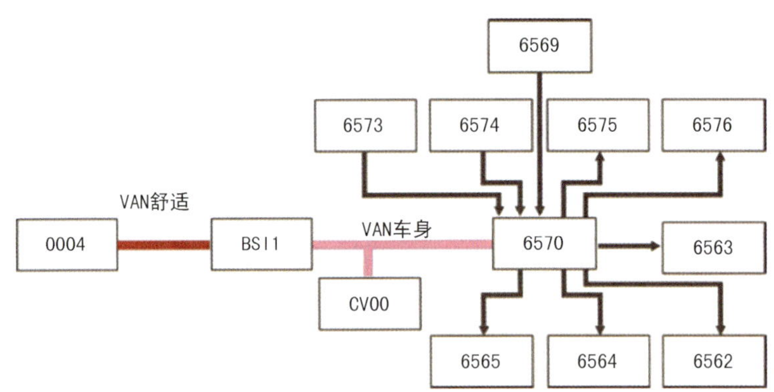

图 6-14　安全气囊

BSI1—智能伺服控制盒 • 发生碰撞时，通过控制 BSM，来切断燃油泵的供电 • 发生碰撞时，车门开启件自动打开和应急灯闪亮　0004—组合仪表 • 指示灯亮　6570—安全气囊控制盒和预张紧器 • 管理安全气囊功能和安全带　6564、6565—正面气囊 • 驾驶人正面 60L 安全气囊(两个点火器) • 乘客正面 90L 安全气囊(两个点火器)　6562、6563—安全气囊 • 发生侧面碰撞时起爆 • 保护前面乘用人的胸廓 • 侧面 12L 安全气囊　6573、6574—卫星传感器(依车型) • 可以识别侧面碰撞　6569—乘客安全气囊解除开关(依车型) • 可以使乘客正面安全气囊不工作　CV00—转向盘下转换模块 • 安装在旋转开关内

BSI 收到碰撞信息后进行开启件解锁，集成在计算机中的电子加速度计探测前部和后部碰撞。BSI 收到碰撞信息后自动打开危险警告灯，BSI 收到碰撞信息后断开燃油泵。

二、东风标致 508 轿车车载网络

东风标致 508 轿车由 5 个 CAN 网络组成：CAN I/S(系统网)；与动力总成计算机组连接 CAN CAR(车身网)；与安全部件(警报、方向柱提升等)和安全系统连接 CAN CONF(舒适网)；在驾驶舒适性和驾驶安全性配置之间建立接口(空调—座椅—气囊—门板)CAN INFO/DIV(信息娱乐网)；与 IHM 和信息通信配置连接 CAN LAS(底盘网)；与转向盘角度传感器和 ESP 连接。New2010 电子电气架构还包括 LIN 网络：LIN1、XLIN2，如图 6-15 所示。

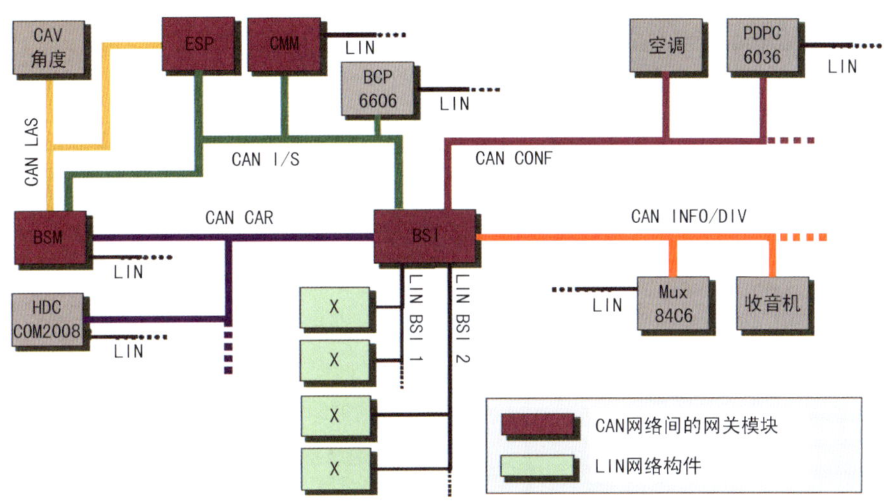

图 6-15　标致 508 轿车 CAN 网络

1. 高速底盘 CAN LAS(图 6-16)

CAN 底盘网络只在有 ESP(电子稳定程序)的车型上出现。

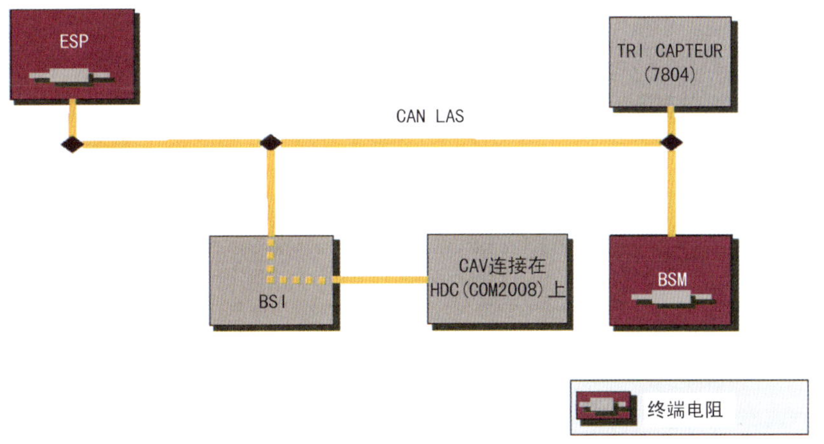

图 6-16　底盘 CAN LAS 网络

2. I/S 高度 CAN 网络(系统间)(图 6-17)

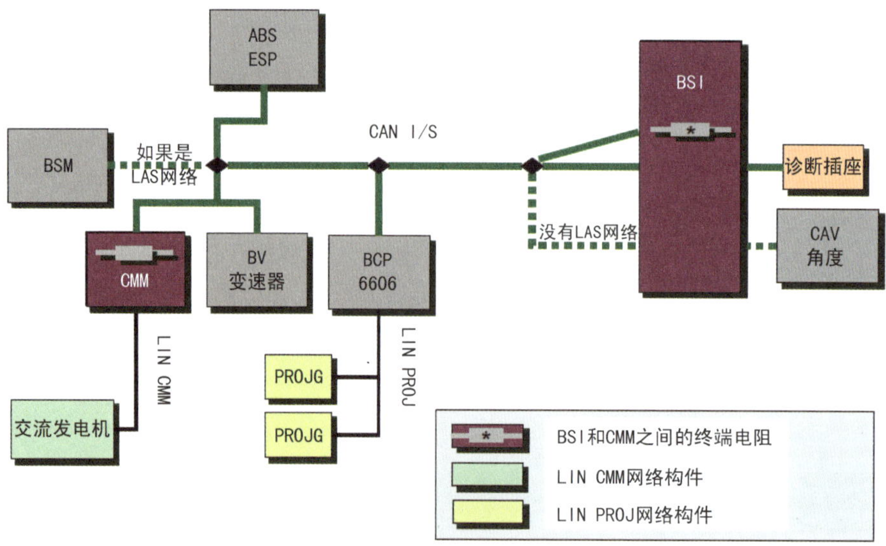

图 6-17　I/S 高度 CAN 网络

3. 车辆低速 CAN 网络(车身)(图 6-18)

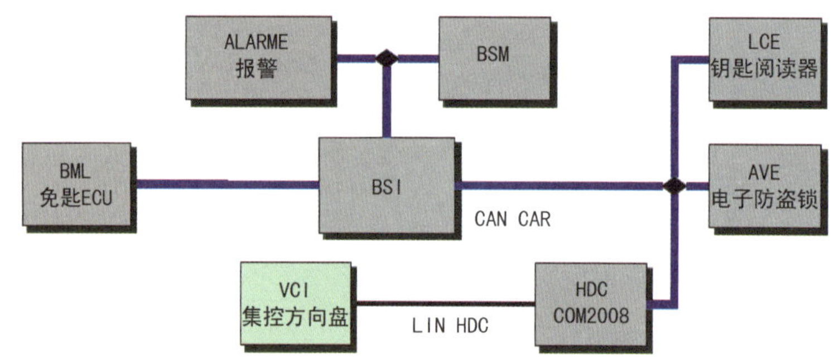

图 6-18　车辆低速 CAN 网络(车身)

4. 行驶舒适度低速 CAN 网络(行驶舒适度)(图 6-19)

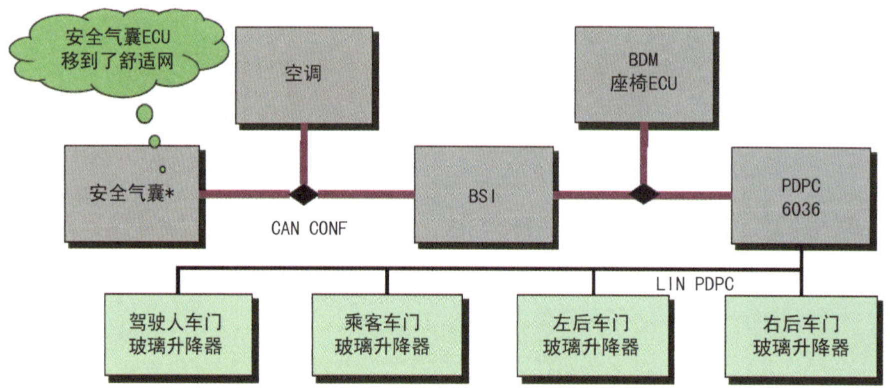

图 6-19　行驶舒适度低速 CAN 网络(行驶舒适度)

5. 信息/娱乐低速 CAN 网(图 6-20)

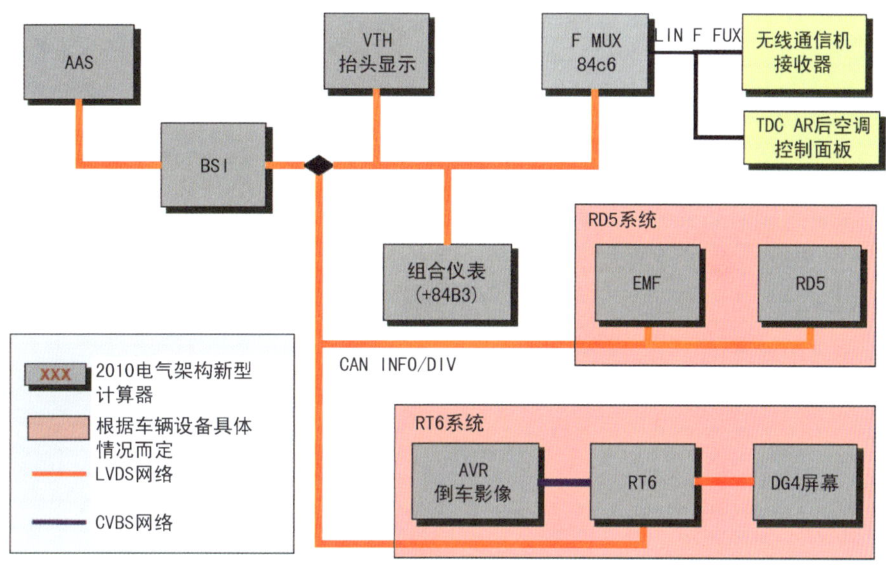

图 6-20　信息娱乐 CAN 网络

6. LIN 网络(图 6-21)

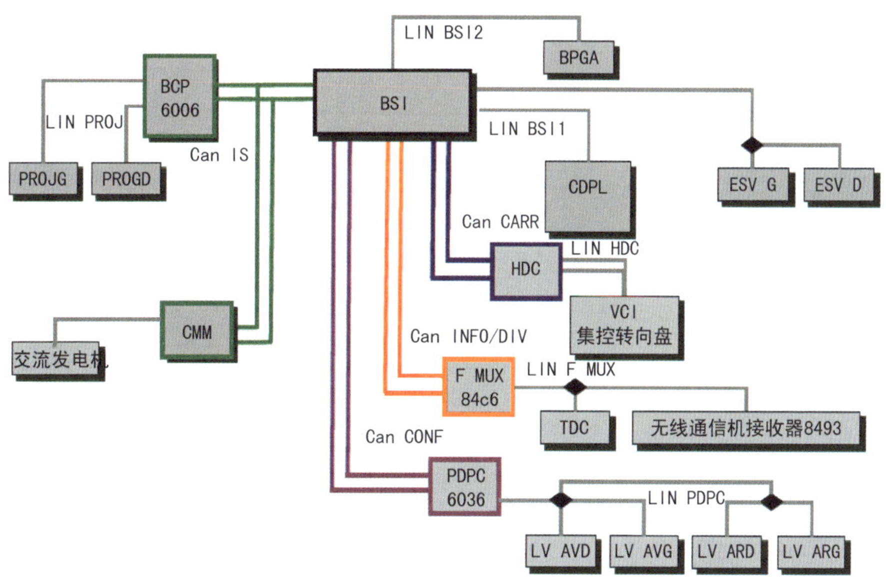

图 6-21　LIN 网络

7. 电源控制(图 6-22)

新款东风标致 508 电源控制分为三个控制中心，主要有 BSI、发动机舱电源中心、驾驶舱电源控制中心，如图 6-22 所示。

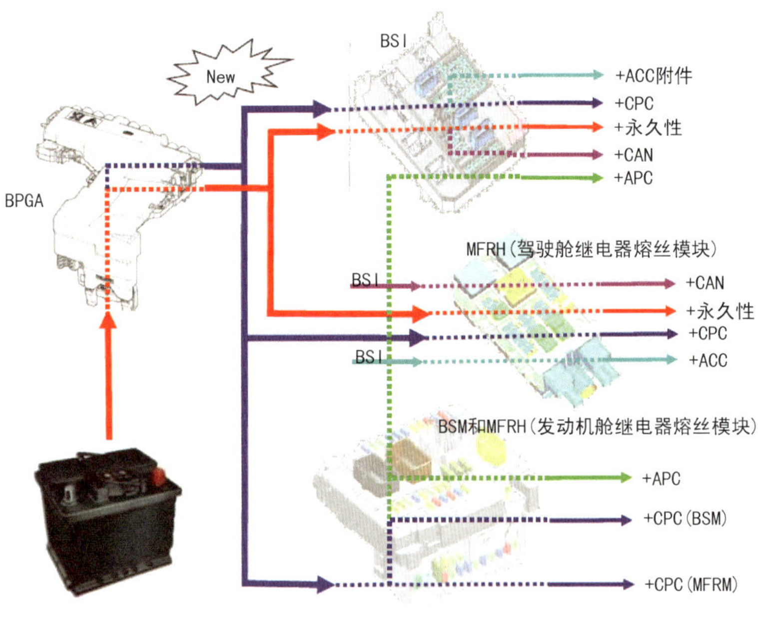

图 6-22　电源控制

1)电源 CPC 见图 6-23。

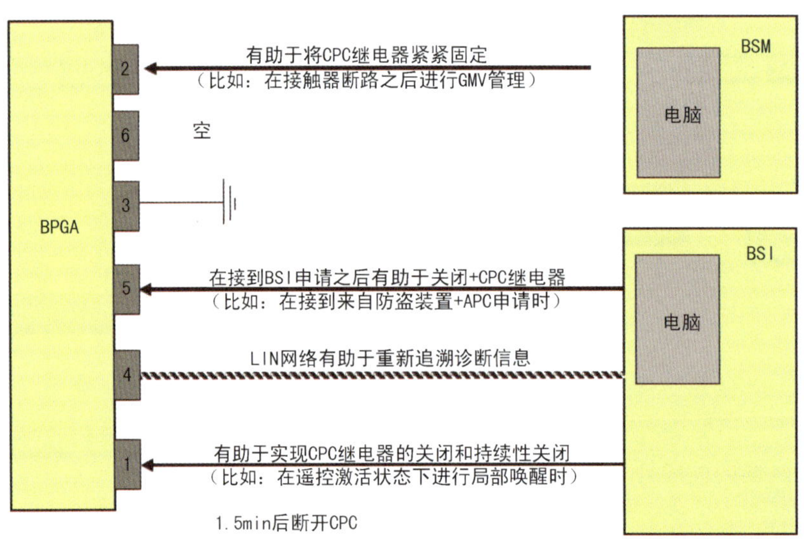

图 6-23　电源 CPC

2)唤醒见图 6-24。

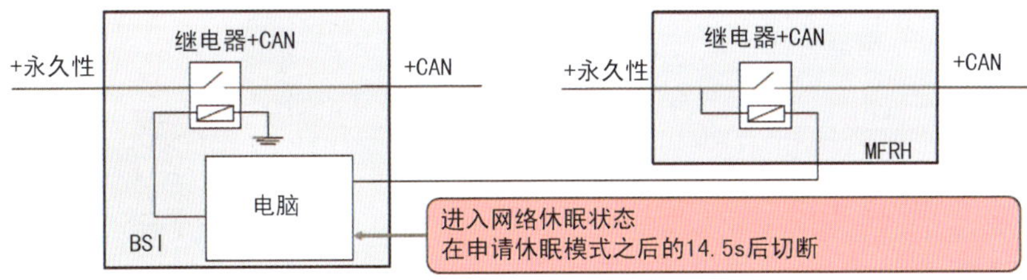

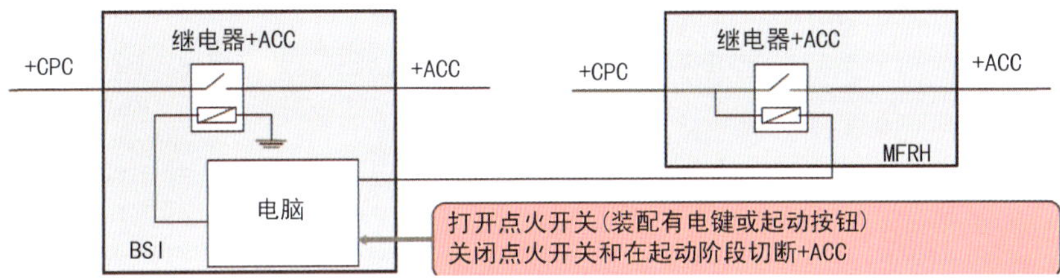

图 6-24　唤醒

3)电源＋APC 见图 6-25。

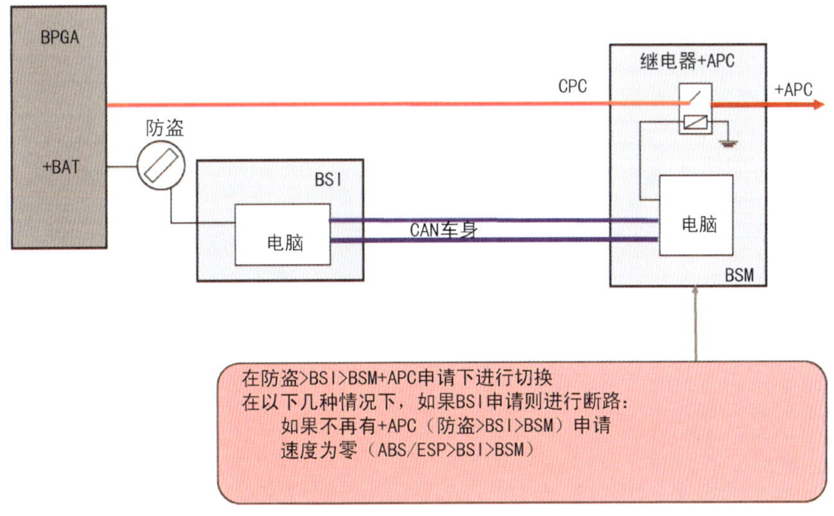

图 6-25　电源 APC 控制

4)电源保护和电源管理单元 BPGA 见图 6-26 和图 6-27。

5)驾驶舱继电器和熔丝模块(MFRH)见图 6-28 至图 6-30。

驾驶舱继电器熔丝模块由原来单纯的熔丝控制转变为现代的模块控制，具有网关、供电、配电、保护等功能。

6)智能服务控制盒 BSI　智能控制盒 BSI 具有配电、保护功能、供电功能、诊断功能、网关功能、休眠及唤醒功能，如图 6-31～图 6-36 所示。

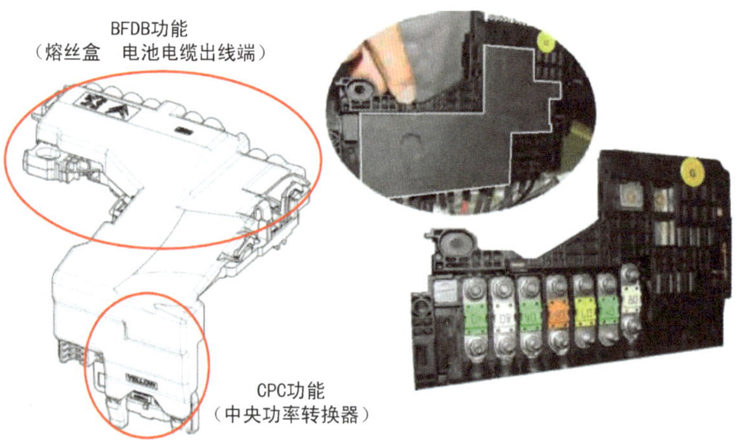

图 6-26　中央功率转换器

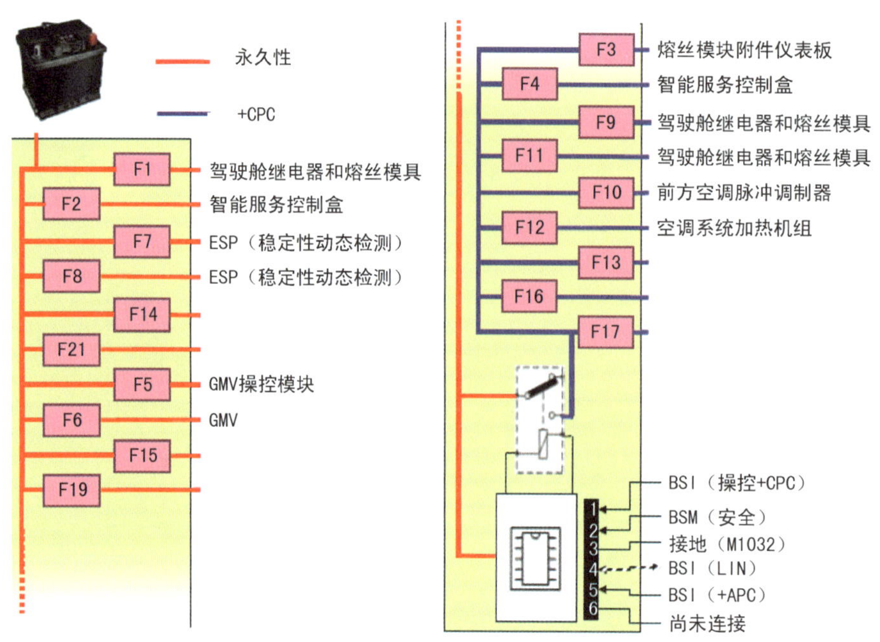

图 6-27　电源提供

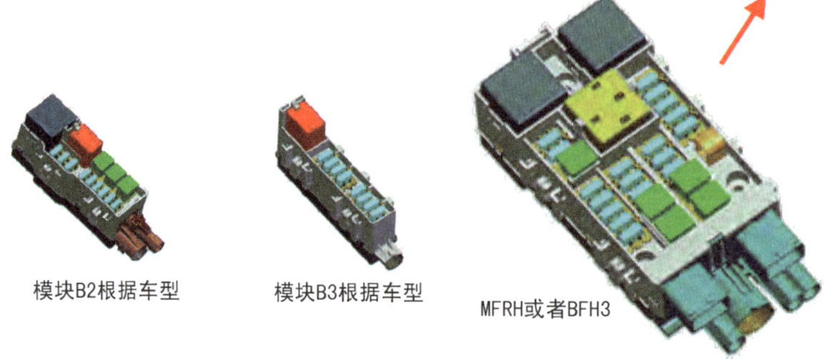

图 6-28　驾驶舱继电器盒

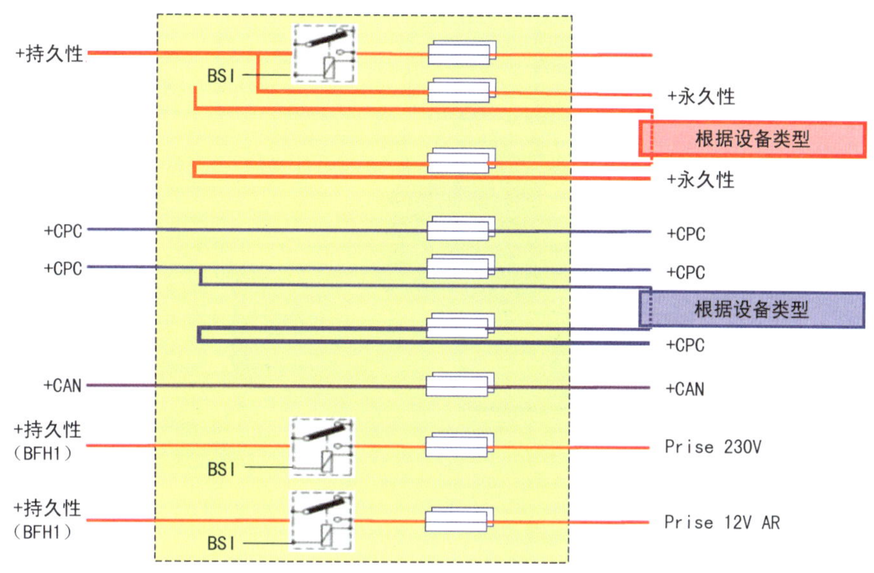

图 6-29　MFRH（驾驶舱继电器和熔丝模块）

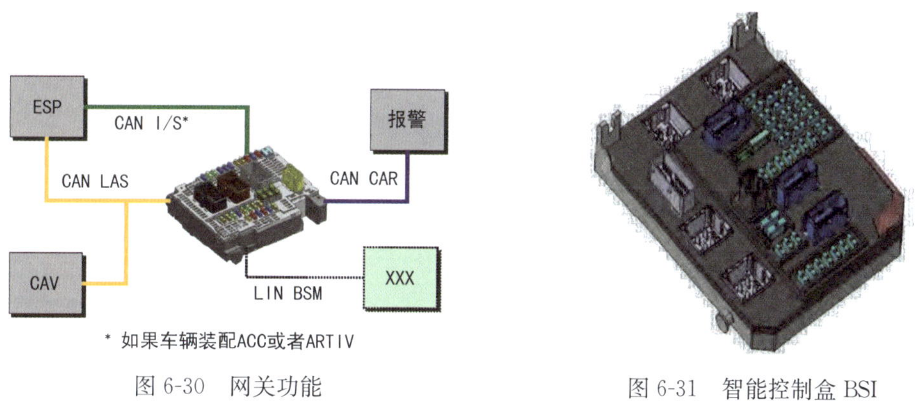

图 6-30　网关功能

图 6-31　智能控制盒 BSI

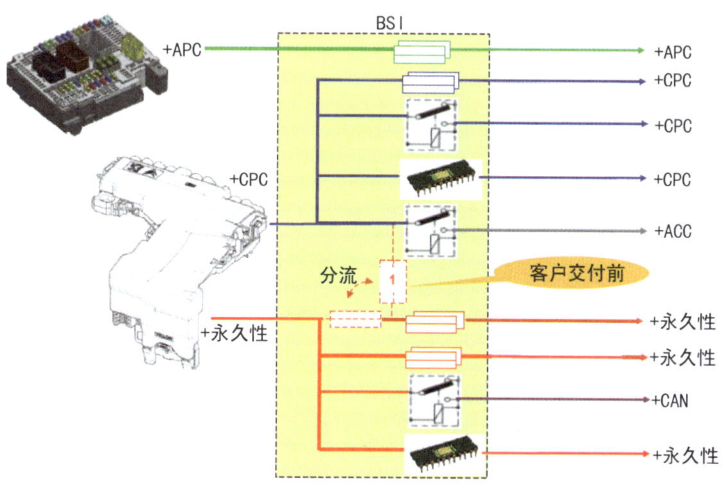

图 6-32　供电功能

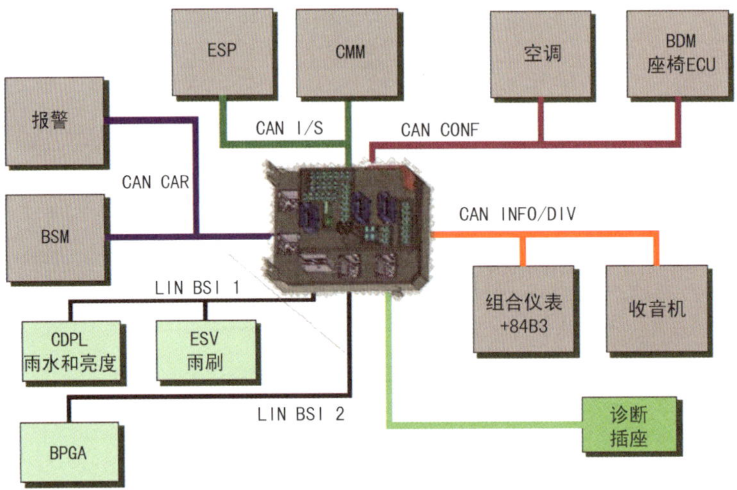

图 6-33　网关功能

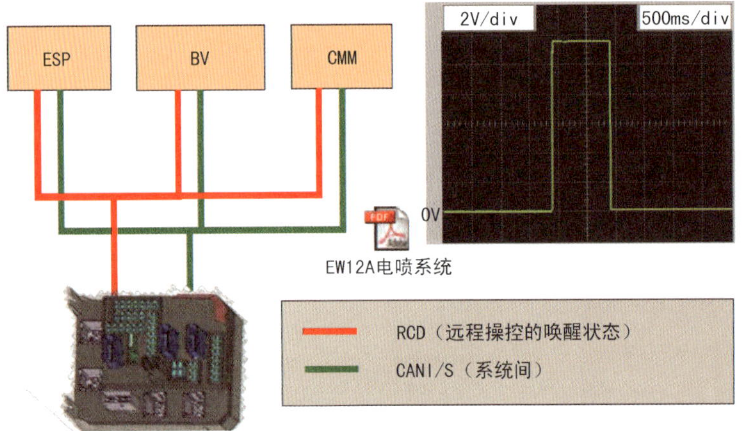

图 6-34　唤醒功能

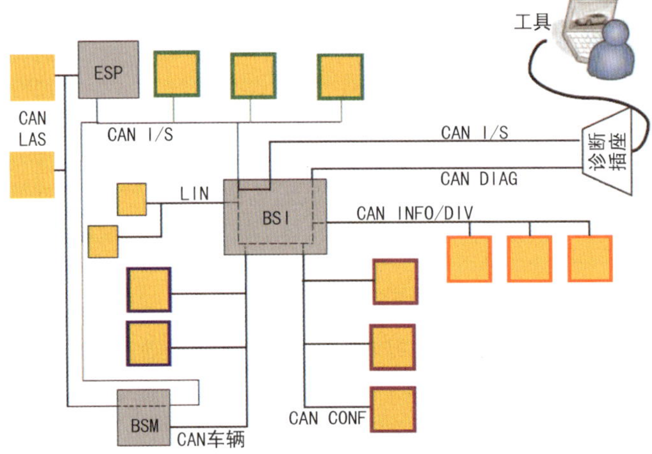

图 6-35　诊断功能

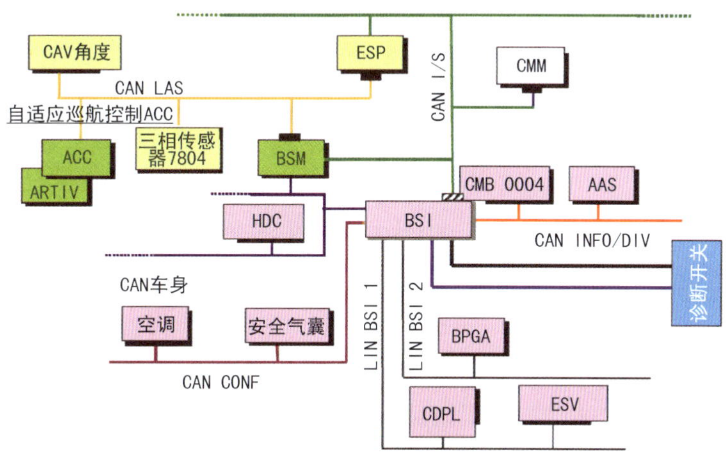

图 6-36 诊断网关

8. MOST

东风标致 MOST 多媒体网络利用光导纤维作为信息传递媒介，最大流量为 20Mbit/s，运行安全性能高（2 个有线网络，每个网络装配 2 条电线），如图 6-37 所示。

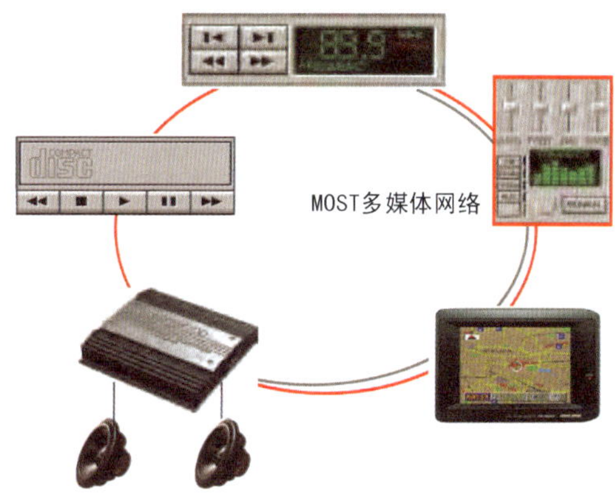

图 6-37 标致 508 轿车 MOST 网络

本章小结

（1）本章介绍东风标致雪铁龙的 CAN 网、舒适 VAN 网、两个车身 VAN 网、LIN 网。东风标致的 CAN I/S（系统网）、CAN CAR（车身网）、CAN CONF（舒适网）、CAN INFO/DIV（信息娱乐网）、CAN LAS（底盘网）、LIN 网络。

（2）在对标致雪铁龙车型利用专用诊断仪进行诊断时，会在诊断仪中有一些偶然性、历史性的故障码，这是由于标致雪铁龙的 VAN 网启动运行产生的故障码，是由于各个模块启用的阀值电压不同导致，属于正常现象，不能作为故障诊断的依据。

第七章 车载网络的诊断与检修

一、车载网络诊断

网络传输就像高速公路一样，高速公路上行驶的汽车，就像网络结构中传输的数据。高速路上行驶着各种不同的汽车，装载着各种货物，驶向不同的目的地。网络有不同的结构，传输不同的数据，且传输协议也是千差万别的。车载网络的诊断与检修实际上就是对传输介质的诊断与检修。掌握了一种车型的维修方法，其他车型的维修方式也就很简单了。下面以大众车型为例，介绍车载网络的诊断与检修。

在 CAN 总线上的控制单元中有两个不同的总线故障记录：CAN 通信故障和 CAN 线路故障。通信故障概括地说就是 CAN 总线上连接的控制单元损坏后就不能再进行通信了，如图 7-1 所示。

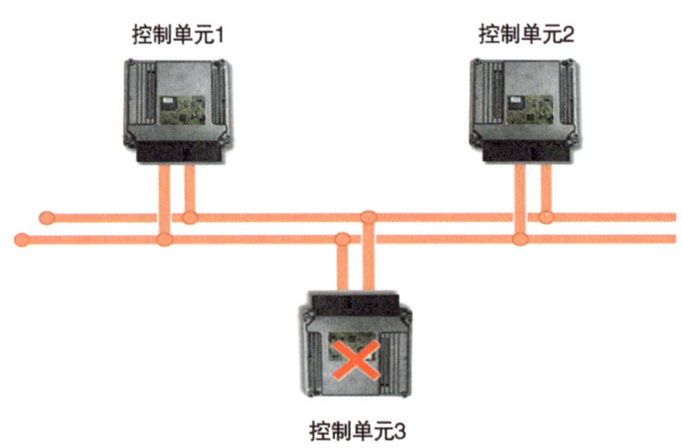

图 7-1 控制单元损坏

1. CAN 总线线路故障

CAN 总线线路故障如图 7-2 至图 7-10 所示。

●总线导线短路和断路。

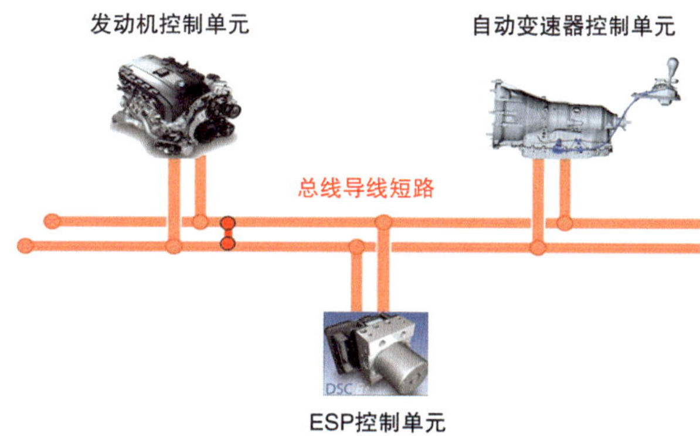

图 7-2 总线导线短路

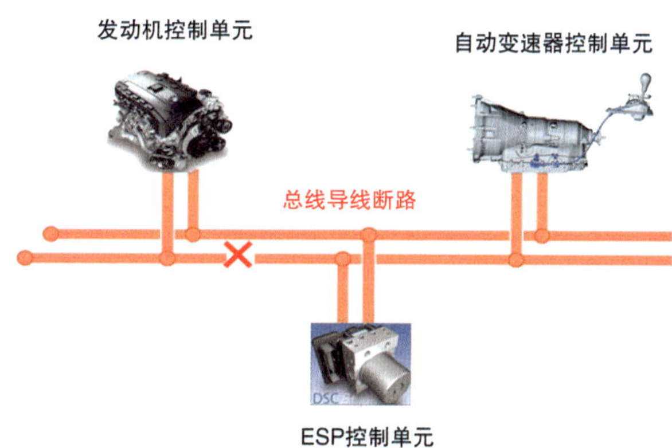

图 7-3 总线导线断路

●CAN 总线导线接地。

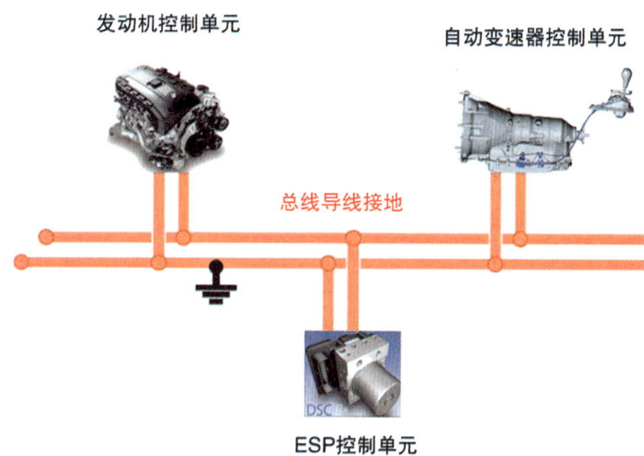

图 7-4 总线导线接地

●CAN 总线之间断路。

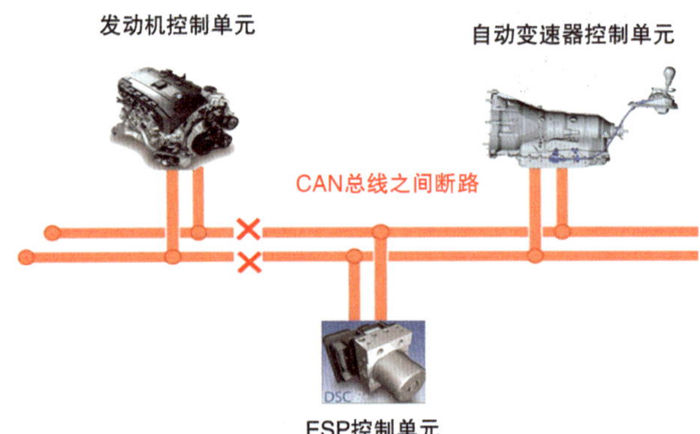

图 7-5　总线之间短路

●CAN 总线之间 Low 与 High 交叉连接。

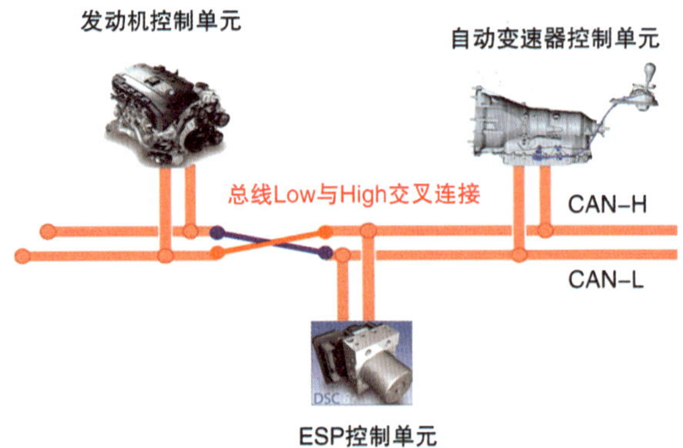

图 7-6　Low 与 High 交叉连接

●CAN 总线 Low 与蓄电池正极短接。

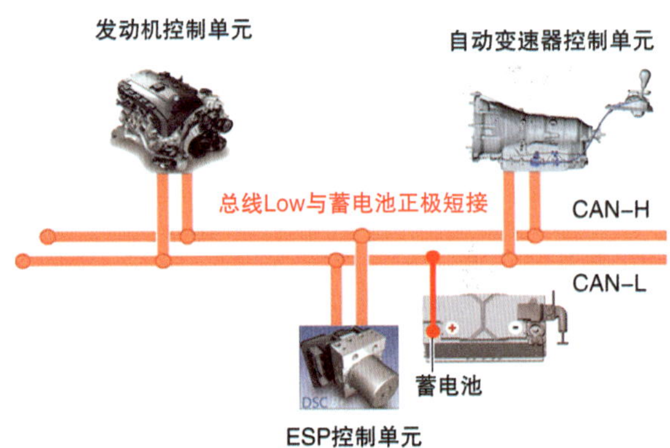

图 7-7　Low 与蓄电池短接

●CAN 总线 High 与蓄电池正极短接。

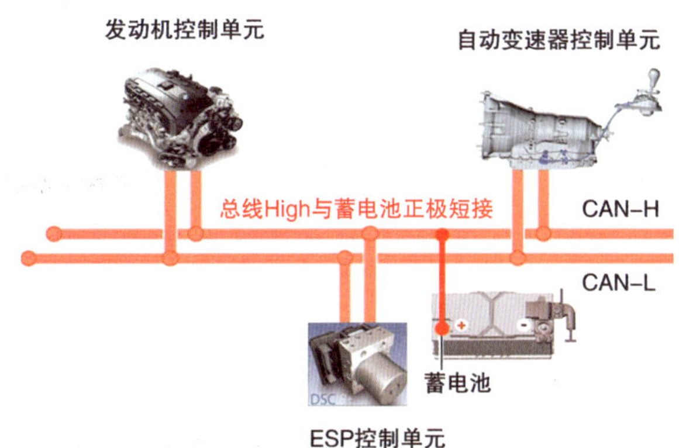

图 7-8　总线 High 与蓄电池短接

●CAN 总线 Low 与蓄电池负极短接。

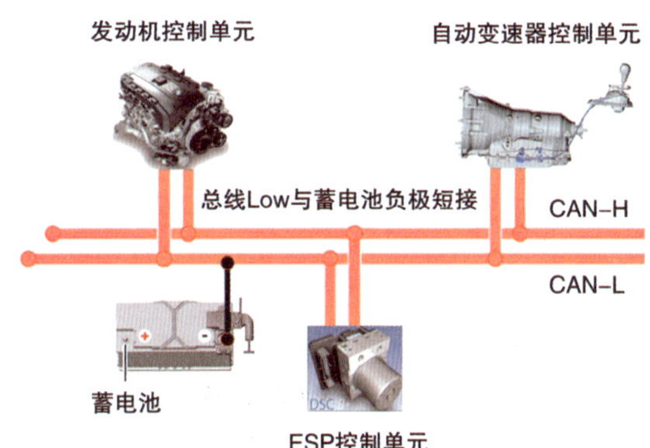

图 7-9　总线 Low 与蓄电池负极短接

●CAN 总线 High 与蓄电池负极短接。

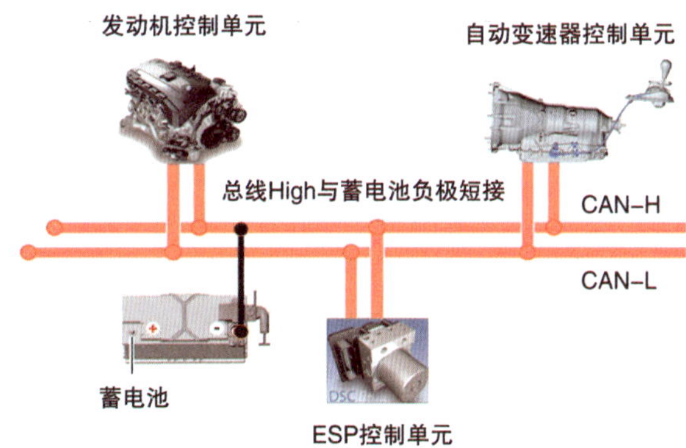

图 7-10　总线 High 与蓄电池负极短接

(1)CAN 总线故障的存储　网关是将不同传输速度的总线系统连接，使传送的大量数据在网关进行数据交换。当总线系统中出现故障时，故障信息被存储在网关中，如图 7-11 所示。

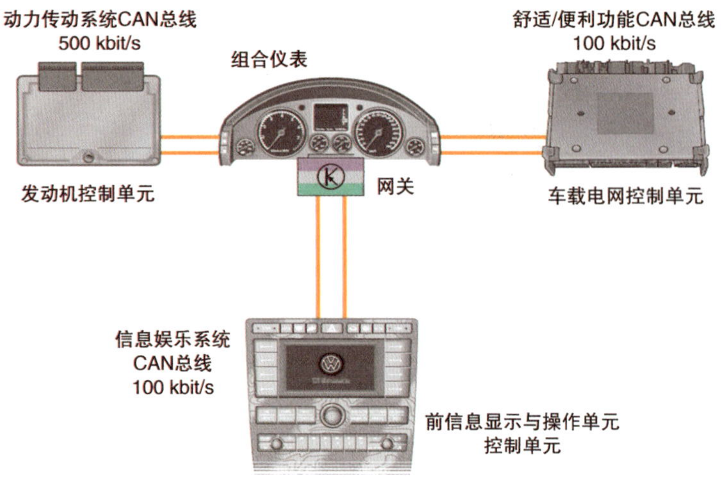

图 7-11　故障存储

车辆中总线分为动力总线系统(底盘总线系统)、车身总线系统(舒适总线系统、信息娱乐总线系统),如图 7-12 所示。

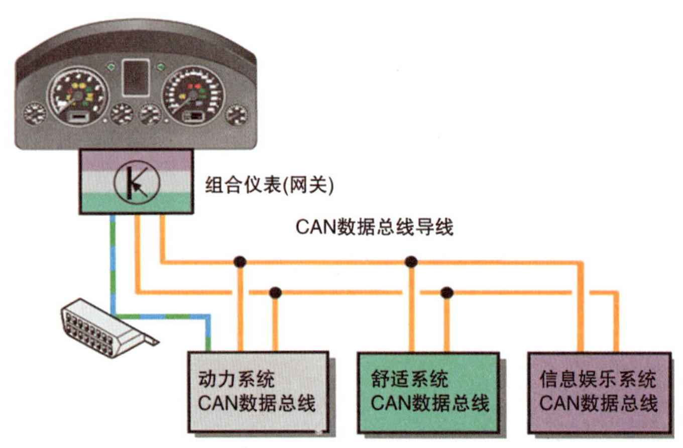

图 7-12　车身总线(K-CAN)系统

一旦总线系统中的控制单元通信出现故障,就会在总线系统中的各控制单元中生成故障存储故障信息存储在网关中。故障通常被划分为线路故障和逻辑故障。值得注意的是,一般情况下一个故障原因会在不同控制单元中出现不同的多条故障存储信息,如图 7-13 所示。断路(车身总线可以单线运行):一旦断路,将存储“CAN 线路故障”。短路:如果在系统中存在短路,CAN 控制单元记录“CAN 线路故障”。CAN 总线失效:CAN 数据总线失效的原因可能是 CAN (低速)或 CAN(高速)导线短路,或某个控制单元损坏。

装有 CAN 总线传输系统的车辆出现故障时,维修人员应首先检测汽车 CAN 总线系统的多路信息传输系统是否正常。因为如果汽车 CAN 总线系统的多路信息传输系统有故障,则系统中的有些信息将无法传输,接收这些信息的控制系统无法正常工作,从而为故障诊断带来困难。对于汽车 CAN 总线系统的多路信息传输系统故障的维修,应根据系统的具体结构和控制线路具体分析。使用检测仪对控制单元和总线出现的故障信息进行分析,找到最可能出现的故障原因，如图 7-14 所示。

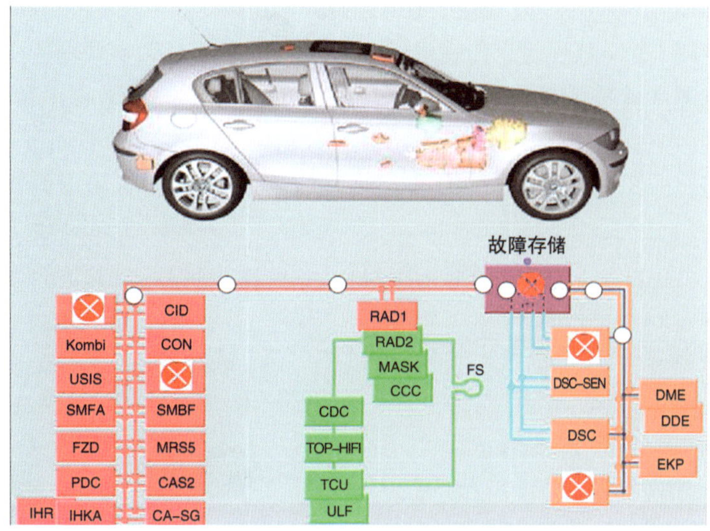

图 7-13　故障存储

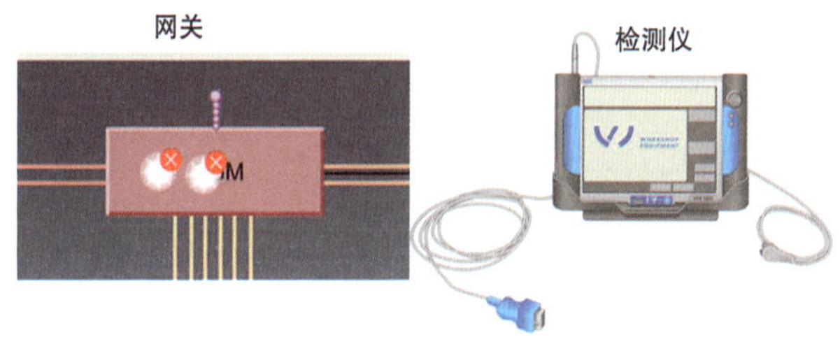

图 7-14　故障信息会存储在网关中

（2）故障查询前提　一般性的故障查询前提如下：

1）对故障现象的检查。

2）查询故障存储。

3）检查车辆正确控制单元编码。

4）检查车辆正确电器元件匹配。

5）检查熔丝。

（3）检查过程

1）用故障查询指南读取所有故障存储。

2）故障查询指南的结果（如果存在）。

3）用读取测量数据块确定故障存储记录（如果存在）。

4）用执行元件自诊断确定故障存储记录（如果存在）。

5）用检测仪确定故障存储记录。

6）用万用表进行电器检测，例如线路的通断。

（4）故障诊断步骤　对于多路信息传输系统的故障诊断，一般采用以下步骤进行：

1）了解该车型多路 CAN 总线信息传输系统的特点。①传输介质，如双绞线、同轴电缆、光纤;②区域网形式,如 CAN 网、LAN 网;③网络通信协议的类型,如 CAN 协议、ABUS 协议、VAN 协议、PALMENT 协议、CCD 协议、HBCC、DLCS 协议等。

2)了解汽车多路 CAN 总线信息传输系统的各种功能。如有无唤醒功能、休眠功能等。

3)检测汽车电源系统是否存在故障。如交流发电机的输出波形是否正常(若不正常将导致信号干扰故障)等。

4)检查汽车多路 CAN 总线信息传输系统的链路是否存在故障,采用替换法或跨线法进行检测。

5)检查节点。如果是节点故障,只能采用替换法进行检测。

(5)检测 CAN 总线的故障

1)对于两个控制单元组成的双线式数据总线系统的检测。检测时,关闭点火开关,断开两个控制单元,如图 7-15 所示。检查数据总线是否断路、短路或对正极/地短路。如果数据总线无故障,更换较易拆下(或较便宜)的一个控制单元试一下。如果数据总线系统仍不能正常工作,更换另一个控制单元。

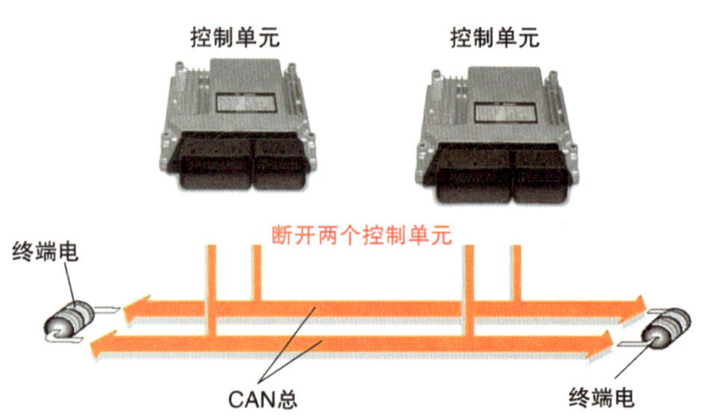

图 7-15　两个控制单元检测

2)对于三个或更多控制单元组成的双线式数据总线系统的检测。检测时,先读出控制单元内的故障码,如果控制单元 1 与控制单元 2 和控制单元 3 之间无通信,关闭点火开关,断开与总线相连的控制单元(图 7-16),检查数据总线是否断路。如果总线无故障,更换控制单元 1。如果所有控制单元均不能发送和接收信号(存储器“硬件故障”),则关闭点火开关,断开与数据总线相连的控制单元,检测数据总线是否短路,是否对正极/地短路。

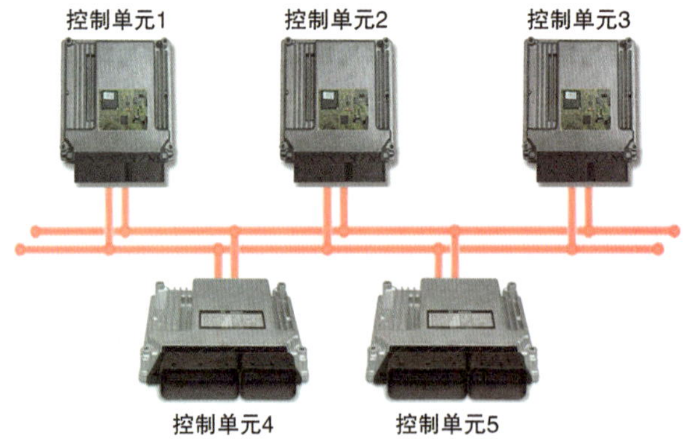

图 7-16　断开与总线相连的控制单元

如果数据总线上查不出引起硬件损坏的原因,检查是否是某一控制单元的故障。检查方法:断开所有通过 CAN 数据总线传递数据的控制单元,关闭点火开关,接上其中一个控制单元,连接检测仪,打开点火开关,清除刚接上的控制单元的故障码。打开点火开关 10s 后用故障诊断仪阅读刚接上的控制单元故障存储器内的内容。如显示“硬件损坏”,则更换刚接上的控制单元；如未显示“硬件损坏”，接上下一个控制单元，重复上述过程，如图 7-17 和图 7-18 所示。

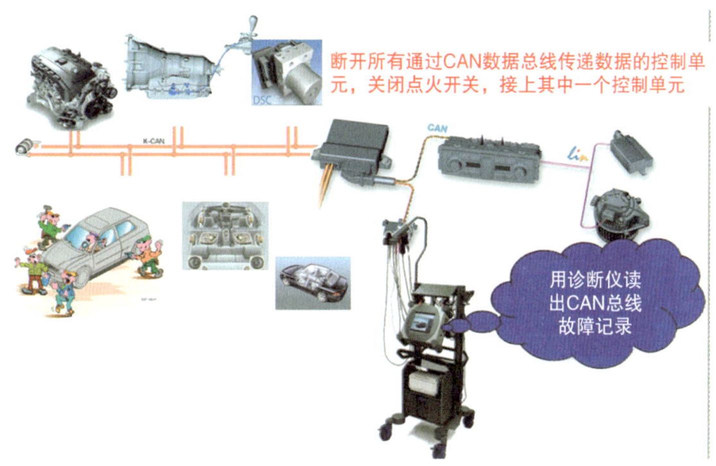

图 7-17　诊断

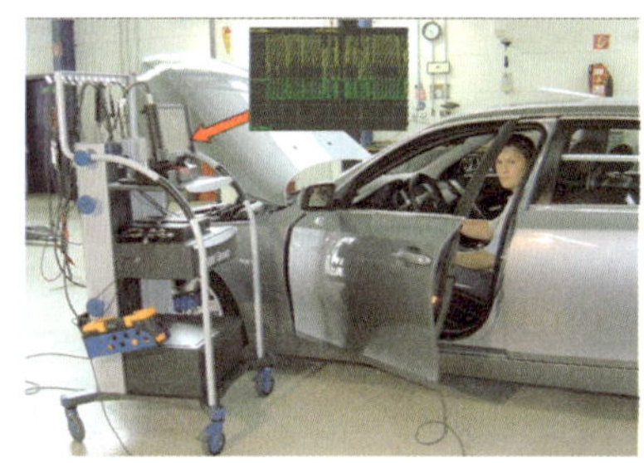

图 7-18　波形分析查找故障

3）检测波形分析。检查总线故障时首先要了解总线系统正常时的波形，使用检测仪进行波形分析。要与动力系统和车身系统正常波形对比，查找故障所在，如图 7-19 和图 7-20 所示。

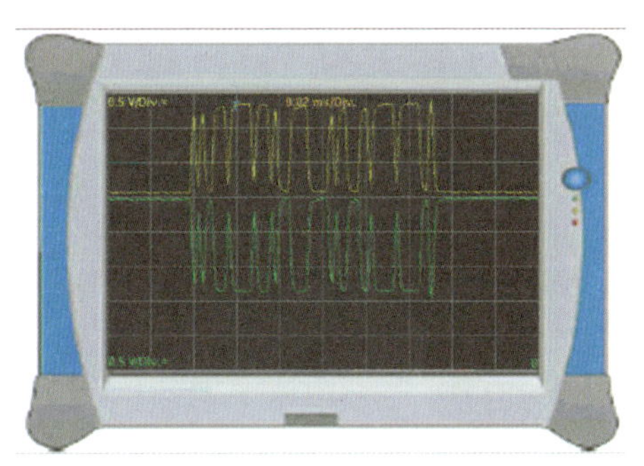

图 7-19　动力系统 CAN 无故障示波图

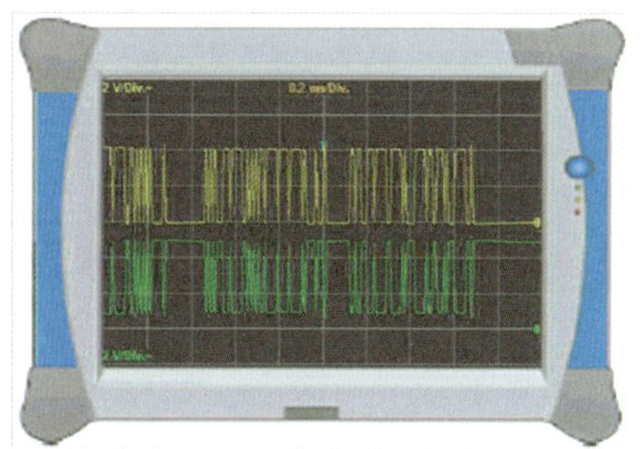

图 7-20　车身系统无故障示波图

①发动机控制单元 CAN-L 线断路，如图 7-21 所示。

②动力系统总线 CAN-L 与蓄电池短路。读出的测量数据块：与所有 CAN 动力系统总线上的控制单元的通信中断了，如图 7-22 所示。

③动力系统总线 CAN-H 线和 CAN-L 交叉连接，线装混了，如图 7-23 所示。

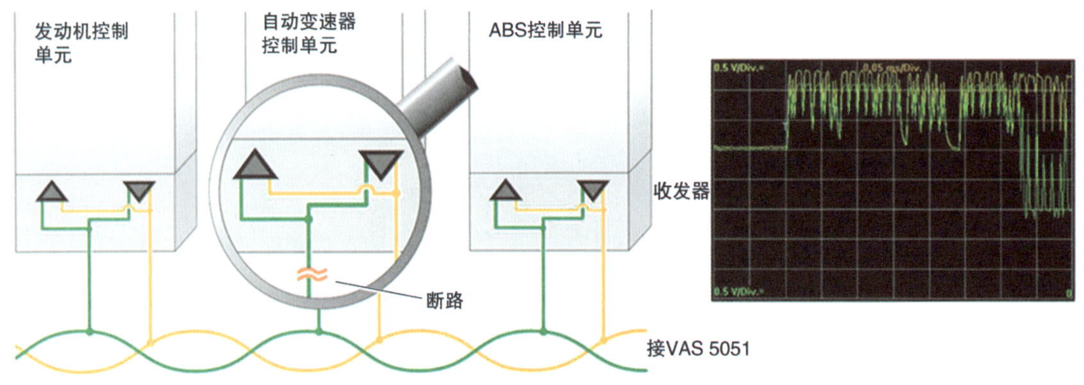

图 7-21　发动机控制单元 CAN-L 线断路

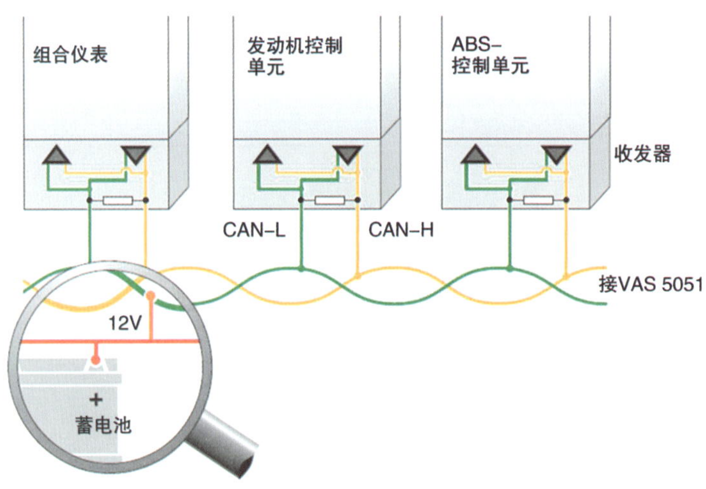

图 7-22　动力总线 CAN-L 与蓄电池短路

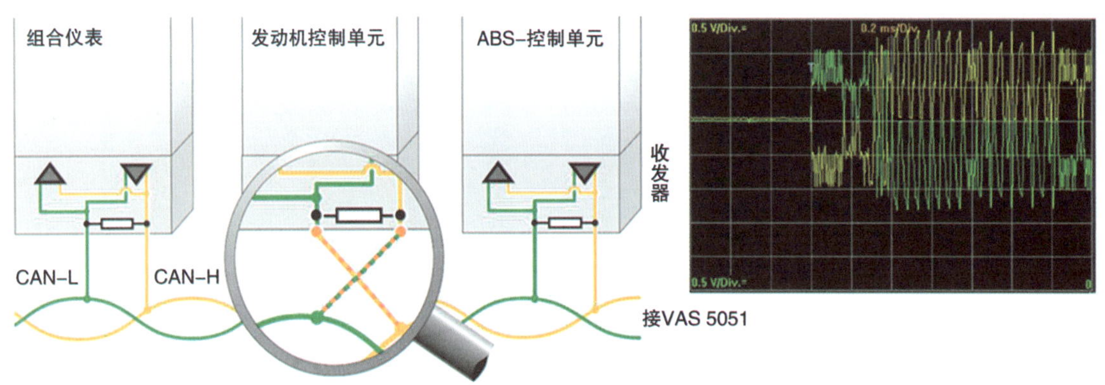

图 7-23　动力系统总线 CAN-H 线和 CAN-L 线交叉连接

④车身系统总线 CAN-L 线断路，如图 7-24 所示。

⑤车身系统总线 CAN-L 线对蓄电池电压短路，如图 7-25 所示。

⑥车身系统总线 CAN-H 线信号对地短路，如图 7-26 所示。

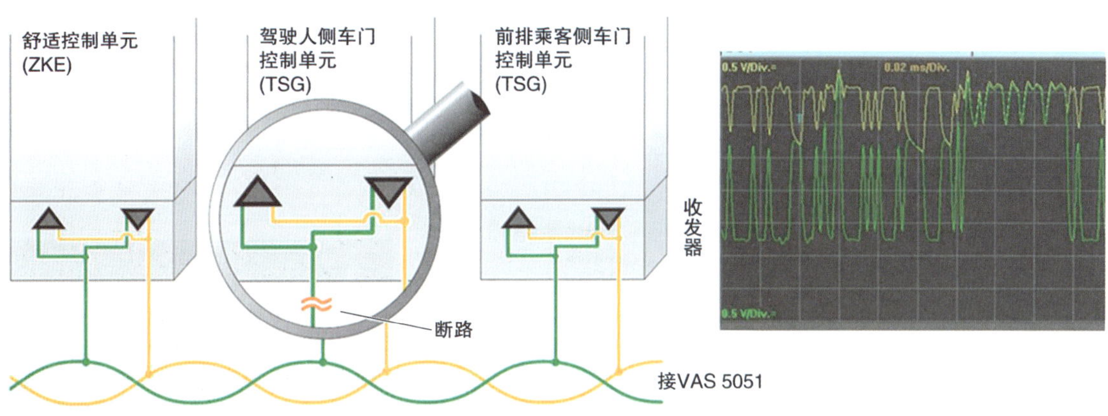

图 7-24　车身系统总线 CAN-L 线断路

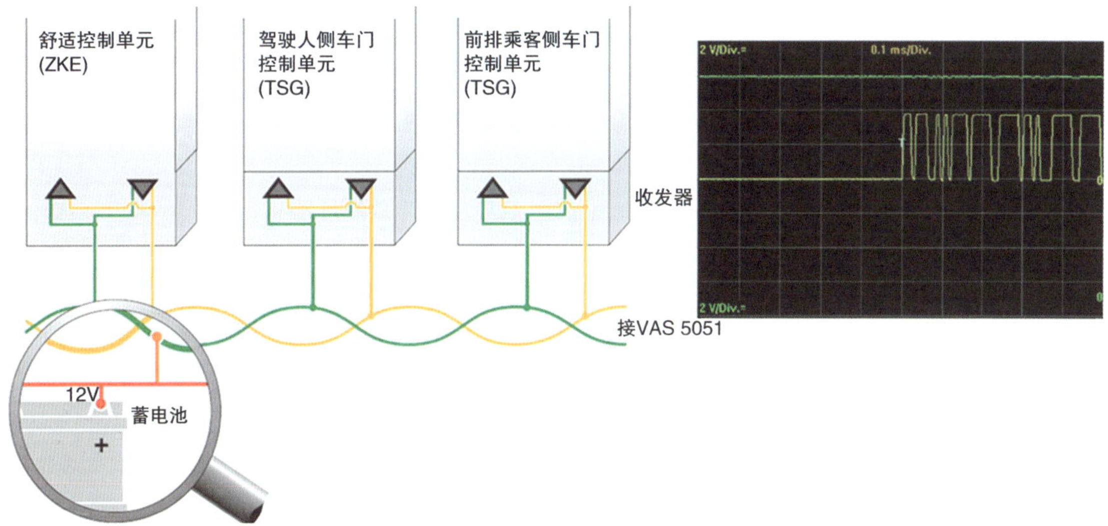

图 7-25　车身系统 CAN-L 线对蓄电池电压短路

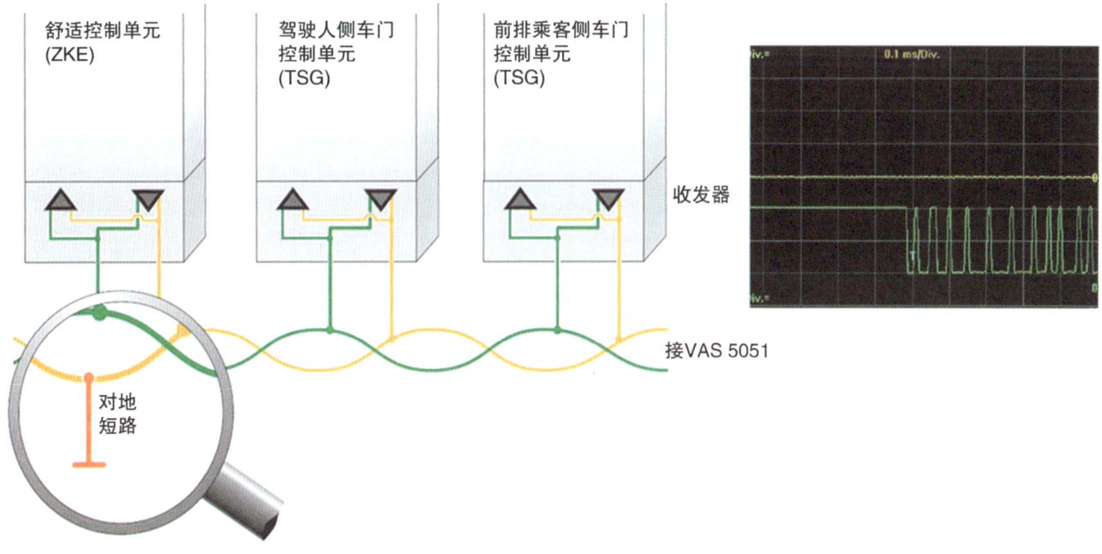

图 7-26　车身系统 CAN-H 线信号对地短路

⑦车身系统总线 CAN-H 线对 CAN-L 线短路，如图 7-27 所示。

⑧车身系统总线 CAN-H 线和 CAN-L 交叉连接线装混了，如图 7-28 所示。

⑨车身系统总线 CAN-L 线与蓄电池短接，如图 7-29 所示。

⑩车身系统总线 CAN-L 线与地短接，如图 7-30 所示。

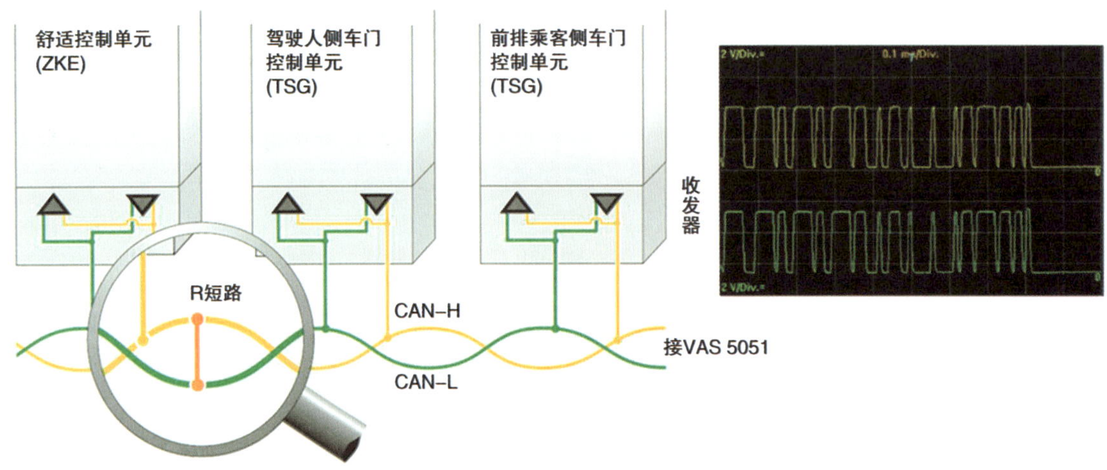

图 7-27　车身系统 CAN-H 线对 CAN-L 线短路

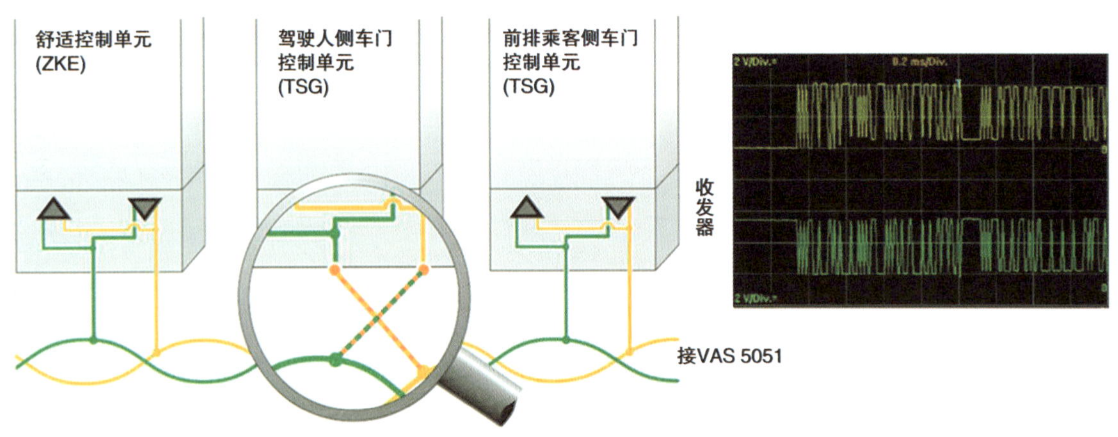

图 7-28　车身系统 CAN-H 线和 CAN-L 线交叉连接

当在车辆中存在电源电压过低状态时，同样也可能（错误地）记录为总线故障。因此，在分析总线故障之前，应检查电源电压过低故障是否存储在超过两个控制单元中。如果回答是肯定的，就不用进行其他的总线故障分析了，而只在供电范围内查询故障原因。

（6）睡眠和唤醒模式波形检测　在 CAN-Komfort 和 CAN-Infotainment 总线的睡眠和唤醒功能出现问题的状态下，将会提高静态工作电流。如下规则适合 CAN 总线有睡眠和唤醒模式：在 CAN-Komfort 和 CAN-Infotainment 总线上所有控制单元共同处于“唤醒”状态。在 CAN-Komfort 和 CAN-Infotainment 总线上所有控制单元共同处于“休眠”状态。

这意味着，一个控制单元不准备休眠模式，则其他的所有控制单元都保持“唤醒”状态，这致使有更高的静态电流消耗 CAN-Bus 总线处于激活状态，如图 7-31 所示。

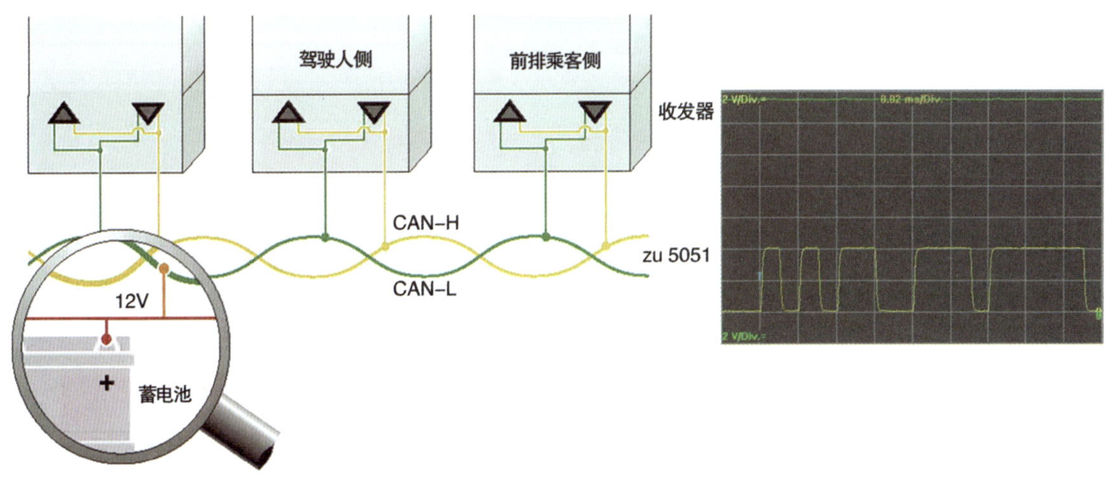

图 7-29　车身系统 CAN-L 线与蓄电池短接

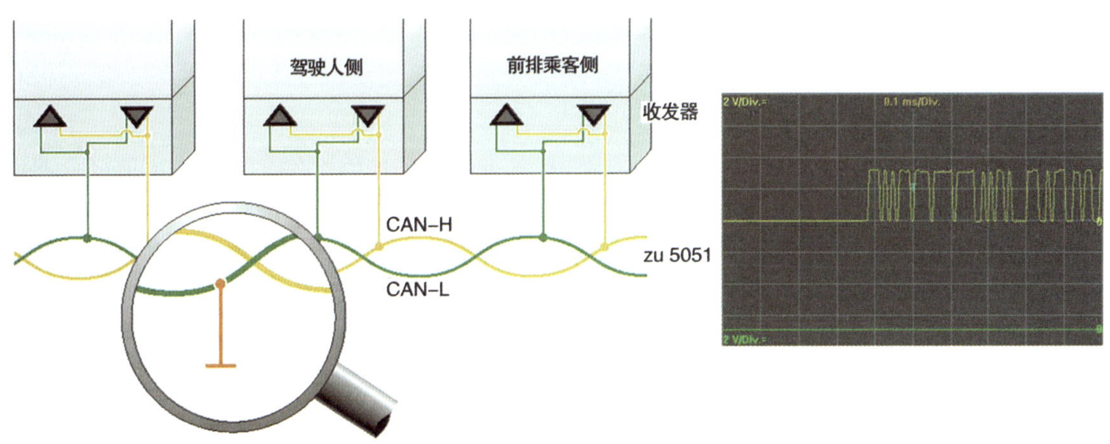

图 7-30　车身系统 CAN-L 线与地短接

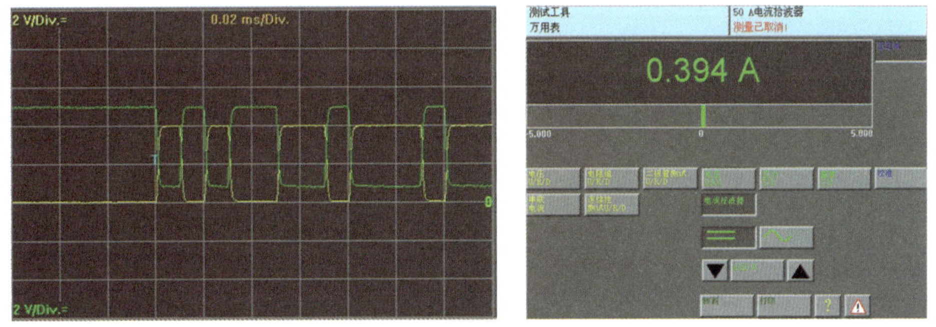

图 7-31　CAN-Bus 总线处于激活状态

如果 CAN-Bus 总线处于未激活状态，则总线静态电流较低（该值不是额定值）。图 7-32 所示是在点火开关关闭和车门关闭的状态下。

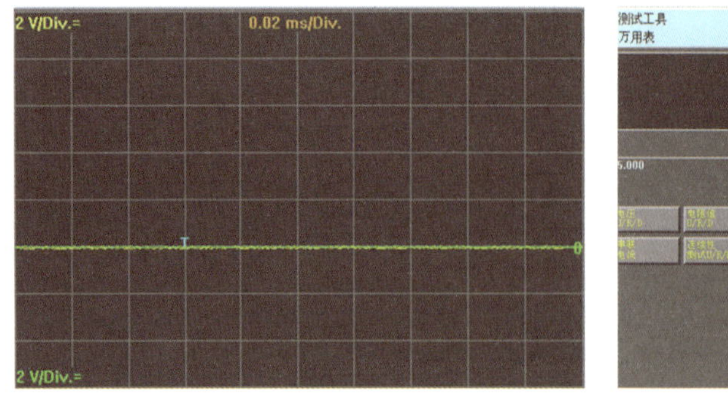

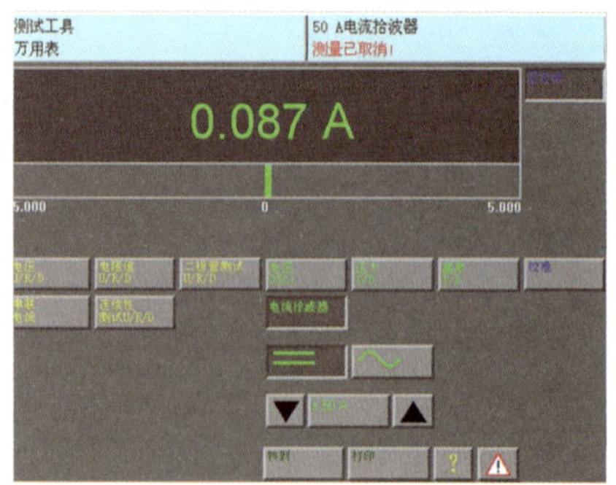

图 7-32 CAN-Bus 总线处于未激活状态

CAN 总线上通信故障可能是下列原因:CAN-L 或 CAN-H 通信线断路或者短路;插头连接损坏,如触头损坏、污垢、锈蚀;车用电源系统中的故障电压,例如由损坏的点火线圈或接地连接引起;某个控制单元中的通信部件故障;某个控制单元的供电故障,如当蓄电池电量快耗尽时蓄电池电压缓慢下降,可能导致故障记录存储,因为不是所有的控制单元由于电压下降而同时关闭;CAN 总线对正极短路和对地短路、导线相互短路不会损坏控制单元;在最坏的情况下,有故障的总线系统失灵;车辆中的总线系统不仅会遭受短路,而且当水汽侵入时可能在接地、正极和 CAN 总线导线之间出现接触电阻。

CAN 总线的所有故障通常被存储在故障码存储器中。然而故障记录仅在个别情况下允许简单的诊断。绝大多数时候必须进行详细的检查。短路和因水汽引起的接触电阻所产生的故障通常只能用示波器可靠诊断。对于用示波器进行的诊断,推荐使用存储器示波器。为了能够同时显示 CAN-H 和 CAN-L 导线上的信号,此示波器应具有两个通道,如图 7-33 所示。

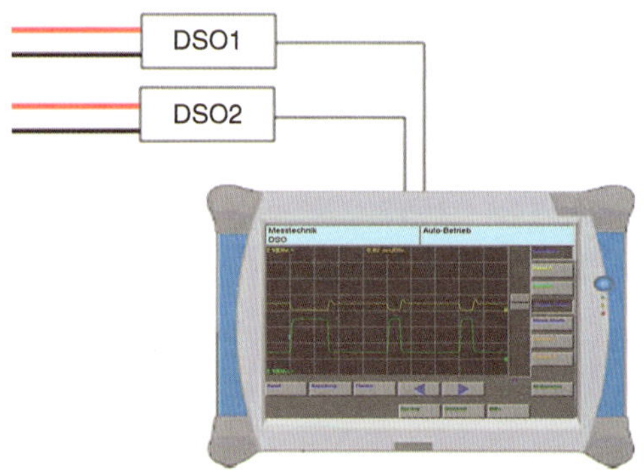

图 7-33 两通道示波器

在连接测量导线并调整示波器后,可以切合实际地对显示的示波图进行分析。在分析波形时要注意,示波器有一个最大 10%的测量误差。

在无故障的情况下,从示波图中可看到,CAN-H 和 CAN-L 的脉冲始终沿相反的方向移动。在查找时,首先查找隐性电位。总线大多数的时间停留在隐性电位。CAN-H 导线上的脉冲由隐性电位沿正向成像的通道,CAN-L 导线上的脉冲由隐性电位沿负向成像的通道。

2. 检测仪的使用

1)使用电脑检测仪进行波形分析,如图 7-34 所示。

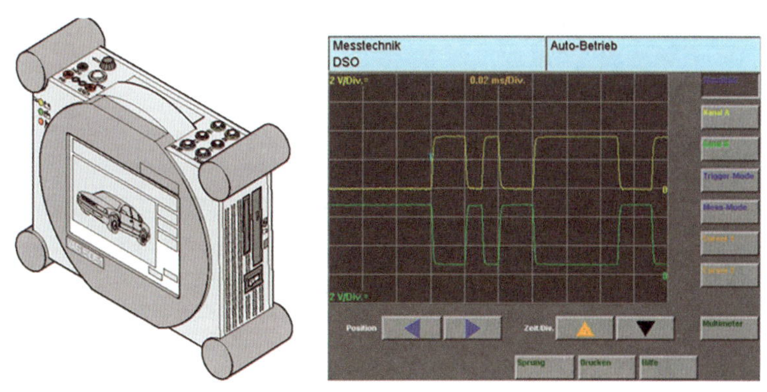

图 7-34　使用电脑检测仪进行波形检测

2)就车检测时，使用适配器，两通道工作情况下的连线如图 7-35 所示。

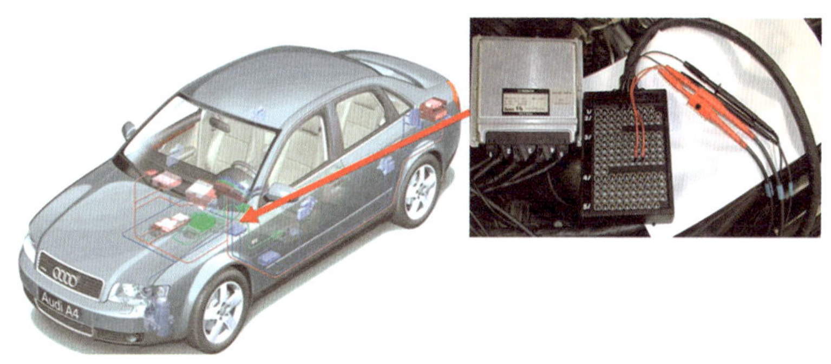

图 7-35　检测时使用适配器进行测量

两条 CAN-BUS 总线每一条线都通过一个通道进行测量。通过图形分析，可以很容易地发现故障。这里通道 A 红色的测量线连接 CAN-H，黑色的测量线接地；通道 B 红色的测量线连接 CAN-L，黑色的测量线接地，如图 7-36 所示。

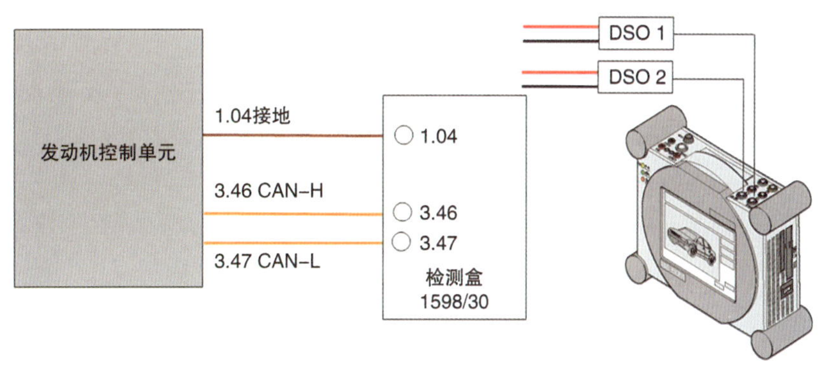

图 7-36　连接测量线

对 CAN 进行测量时，例如，利用测试盒连接中央舒适电器控制单元，在双通道工作模式下进行检测，如图 7-37 所示。

两条 CAN-BUS 总线每一条线都通过一个通道进行测量。通过波形的分析可以很容易地发现故障。由于需要单一的电压测量值,CAN 的测量采用双通道测量是必要的。CAN 测量采用这形式的连接可以简单地判定“单线工作”故障,如图 7-38 所示。

图 7-37 双通道模式下检测 CAN

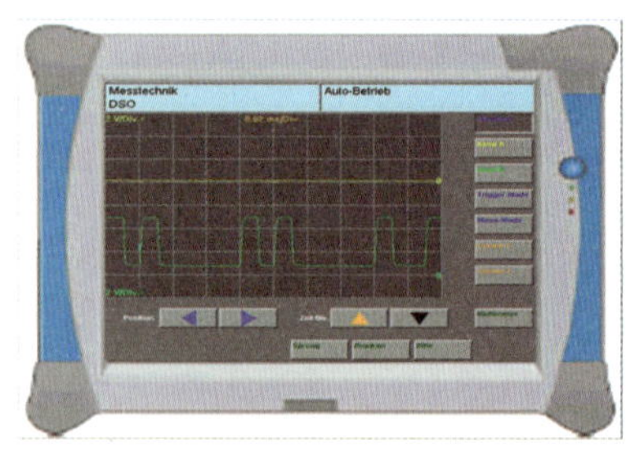

图 7-38 CAN 的测量判定“单线工作”故障

3)就车检测时,有条件的可以使用适配器。没有适配器时,可以使用教学包进行检测,如图 7-39 所示。

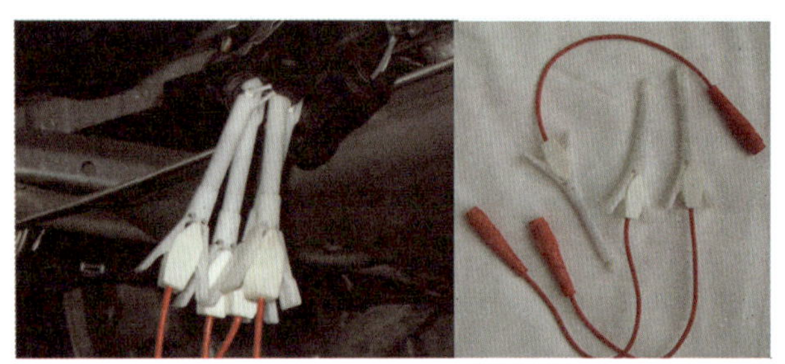

图 7-39 使用教学包进行总线系统的检测

二、车载网络检修

1. 总线维修

(1)线束维修 控制单元通过插头连接在 CAN 上。在插头的压接点中始终只能连接一根导线。这就导致第二根导线必须在一个规定点上连接到 CAN 线束上,在通常情况下,这同样通过压接点进行。为了避免在维修 CAN 导线时把新的、可能影响安全的故障无意间引入车辆系统,CAN 的压接点绝对不能打开和通过维修更新。如果要脱开 CAN 导线,则只允许在与下个压接节点相距至少 100mm 处进行。CAN 导线的绞合对于 CAN 的干扰影响具有决定意义。只有绞合不受损坏,才能保证 CAN 抗干扰地工作。因此在维修 CAN 导线时,只允许尽量少地解开该绞合,如图 7-40 所示。

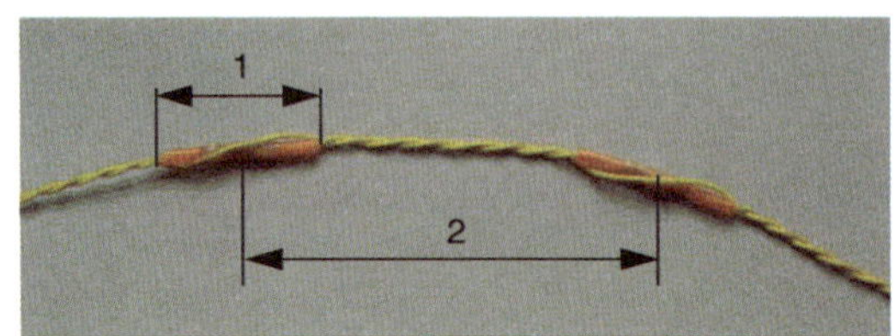

图 7-40 维修 CAN 导线

1—绞合只可解开最长 50mm 2—CAN 导线断开处要与下一个压接节点相距至少 100mm

(2)总线接点 在总线维修时,在接点断开总线时一定要留出至少 100mm,不要在接点处打开接头,如图 7-41 所示。

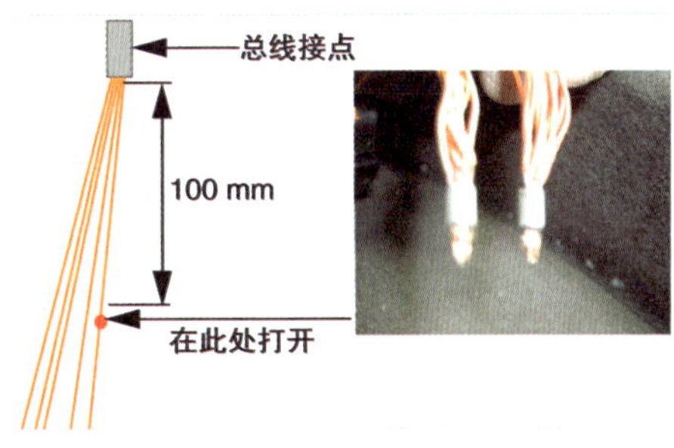

图 7-41 维修总线时至少留出 100mm

奥迪总线接点位置,如图 7-42 所示。

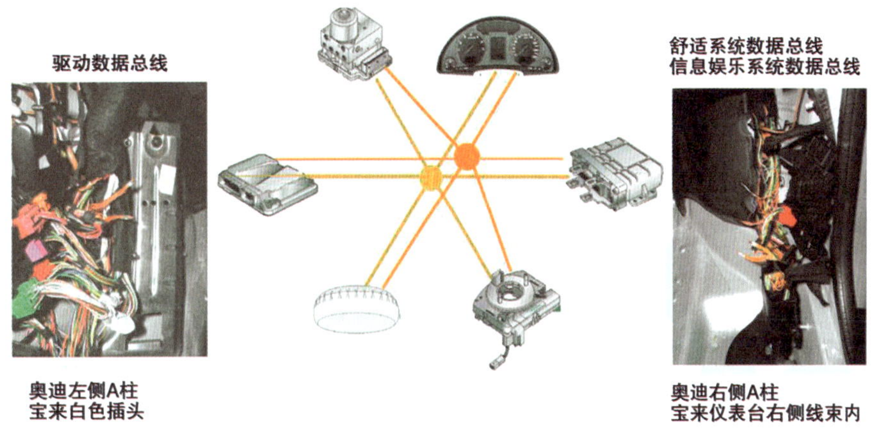

图 7-42 总线连接点位置

2. 终端电阻检测

在通常情况下用检测仪的万用表功能进行检测。测量电阻时被测件在测量前先断电。为此应断开车辆蓄电池接线。大约等待 3min 直至系统中所有的电容器放完电。不允许使用其他测量仪(并联测量仪)在 CAN-L 和 CAN-H 导线间进行测量,测量的实际值允许与标准值有几欧姆的偏差。下面介绍用检测仪的万用表功能进行检测。

1)检测仪连接方法。测量两个终端电阻(总的阻值),用检测仪的万用表电子测量功能进行。将检测仪的红表笔连接 CAN-H,黑表笔连接 CAN-L,检测如图 7-43 所示。

2)终端电阻的测量步骤方法

①将蓄电池的电缆线拔除。

②等待大约 5min,直到所有的电容器都充分放电。

③连接测量仪器并测量总阻值。

④将一个带有终端电阻控制单元的插头拔下来。

⑤检测总的阻值是否发生变化。

⑥将第一个控制单元(带有终端电阻)的插头连接好,再将第二个控制单元的插头拔下来。

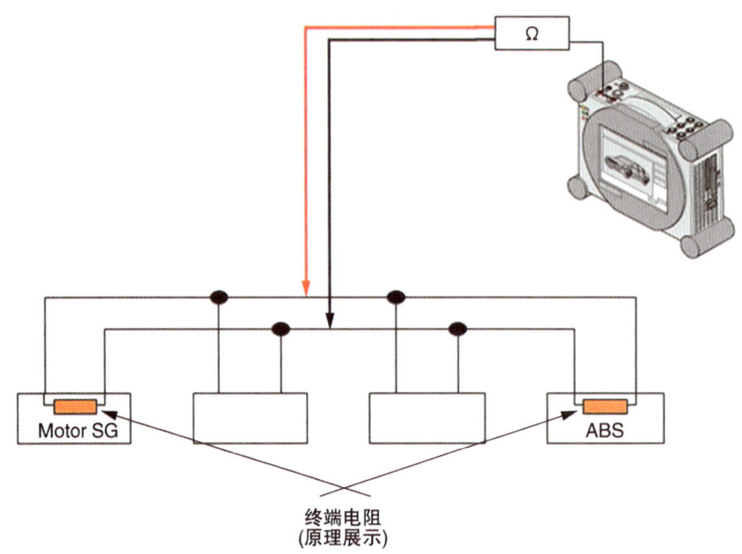

图 7-43　使用检测仪检测 CAN 总线的终端电阻检测

⑦检测总的阻值是否发生变化。

⑧分析测量结果。

在控制单元内装置的不是一个固定阻值的终端电阻。它是由很多个被测量的电阻组合在一起的。作为标准值或者试验值两个终端电阻每一个以 120Ω 为起始。在奥迪车系中也使用另一种终端电阻。在带有泵-喷嘴单元的 1.9TDI 车型上,发动机控制单元装置为 66Ω 终端电阻。总的阻值依赖于车辆的总线结构,所以不同车型终端电阻是不同的。对总的阻值测量后,还需要将一个带有终端电阻控制单元的插头拔下,进行两次的单个电阻的测量。当在控制单元被拔取后测量的阻值发生了变化,则说明两个阻值都正常。

例如 A361.9TDI 车型在 ESP 控制单元出现了故障,阻值显示为 66Ω。这说明,仅测量到了带有 66Ω 的发动机控制单元的阻值。以前该车型装有两个 120Ω 的终端电阻,在电阻完好的情况下总的阻值大约为 60Ω。但是将该发动机控制单元拔下后,阻值变为∞。在该情况下,如果没有进一步的复核校验,则以为该车辆是正常的。误认为 66Ω 为两个 120Ω 的总阻值。

3)使用万用表测量终端电阻检测测量过程(宝马车系)。宝马车系中为了避免信号反射,在两个 CAN 总线上连接阻值各为 120Ω 的用户(在 PT-CAN 网络中的距离最远)。这两个终端电阻为相互并联,并构成一个 60Ω 的替代电阻。在断开电源电压后,可以在通信线之间对该替代电阻进行测量。此外,单个电阻可以各自分开测量。

4)使用检测仪的直流电压测量功能测量总线的电压值。检测的前提是蓄电池已连接且点火开关打开。为了确定 CAN-L 或 CAN-H 导线是否损坏,分别测量 CAN-L 或者 CAN-H 的对地电压。CAN-L 对地:PT-CAN、F-CAN 电压大约 2.4V。CAN-H 对地:电压大约 2.6V。K-CAN CAN-L 对地:电压大约 4.8V。CAN-H 对地:电压大约 0.2V,总线负载可以有约几个 100mV 的偏差。

3. CAN 总线连接插座

CAN 总线连接插座如图 7-44 所示。

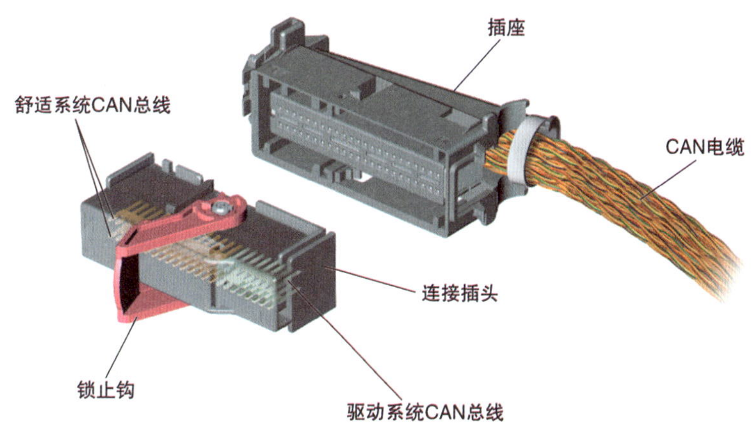

图 7-44　CAN 总线连接插座

1) 连接插头分别构成了舒适系统 CAN 总线及动力系统 CAN 总线的中央结点。各总线系统下的所有控制单元的 CAN 线均被连接到连接插座上。动力系统 CAN 总线和舒适系统 CAN 总线以星形方式接入连接插座中，如图 7-45 所示。一个总线系统的部分控制单元接在右边的连接插座中，而其他部分则接在左边的连接插座中。另一方面，左侧和右侧的连接插座又通过 CAN 电缆连接，最终将所有的舒适系统 CAN 总线的控制单元跟所有动力系统 CAN 总线的控制单元连接在一起。

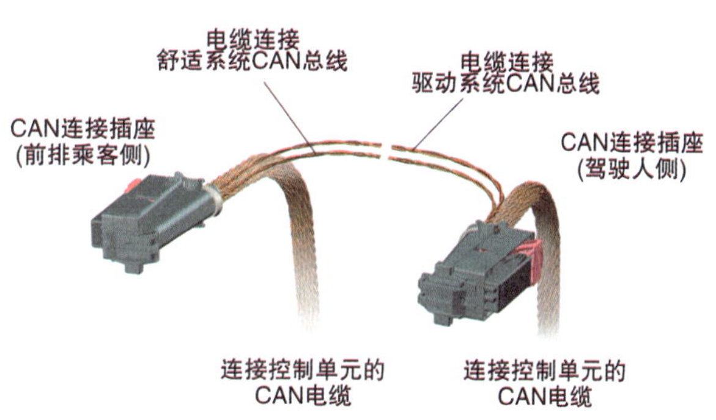

图 7-45　动力系统 CAN 总线和舒适系统 CAN 总线以星形方式接入连接插座中

2)连接插座安装位置。连接插座被安装在仪表板总成的左右两侧的盖板下面。取下连接插头时，应该首先将锁止钩打开。对于左置或右置转向盘车，两个侧面的连接插座的引脚分布是不同的，如图 7-46 所示。

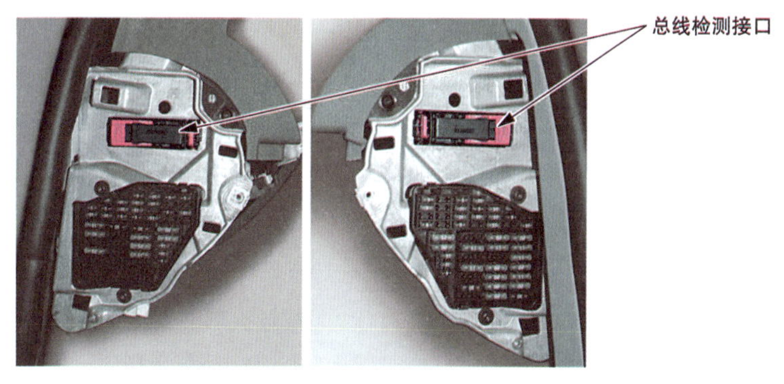

图 7-46　连接插座位置

3)总线系统检测箱。

①对于CAN连接插座可以使用检测箱1598/38(图7-47)。借助此检测箱及V.A.S5051上的数字存储示波器,检测控制单元在舒适系统CAN总线及动力系统CAN总线的单根导线上的信号和总线波形。这使得在总线系统故障查寻时可将各控制单元区分开来。确定CAN总线在某处短路是必要的。各控制单元CAN导线相连的连接插座与检测箱插接,可同时被检测。

图7-47 总线检测箱

②检测箱功能线路图如图7-48所示。

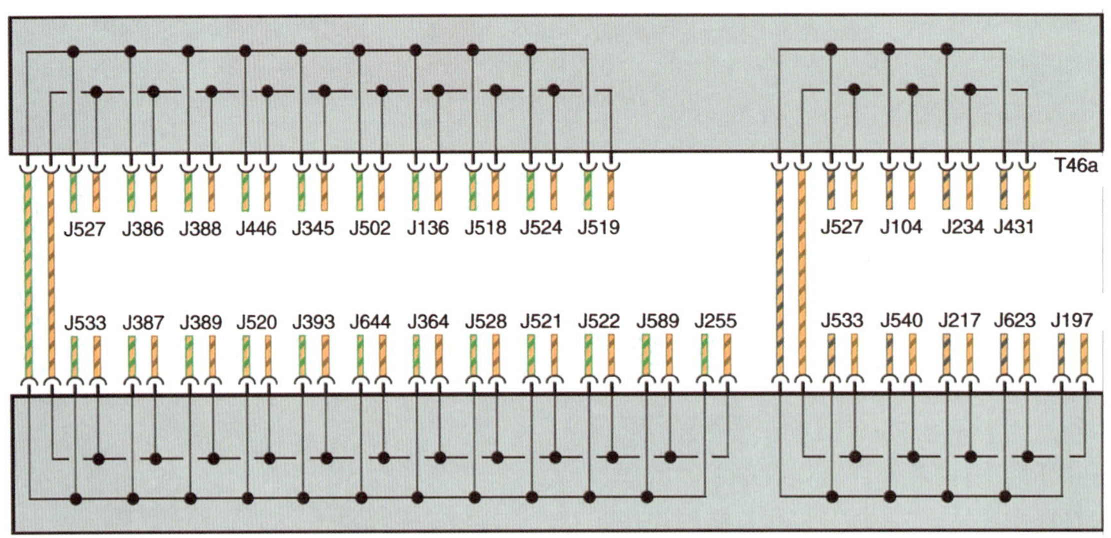

=H. 舒适系统CAN总线的CAN-H线。
=I. 舒适性系统CAN总线的CAN-L线。
=J. 驱动系统CAN总线的CAN-H线。
=K. 驱动系统CAN总线的CAN-L线。

图7-48 检测箱功能线路图

J104—配有EDS的ABS控制单元 J136—带有记忆的座椅调整控制单元 J197—自动水平调节装置控制单元 J217—自动变速器控制单元 J234—气囊控制单元 J255—自动空调装置控制单元 J345—挂车识别控制单元 J364—辅助加热系统控制单元 J386—车门控制单元(驾驶人侧) J387—车门控制单元(前排乘客侧) J388—车门控制单元(后座左侧) J389—车门控制单元(后座右侧) J393—舒适系统控制单元 J431—灯光距离调节装置控制单元 J446—辅助停车装置控制单元 J502—轮胎压力检测控制单元 J518—进入和起动许可装置控制单元 J519—电力驱动控制单元 J520—电力驱动控制单元2 J521—带有记忆的座椅调节控制单元(前排乘客侧) J522—带有记忆的座椅调节控制单元(后座) J524—信息控制单元,显示器及控制单元(后座) J527—转向柱组合开关模块 J528—顶篷电子部件控制单元 J533—网关 J540—电子停车及手制动控制单元 J589—驾驶人身份识别控制单元 J623—发动机控制单元 J644—能源管理控制单元 T46a—连接插座,46针,黑色,在CAN分离插口的左边

③使用检测箱1598/38检查总线系统。在将检验盒子插到车辆上以后,检验盒子插座上的连接插头必须由从车上拔下来的连接插头代替。

a. 测量动力系统CAN总线检测箱1598/38的测试点,如图7-49所示。

b. 测量车身系统CAN总线检测箱1598/38的测试点。

④测量总线系统检测箱就车连接CAN总线检测箱1598/38插座,总线系统检测箱与车辆

总线检测接口之间的电阻应小于 2Ω。

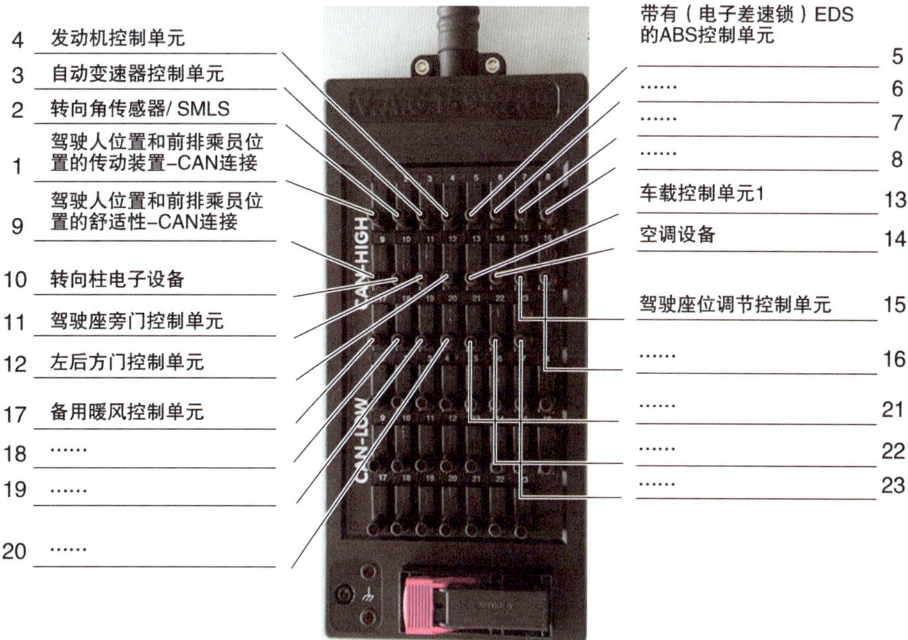

图 7-49　动力系统 CAN 总线检测箱 1598/38 的测试点

本章小结

(1)本章主要介绍了汽车车载局域网功能失效的方式，比如网络线对电压短路、对地短路、相互短路、网络线开路、模块故障等。这些故障都会导致车辆的整个网络体系、或者单个网络功能瘫痪。

(2)对于一个车辆的故障，首先应判断该故障是否跟网络传输有关。这个判断需要日常的经验和熟悉车辆网络拓扑图之间的信息传递，再就是需要利用手中的工具进行验证。

(3)若车辆被判断为网络故障，还需要区分是单个网络故障，还是整个网络运行已经瘫痪。这可以根据诊断仪读取故障码是否顺利来判断。

(4)若诊断仪读取故障码时，显示所有电脑无法连接，说明整个网络可能瘫痪了。若显示能读取部分电脑的故障码，说明只是某些单独的网络出现故障。然后根据故障现象确定出现故障级别的高低，检测的难易程度，进行分别检验。

(5)检测所用的工具有万用表、示波器、诊断仪可灵活选用。找到故障点后，即可进行维修或换件。